GEO-WAR

地缘战争

历史上的大国冲突

王德培　著

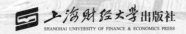

上海财经大学出版社
SHANGHAI UNIVERSITY OF FINANCE & ECONOMICS PRESS

图书在版编目(CIP)数据

地缘战争:历史上的大国冲突/王德培著 . —上海:上海财经大学出版社,2023.11
ISBN 978-7-5642-4264-0/F.4264

Ⅰ.①地… Ⅱ.①王… Ⅲ.①地缘政治学-研究 Ⅳ.①D5

中国国家版本馆 CIP 数据核字(2023)第 203252 号

□ 责任编辑 徐 超
□ 特约编辑 俞 艳
□ 封面设计 贺加贝

地缘战争

历史上的大国冲突

王德培 著

上海财经大学出版社出版发行
(上海市中山北一路 369 号 邮编 200083)
网 址:http://www.sufep.com
电子邮箱:webmaster@sufep.com
全国新华书店经销
上海锦佳印刷有限公司印刷装订
2023 年 11 月第 1 版 2023 年 11 月第 1 次印刷

787mm×1092mm 1/16 12 印张(插页:2) 200 千字
印数:0 001—6 000 定价:68.00 元

目　录

百年变局与地缘底牌

　　世界范围内正在发生一场新的大调整,新冠疫情后全球经济仍未走出阴影,旷日持久的俄乌冲突冲击世界格局,由美国主导的"逆全球化"让全球贸易断链脱钩……百年未有之大变局正在改变传统世界的规则、秩序,让原本充当世界和平稳定器的大国转而成为最大的不稳定因素。反映在国际形势上,就是大国关系、国际战略因面临更加难以预料的严峻挑战而日趋复杂、紧张——既有冲突又有合作,经济上的相互依存与政治上的战略对抗并行不悖。变局的背后,固然有经济形势、政治战略的因素所在,但正如美国变得重要并不是因为它是谁,而是因为它在哪里。从地缘关系到地缘战争,地缘成为大国竞争、国际秩序背后的"幕后推手"。

　　经济文明的模式差异由"谁"决定? 本质上是由地缘决定,比如,温带、亚热带地区等气候地缘因素成就了农耕文明。政治制度的东西方差异在一定意义上也受制于地缘,东方大国得益于西伯利亚、喜马拉雅山脉、太平洋海岸四面环绕,在农耕冷兵器背景下能自成一统,西方欧洲板块至少被五个海(波罗的海、北海、地中海、黑海、里海)分割,在农耕冷兵器时代无法长期一统天下,彼此攻伐成常态。大航海、新大陆几乎构成近代近 300 年的世界政治经济新版图,这是典型的地缘重构。近代史上,第一次世界大战、第二次世界大战各参战方参谋总部都在地图上寻找战机,整个战争起源、过程乃至结尾几乎都与地缘休戚相关;当下欧洲的战争冲突也是在地缘大调整时代降临前,率先在世界"心脏地带"释放能量。

地缘,是由地理位置上的联系而形成的关系,所以常见地缘与其他词汇联用,如地缘政治、地缘文化。所谓"缘",即为"关系"之意。那些产生地缘政治关系的国家,必然有一定的连接,或者是空间上的,或者是其他关系上的;同时,国家或地区无论如何发展,终究逃不开自身的地缘禀赋,这也是一些岛国、边缘地带国家的宿命所在。就此而言,了解地缘并不是要把世事简单归咎为地理的宿命,而是需要从更多维度看问题:地缘既可以推动国家发展,也可以限制国家的作为。

在国外,由地缘延伸的地缘学、地缘政治学一度发展成现代西方国际关系中最重要、影响最为深远的战略理论。它们都是基于地理要素和政治格局的互动视角,把地理因素视为影响甚至决定国家对外战略行为的要素,在此基础上研判世界和地区的战略形势,以及国家的对外战略行为与决策。也就是说,如今我们谈论地缘概念时,事实上,它已演变成为泛指大国间基于空间维度进行战略博弈的理论研究。

从海权论、陆权论,到世界岛心脏地带、边缘地带理论,都是基于地缘将世界分为一个个板块,而且,随着基建、网络的发展,超越传统地缘的联盟(以经济、政治等为纽带)也在不断出现,无论是传统的地缘板块,还是新型的联盟板块,都在世界舞台上扮演着重要角色,影响着人类文明史的发展进程和现实国际政治的关系格局。其一,地理格局影响文明特性。地质学意义上的板块漂移,分别赋予了传统地缘板块不同的先天属性,这些先天属性也构成了其发展演化的路径基础。例如,中国背靠亚欧大陆地势最高的青藏高原、面向太平洋,拥有海陆之利(这恰恰是"一带一路"倡议的基础)。其二,新型的联盟板块不论是从政治出发,还是以经济为考量,本质上都是在强化"聚合效应",形成超越地缘的价值网络,也正因如此,主要大国经常以缔结、变更和扩展联盟的方式,改变国际体系中的实力对比,从而在国际秩序的塑造过程中占据有利地位。

就此来看,这些板块既不是坚不可摧的,也不是一成不变的。在板块运动变化的过程中,碰撞和摩擦也难以避免,挤压、碰撞随即引发冲突与战争,这也是地缘战争的由来,即地缘战略板块的激烈碰撞,加之大国博弈的日趋频繁,导致相关区域极易引发军事和战争冲突。

就如同在不同的地质板块之间往往会存在地震多发地带一样,在各大板块地带之间同样存在大量的"裂缝地带"。这些地区往往地处战略要冲,拥有得天独厚的自然资源。正是受到这些战略利益的吸引,相关的地缘政治力量都会试图在这些边缘交错的地区建立自己的影响力。多方施力的结果,就是把这里变得更加支离破碎。从全球范围来看,战争、军事危机往往集中在各大板块边缘的"裂缝地带"。如"欧洲—北非地中海"在 2010 年就爆发了"阿拉伯颜色革命",始自突尼斯,并迅速扩散至埃及、利比亚、也门、叙利亚等地中海南部和东部国家,此后影响至红海和波斯湾。又比如黑海地区,在黑海控制权、北约东扩等一系列地缘因素相互纠葛下,2013 年爆发的乌克兰危机、2014 年的克里米亚"脱乌入俄"、2022 年初爆发的俄乌战争等皆与地缘息息相关。

不同地缘条件的背后,是空间的不同利用方式,这也意味着财富生产、权力组织也各有不同。陆权与海权则是其中的典型代表,正如德国哲学家卡尔·施密特所说,"世界历史就是一部海权对抗陆权的斗争史。"海权与陆权的分野以及持久的对抗,是大国关系演变的一条脉络。本书正是以此为线,串联出历史上的地缘战争,以及背后的大国冲突。虽说海权论、陆权论等理论出现不过一百多年,实际上,两者的争霸早已开始。从本书中可以看出,历史上的海权、陆权已大致经历了三次博弈与更替。

第一次始于希波战争时期。波斯入侵希腊可以算是世界上最早的陆权国家与海权国家的斗争。在很长的一段时间里,陆权国家的唯一对外扩张手段就是通过武力的征服和占领扩大领土面积,波斯帝国也是如此。而古希腊的历史实际上奠定了"海权论"的雏形。希腊与波斯的战争是欧亚间的碰撞,同时也是陆权与海权的第一次交锋。希腊的胜利证明了陆地文明不再是人类唯一的主宰,海洋文明亦不再是野蛮的边陲文明,其优越性逐渐展现。

但这一阶段的海权经常被质疑不是真正的海权文明,因为当时的船只能沿着海岸线航行,无法进行跨海远距离航行。但正是这种滨海文明、内海文明,为未来的海权大国奠定了基础。到了 15 世纪,地理大发现推动人类进入海洋,西方大国争夺殖民地和全球霸权的竞争日益激烈。而西班牙与葡萄牙依靠海权掌控海上商路,霸权因此而起,战争也由此而来。

第二次海陆博弈则进一步揭示了海权、陆权的复杂关系。在海权的鼎盛时期,大英帝国的历史无需累述,从英伦三岛壮大为"日不落",是工业文明周期内第一个超级帝国,科技、领土、金融都曾独树一帜。但海洋既是保护自身免遭外敌侵略的屏障,同时也是进取欧亚大陆争夺霸权的障碍。英国的海上霸权不知不觉就被这个如悖论一般的魔咒套上了绞索。正如那句话所言,"在最后一个印度人流干最后一滴血之前,大英帝国绝不投降!"英国的发展模式依托于殖民,殖民地物资、英国商品、殖民地劳动力,这其中需要有"完美"的衔接。一旦失去对殖民地的绝对掌控,海权就失去了由海及陆的锚点。可以说,英国通过海权起家,利用遍及欧亚非的殖民地才掌握了欧亚陆权,才获得了世界的权柄。但单凭海权来维系殖民地,成本太大,殖民地与英国貌合神离,结果便是陆权与海权处于割裂状态,使得英国的霸权难以维系,只能眼睁睁看着各殖民地揭竿而起,掀起一场场民族独立运动。

当下,世界已进入第三次海陆争霸阶段。第一次世界大战后,英国无力单独支撑世界帝国,权势从英国转向美国。就地缘而言,美国东可控大西洋直达欧洲、非洲,西可在太平洋上任意驰骋,将势力范围直指亚洲、大洋洲,而南美则是其"私人后花园"。此外,美国充分利用了世界海权的力量,加强了对世界岛边缘地带国家的控制。这种控制是以北大西洋公约组织和日美安保条约、韩美安保条约等一系列的条约文件为体现的。即便在冷战时期,苏联可以在陆地、太空、核武器上和美国打平手,却始终无法从海面上直接威胁美国本土,由此便促成了近百年来由美国主导的大西洋经济中心领衔的全球政治经济格局。但自冷战之后,伴随着西方发达国家制造业产业链转移东亚、东南亚,中国、日本、韩国、东盟等亚洲势力崛起,使得亚洲地区和太平洋经济带的地位及全球影响力急剧上升,而亚洲"海陆和合"的地缘优势也愈发凸显。亚洲既有海洋岛国,又有内陆国家和海陆兼备的国家,有关各国可以利用彼此相邻的地缘经济优势,通过海运、空运、铁路及高速公路网相连接,形成彼此相通的亚洲广域经济圈。如今,全球地缘政治和权力重心有转向亚洲的迹象,即陆权开始挤压海权。

地缘日益成为理解世界发展的一把钥匙,不仅能解开历次的海权、陆权交替、博弈之谜,更能进一步解释那些"扰动因子"的宿命所在。英国、日本即为典型,从大的地缘板块来看,英国是欧洲的扰动因子,日本是亚洲的扰动因子。这些地缘上的外围国家自身资源禀赋有限,为了维持自身的生存和发展,有强烈动机去充当"扰动因子",去干预欧亚大陆的发展与整合。其结果便是英日两国作为长期以来相对于欧亚大陆的蛮荒之地,在海权时代率先抓住历史机缘,实现了"反常态崛起",更反过头来在军事、政治、经济乃至思想文化等领域对欧亚大陆施加影响。

太阳底下无新事,到了 20 世纪,借助两次世界大战飞黄腾达的美国更是将外围国家对中心的扰动做到了极致,以"山巅之城"的姿态傲视全球,美国作为欧亚大陆的"扰动因子",迫切希望扰动中心地区,使欧亚大陆各个中心处于耗散、内斗的状态,一方面保持美国针对各单个中心的实力优势,另一方面又可以在各中心的内斗中"渔翁得利"。这也是外围地区扰动中心地区不变的思路。

然而,当年的英国和日本在欧亚大陆两端呼风唤雨的时代,是一个海权在重要性上压倒陆权的时代。正是在这样的背景下,英国才可以凭借海上优势博弈欧陆,日本方能在英日同盟、美国资本的庇护和资助下在东亚大陆谋求霸权。而到了如今,美国虽妄图对欧亚大陆的扰动发扬到极致,但时移世易,欧亚大陆中心地区再度崛起,势必会在地缘板块上的边缘地区形成强力挤压,使经济潜力上处于劣势地位的外围地区再度面临被边缘化的窘境。

"青山遮不住,毕竟东流去。"

伴随着欧亚大陆陆权大国的兴起、世界经济中心的转移,即便强如美国,也将以大概率在地缘政治上重新回归边缘。毕竟,欧亚大陆庞大的领土面积、巨大的经济体量和人口规模就决定了其注定将是全球中心。但这一过程注定是一个曲折的过程,权力的交替自然将引发世界秩序的动荡调整,这也正是当下百年变局的地缘真底牌,或许,人类正处于一场新的巨变之中。

第一章　希波战争:欧亚大陆的东西冲突

当今世界格局诞生于东西方世界上千年的漫长博弈与交流,在希波战争爆发之前,无论是希腊人还是波斯人,在政治、文化观念上都并无明确的东西方观念,更没有东西方的认同感和对立感——在希腊人眼中,自己所在的欧罗巴是亚洲大陆的延伸;在波斯人眼中,自己所在的"伊朗之地"涵盖了从爱琴海到阿姆河的广大区域,希腊人所在的欧罗巴不过是其边缘地带。然而,自希波战争爆发之后,西方和东方在政治上、文化上和军事上形成了鲜明的分野,而东西之间的碰撞更为日后两千多年的地缘政治留下了浓墨重彩的一笔。

一、陆权强国与海权城邦的对抗

(一)强盛的波斯和崛起的希腊:相遇与碰撞

在公元前 585 年左右,波斯还不过是伊朗高原霸主米底王国①统治下的一个小小附庸国而已。当时尚未继承王位的居鲁士二世,还一度率军为米底作战。到公元前 553 年,居鲁士二世起义反抗米底。在历经三年战争之后,居鲁士终于攻克了米底都城埃克巴坦纳,正式建立波斯帝国,并在此后开启了波斯帝国长达数十年的对外征服,使波斯成为人类历史上第一个地跨欧非亚三大洲的大帝国。

公元前 522 年,大流士一世命人用埃兰文、波斯文和阿卡德语巴比伦方言三种文字把自己的功绩刻在悬崖上,史称"贝希斯敦铭文",在谈及帝国疆域时,志得意满地宣称:"下列省区:波斯、埃兰、巴比伦、亚述、阿拉伯、埃及、沿海诸地、吕底亚、伊奥尼亚、米底亚、亚美尼亚、卡帕多西亚、帕提亚、德兰吉安那、阿里亚、乔拉斯米亚、巴

---

① 古代伊朗高原西北部的奴隶制国家,领土面积最大时西起小亚细亚以东,东至波斯湾北部。

克特里亚、索格狄亚那、犍陀罗、斯基泰亚、撒塔巨提亚、阿拉霍西亚、马卡，总共二十三个省区归属于我。"而在吕底亚所在的小亚细亚半岛以西，一个新的对象映入了大流士一世的眼帘，那就是——希腊！

图片来源：百度图片。

图 1—1　"万王之王"大流士一世

希腊本土的贫瘠和经济作物、手工业产品的发达滋生了希腊远洋航海和贸易的发展，作为飞地的伊奥尼亚（今土耳其西南海岸地区）则是这一时期希腊移民在小亚细亚发展商业活动的代表；同样，波斯帝国在征服了尼罗河流域和两河流域之后，便一直伺机向西进行开拓，商业富庶的小亚细亚地区便成为其首要目标。经过征服，伊奥尼亚被占领，伊奥尼亚人也沦为波斯王国的奴隶。但天性爱自由的希腊人并不甘于被波斯人统治，于是在其他希腊城邦的支持下，伊奥尼亚人于公元前499年，趁着波斯军队远征失败，进行了宏大的起义（史称伊奥尼亚起义），他们攻入了波斯在小亚细亚行省的首府——萨尔迪斯，并将城市付之一炬。这一事件引来了波斯王大流士一世的血腥报复，他在镇压了伊奥尼亚人的起义之后，又借口雅典人和埃雷特里亚人在起义中广泛支持过伊奥尼亚为由，决意对希腊本土诸城邦进行大规模征伐。

就此来看,希波战争的主要原因在于波斯帝国和希腊城邦之间的矛盾。波斯帝国试图将希腊城邦纳入自己的版图,而希腊城邦则不愿意成为波斯帝国的附属国。

(二)为了"土和水"而战

公元前491年的一天,希腊半岛及小亚细亚半岛西侧的希腊城邦,迎来了一群波斯使者。使者们声称,自己来到希腊只为了获得"土和水"——只要希腊城邦归顺波斯帝国并承担纳贡义务,便可以免除兵戈之祸。否则,"万王之王"的怒火与大军将随后杀到。

土和水,道出了希波战争的目标——土地及附着其上的人口和财富。对波斯帝国来说,不断地通过战争获得"土和水"正是其宿命。在波斯人的故乡伊朗高原,四周都被雄伟的高山所包围,高原中央是辽阔的内陆盆地,也没有河流通往大海。而在西边同伊朗高原比邻而居的两河流域,自然环境便更加恶劣:两河流域处于干旱地带,需要利用河水灌溉。两河每年泛滥的水量则因上游雨雪量的变化而变化颇大,易于成灾。在这样的环境之下,文明要想获得生存和发展,便离不开战争,即通过战争掠夺耕地,占据水源、河流,昔日的米底、新巴比伦如此,将其取而代之的波斯也概莫能外。

而对于希腊人来说,土地资源则更加紧缺:在希波战争前夕的"希腊",其地理范围不仅包括当下的希腊领土,更涵盖了地处地中海东部,包括希腊半岛、爱琴海诸岛、伊奥尼亚群岛和小亚细亚半岛西部沿海地带的广袤地区,在地形地貌和资源禀赋上乏善可陈:多山环海,岛屿众多,地势崎岖不平,仅有小块的平原,又被难越的山脉、谷地与海洋所阻隔,同时耕地不足,土壤贫瘠,淡水资源匮乏;除了少数地区有银矿、铜矿以外,大多地区矿藏资源相对匮乏。于是乎,一边是波斯人对土地、财富的孜孜以求,另一边是希腊人对领地的寸步不让,最终将波斯的"万王之王"与希腊人逼到了战争的擂台上。

对波斯帝国来说,一方面,作为一个在三代人时间内便从米底人麾下的弱小附庸国迅速扩张成为一个地跨欧非亚三大洲的大帝国,在风光背后更是暗流汹涌——在权力核心,有人图谋不轨:此前的波斯王冈比西斯刚一去世,便有琐罗亚斯德教僧侣高墨塔发动叛乱,一度冒名顶替,以冈比西斯幼弟巴尔迪亚的名义君临天下。在帝国边疆,更是内忧外患:边境的游牧民族斯基泰人来去如风,频频叩边,大流士一世本人御驾亲征讨伐斯基泰人时,对方却逃入东欧草原深处,让大流士一世最终无功而返;埃及人等被征服民族视文明程度相对晚熟的波斯人为野蛮人,内心里并不服从。如此境况之下,劳师远征对于波斯帝国并不轻松。

然而,另一方面,征服希腊对于波斯帝国又大有好处:一是安定边疆,让小亚细亚半岛上那些臣服于帝国的希腊城邦在谋反时无法得到希腊本土的支援。二是巩固统治,用征服战争的胜利向臣民展示帝国军队的强大实力,敲打那些形形色色的潜在谋反者。三是获取财富,占据希腊人的矿山与贸易通道。更何况,作为一个地跨三大洲大帝国的统治者,大流士一世自信满满,自认为凭借压倒性的资源优势,跨越通航条件良好的地中海,彻底压垮互不统属、攻伐不休的希腊城邦,似乎并不是什么难事。最终,波斯人悍然发动对希腊的入侵战争。

希波战争是一场持续了近半个世纪的长期战争,其过程可以分为三个主要阶段,见表1—1。

表1—1　　　　　　　　　　　　　希波战争阶段概述

阶段	时间	结果	典型战役
第一次波斯入侵	公元前492年—前490年	希腊城邦首次打败波斯帝国的军队	马拉松战役是希腊和波斯的第一次正面大规模交锋,希腊以少对多,最终却赢得了这次战役的胜利。胜利的关键是他们利用马拉松平原的狭窄地形限制了波斯大军的行动,并且用出色的战术包围了波斯人,最终大败波斯
第二次波斯入侵	公元前480年—前479年	希腊盟军大获全胜,此后,波斯帝国逐渐退出了希腊地区	温泉关战役斯巴达300人全军覆没,但是为整个希腊赢得了战略撤退的时间,随后,大决战在萨拉米斯岛打响。希腊人再一次利用萨拉米斯海湾的狭窄地形诱敌深入,然后迎头痛击,8个小时的决战后,波斯海军全线崩溃
双方拉锯阶段	公元前479年—前449年	波斯和希腊签订《卡利阿斯和约》,和约规定波斯不再入侵希腊	公元前479年发生希腊与波斯之间的普拉提亚战役、米卡尔战役,波斯第三次远征失败,希腊转入反攻,战争的性质也变为扩张海外势力

(三)希腊的地缘特殊性与波斯的战略误判

古希腊,与其说它是一个国家形式,不如说它更接近于一种社会制度。由于高耸的山脉和破碎地形、海岸的影响,古希腊陆上交通极其不方便。因此,在其境内的希腊本土、爱琴海沿岸以及附近的岛屿上,形成了几百个"城邦国家",而且这些城邦基本处于互相隔绝的状态,各自为王,其中以斯巴达和雅典这两个城邦实力最为强大。

这些小城邦都以"天下"之主自居,而且由于领土大小的限制,城邦的粮食、生产资料等都很匮乏。也正是由于都生活在艰苦的环境下,各个城邦里的人们都有很强的归属感与责任感,将保护城邦看作自己的使命。所以,希腊城邦由于地理位置的特殊性和其自身的发展,形成了一种独特的文化和政治制度,这种制度和文化传统成为其在希波战争中取得胜利的重要因素。例如,因为内战频繁,斯巴达人民为了更好地发展和扩充自己的城邦范围,于是培养出战斗力强的士兵来保护城邦。这些勇士在希波战争中发挥了重大作用。

马拉松战役就充分体现了希腊的地缘特殊性与波斯的战略误判。公元前 490 年,第一次希波战争期间,波斯军队向希腊半岛进发,目标直指雅典和埃雷特里亚。由于有众多希腊城邦的投诚,所以这一次波斯大军决定从小亚细亚西侧启程,沿着爱琴海商路直扑希腊半岛。首先遭受攻击的是阿提卡半岛东侧的埃维亚岛,这里也是埃雷特里亚城邦的所在地。迫于波斯军队的威胁,埃雷特里亚内部出现分裂,很快就因内奸的出现而投降,所有居民全部沦为奴隶、城池被夷为平地。攻克埃雷特里亚以后,波斯军队从阿提卡半岛东北部登陆,旋即向东南方向的雅典城直扑过去,双方在马拉松平原相遇。雅典充分利用自己熟悉地形的优势,用以阻击敌人。一方是以骑兵为主力的波斯军队,另一方则是以重甲步兵为主的希腊军团,双方军队比较如表 1－2 所示。

表 1－2　　　　　　　　马拉松战役希腊军队与波斯军队比较

	希腊	波斯
军人主要来源	城邦公民	帝国平民、附属国奴仆、贵族子弟
主要兵种	重装方阵步兵	轻装步兵弓箭手、骑兵、战车
军队用途	希腊城邦间内战	对外征服、对内平叛
主要战术	方阵冲击	步兵正面牵制＋骑兵侧面迂回
适应地形	丘陵、山地	平原、沙漠

为了扬长避短,希腊重甲步兵军团背靠河谷列阵(地形相对狭窄,不利于波斯骑兵的机动包抄),波斯人求胜心切,因而主动逼近希腊军阵。波斯人发现在希腊阵列的两翼,与山地之间依然存在相当大的空隙,这给骑兵迂回创造了有利条件。然而,两翼的缝隙其实是希腊人故意留下的,因为这两处低洼地方其实是被河流浸润的沼

泽地,并不适合骑兵前行。不得已,双方只得正面交锋,由于波斯的弓箭攻势无法穿透希腊重甲步兵的防御,长期处于城邦混战下的希腊士兵凭借体能、装备优势最终获得了胜利。马拉松战役不仅是欧洲面临波斯入侵的首次胜利,同时也为希腊诸城邦在对抗波斯下一轮远征时,打下了一针强心剂。

二、东西方文明的分水岭

(一)海权的起源与民主政治的火种

希波战争对于希腊城邦和波斯帝国都产生了深远的影响。对于波斯帝国来说,这场战争标志着帝国在地中海地区霸权地位的结束。虽然波斯帝国在以后的几个世纪中仍然存在,但其影响力和地位都大幅下降。对于希腊城邦来说,这场战争是他们历史上的一个重要转折点。胜利使得希腊城邦在地中海地区的影响力得到了进一步的扩大,同时也促进了希腊城邦之间的合作和联盟的形成,成为希腊历史上一个重要的里程碑。

首先,希波战争使得雅典成为海上霸主。以雅典为首的希腊在肃清波斯海上剩余势力的同时,还经常扩大其军事运动,这引起了斯巴达城邦领导人的恐慌,于是他们退出希腊的联盟。因为,斯巴达是以自然经济为主的农业城邦,有严重的小农意识,这限制了他们的政治视野,没有意识到要巩固和扩大自己在希腊联盟中的领导权,错过了发展的良机。而以商品经济为主的雅典城邦则不同,它自诞生之初就一直在追逐商业利润的最大化,几次改革也总是在为商业的发展提供便利,如此一来,建立霸权组织和海上贸易就成为雅典的新目标。而斯巴达退出联盟,则为雅典的发展提供了机遇。在斯巴达退出联盟后,雅典直接组织了一个由爱琴海岛屿和小亚细亚海岸许多城邦参加的新的同盟体——"海上同盟"或"提洛同盟"。其宗旨是肃清波斯的海上势力,虽然名为平等,因为雅典海军的实力强悍,于是这个联盟的领导权被掌握在雅典人手中。再加上其他加盟诸国对雅典的军事有巨大的依附性,直接导致了雅典的霸权。于是,雅典人靠着海军,不仅肃清了波斯的剩余势力,还成了海上的霸主。

"人们似乎都一致被唤醒了",希腊的海上霸权促使了社会的繁荣发展,让当时的西方国家争相效仿。他们纷纷投入大量的资金,大造舰艇和商船,积极发展海上力量,争夺海上霸权,向海岸国家倾销商品、开辟市场、攫取经济利益。自此以后,西方便走上了通过海洋扩张的道路,不停地掠夺东方国家的资源,以促进自己国家文明的发展。

其次,希波战争为雅典的民主政治提供物质基础。希波战争之后,剥削外族成为雅典后期发展经济的一大途径。原本,外族的奴隶价格昂贵,普通的平民无法承担,仍要靠自己努力劳作来维持生活。而希波战争之后,希腊因战争上频频取胜而获取了大量的廉价战俘,极大地丰富了雅典的经济市场。廉价的战俘劳动力,不仅成本低廉,还为雅典创造了大量的物质财富。甚至,希腊在希波战争中的胜利,也为雅典的商业贸易开辟了通途。公元前478年,雅典海军在征服塞勒斯岛后,直接掌握了黑海地区的咽喉,一跃成为希腊半岛和爱琴海地区的商业中心。比雷埃夫斯港是古希腊的政治家兼军事统帅特米斯托克利为抵御波斯进攻而建立的新军港兼商港,在希波战争之后就成为希腊掌握的经营东西方贸易最重要的港口。

由此可见,希波战争后雅典的海上贸易,不仅为雅典的民主提供了力量,还使得雅典成为海上霸主,获取了丰厚的经济利润,使雅典政治制度中的“轮番为治”成为可能,进而实现了奴隶制国家的民主政体。所以,希波战争可谓是雅典民主政治的基础,它转移了雅典的内部矛盾,确立了雅典的霸主地位。

可以说,希波战争,使雅典的民主政治和海外霸权相得益彰。雅典称霸海上的结局,助推了雅典民主制度的继续发展和繁荣。战争前,雅典虽然有了克里斯提尼的改革,但主要军事力量(骑兵和重装步兵)由贵族掌握,民主政治缺乏军事保障。战争爆发后,为了对付波斯强大的舰队,雅典的民主派提出了组建一支强大的海军,并最终得到了贵族派的同意。这支海军建立后,很快就成为战争的主角,多次击败波斯军队。通过建立海军,民主派的军事力量也超越了贵族派。他们在雅典进行了更加彻底的民主改革,推动了雅典民主政治进入了黄金时代。希波战争的胜利,提高了希腊人的民族自信,认为自己是优越的民族,而将波斯人贬斥为蛮族(barbarian)。很显然,希腊人开始构建以自己为中心的世界观、民族观。公元前472年,古希腊悲剧诗人埃斯库罗斯的悲剧《波斯人》上演,他在剧中赞美了雅典的民主政治,抨击了波斯的专制制度。希罗多德在《希波战争史》中高度赞美了波斯等文明,但是他反对波斯的专制主义,歌颂雅典的民主。英国著名军事作家富勒在《西洋世界军事史》中说:“随着这一战,我们也就站在了西方世界的门坎上面,在这个世界之内,希腊人的智慧为后来的诸国,奠定了立国的基础。”

（二）冲突与交融并存的"欧亚悖论"

世界各大洲结合部之间仅有欧亚结合部地带有这样一种典型现象：多种文明交汇、民族构成复杂、大国争夺频繁、社会发展受挫等。这种特殊的地缘特征决定了欧亚大陆总是处于纷争与交融的悖论之中。一方面，涵盖了地缘政治、地缘文化、地缘经济的争夺现象在欧亚大陆屡见不鲜。另一方面，伴随着战争征讨，由此也引发了一系列的文化交融、民族融合现象和经济发展。某种程度上，以战争为先导，而文化交流、贸易往来、经济发展以及民族融合则是战争"溢出"的外部效应。

图片来源：百度百科。

图1—2 修昔底德雕像

就此而言，希波战争是欧亚之间非常重要的"接触"，这次"接触"开启了欧亚文化交流的大门，尽管这扇大门是通过武力征讨的方式来打开的，不过其意义重大。战争引发了欧亚文化交流，德国历史学家赫尔德等指出，"从历史来看，军事力量是国家与文明的地域性扩张的关键性因素"，尽管战争引发的全球化进程"是一场充满血腥的经历"。希波战争虽然在公元前449年基本结束，但其影响所体现出来的"欧亚现象"一直延续到伯罗奔尼撒战争，以及其后的希腊城邦主导权之争。这些情况在修昔底德的《伯罗奔尼撒战争史》和色诺芬的《希腊史》《长征记》中都有相关的叙述。

希波战争后,准确来说,雅典也受到了波斯帝国的影响,波斯帝国帝王奢侈的生活,以及波斯的思想文化都在深深影响着雅典。可以说,雅典以至希腊是在继承东方文明的基础上发展起来的,经历希波战争的冲击使得这种文明交流、影响显得更加突出,使得雅典在东方波斯帝国的影响下逐渐帝国化和衰落。

这从提洛同盟的异化中可见一斑。提洛同盟成立时的原则是自愿结盟:据修昔底德所言,各城邦以自发的形式,选择在雅典的指挥下团结盟邦的全部力量,防止波斯人再回到爱琴海。为了达成目标,同盟的成员要根据各自的资源,按比例为战备物资做出自身的贡献,要么是直接提供战舰和士兵,要么是间接提供与应缴战舰等值的贡金。雅典与盟邦原本是平等的关系,然而,随着雅典实力的不断强大,它对盟邦的态度却发生了截然不同的变化,由最初的平等关系演变成了雅典对盟邦的暴政。关于此,在雅典政治家伯里克利统治时期最为典型,他凭借武力镇压了优卑亚的叛乱、残忍屠杀萨莫斯的战俘、驱逐埃伊纳岛的居民等等。这一系列暴行使得雅典作为民主政治的光辉形象大打折扣,除此之外,雅典依靠提洛同盟金库大肆修建神庙、剧院等公共设施,然而这个金库是依靠搜刮盟邦的贡金所建立的。作为帝国的领袖,雅典靠实力统治。它自身在财富、船只、海军兵员方面的资源比以前更为雄厚,它的陆军实力也并未因战争中的损失而严重削弱。然而,它向外扩张的能力却受到损伤。它的种种做法已引起中希腊陆上强国的疏远与离异,也破坏了它在爱琴海地区的盟友的信心。它在抵抗波斯之战中高涨的士气已逐渐耗尽,其民主美名也被帝国的侵略行径所玷污。

(三)权力的更迭与对后世的影响

希波战争及其后续的伯罗奔尼撒战争、波斯内战表明,无论是岛屿、山脉星罗棋布的希腊世界,还是地域辽阔的波斯帝国,在交通不发达的古代,利用武力征服来维持霸权都是一件成本高昂且难以为继的行动。而在长期的战乱中,无论是传统上的希腊还是波斯,都已经在漫长的战争与动乱中耗尽了自身的活力,成为周边势力虎视眈眈的对象——就在波斯内乱的最终胜利者阿尔塔薛西斯二世去世(公元前359年)之后的第三年,也即色诺芬去世的前一年(公元前356年),在被传统希腊人视为"蛮夷之地"的马其顿王国,一个婴儿在王宫里呱呱坠地,而这个名叫亚历山大的婴儿,也将在未来把希腊与波斯同时收入囊中,建立起横跨欧非亚三大洲的马其顿帝国。

希波战争结束,它留下的不仅仅是一系列的社会影响,还有两大截然不同的政治文明的走向。希波战争以希腊联盟的胜利告终,不仅对地中海世界产生了巨大的影响,而且在世界历史上也影响深远。无论是雅典的民主政治还是波斯的帝国政体,它们都在世界历史的舞台上扮演过重要的角色,以至于在今天的西亚、西欧都能找到它们的影子。

通过希波战争,东西方文明都形成了自己独有的发展体系。东方国家的君主专制制度,整个国家的权力都集中于君主,一定程度上提高了行政效率。但这得是在君主有为的情况下才能实现的,一旦当朝的君主昏庸无能,大权在握的他只会带领国家走向衰亡。而希腊在希波战争上的胜利,埋下了民主和自由的种子,而民主和自由,可以说为西方文明的发展奠定了基础。以今天的角度来看,在当时的社会历史背景下,民主制度无疑是比专制的君主制度更加优秀。并且,当时希腊联军首创了方阵的战队队形,也在西方国家的军事历史上留下了不可抹去的影响,甚至对现代的军事理论也产生了影响。

根据希罗多德、色诺芬等史学家的记述,希波战争成为东西方历史上的一道分界线——在这些西方史学家的笔下,爱琴海和博斯普鲁斯海峡成了地缘政治上一条泾渭分明的界线:以西是以海洋工商业文明为重的西方世界,体量有限却生机勃勃;以东则是大陆农耕文明为主的东方世界,体量巨大却等级森严。可以说,自希波战争后,世界文明发展的格局便逐渐形成东西方并立共存之势,一直延续至今。在这种两极对立的地缘观念之下,西方优越于东方、西方有权力支配东方的理念,也主导了从马其顿国王亚历山大到发动十字军的教皇乌尔班二世乃至美国前总统小布什等一系列西方政客的世界观。

第二章　西葡之争：地理大发现下的大国碰撞

自新航路开辟以来，世界发展史进入全新阶段。15—16世纪，原本蜷缩于欧洲大陆一端，在以往欧亚历史上少有表现的葡萄牙和西班牙，抓住了大航海时代的历史机遇，迅速崛起为人类历史上第一批全球性帝国。而随着西、葡两国的崛起，不但改变了战争的形式，让西方文明相对于非西方文明取得了巨大优势，也让海权对于国家战略的重要性随之上升——自此以后，对大多数欧洲国家来说，强盛国力的来源不在于欧洲本土的农业和工商业，而在于海外贸易、海外殖民的蓬勃发展。而随着海外贸易、海外殖民的开展，也在欧洲引发了影响深远的商业革命和价格革命。

一、殖民扩张与两强之争

（一）新航路的开辟与殖民扩张的先驱

14世纪中叶，欧洲爆发黑死病，2500万欧洲人死亡；至15世纪，经济人口开始恢复，庄园主开始要求以货币地租取代劳役地租；这些因素使货币的需求量越来越大。另外，欧洲与阿拉伯商人进行的香料和奢侈品贸易，进一步加剧了金银饥荒；在伊比利亚半岛，市面上的黄金基本消失。

因为金银短缺，欧洲有的地方重新回到以物易物的原始贸易状态。一些替代性货币悄然崛起：比如胡椒粉，因为数量少，价格高，易分割，其价格竟然超过了黄金，当仁不让地扮演起等价物的角色。然而，胡椒的货源早已被阿拉伯人控制，再由威尼斯商人负责转运到欧洲各地。阿拉伯人吃大头，威尼斯商人也有可观的利润。到拥有黄金、香料的东方去，一时间成为遍及欧洲的呼喊。率先开辟到东方的新商路，正是金银饥荒最厉害的伊比利亚半岛上的葡萄牙和西班牙。

　　除了经济上对金银的渴望外,西、葡两国之所以能抢在英法等欧洲强国之前开拓海上经济,甚至成为殖民强国,很大一部分原因在于它们独特的地缘环境。当欧洲内陆国家还把眼光放在内陆经济上面的时候,葡萄牙与西班牙已经开始尝试探索广阔的大海。

　　其一,两国地处伊比利亚半岛,本就处在地中海和大西洋的环绕之下,发展航海事业,自然是"近水楼台先得月"。其二,自公元710年,阿拉伯人开始征服伊比利亚半岛以来,伊比利亚半岛便在相当长一段时间内处于阿拉伯穆斯林的统治之下,在几代穆斯林的统治之下,东方先进的天文学、造船术、医学和航海技术被引进到伊比利亚半岛,吸引了大批不同民族、不同信仰的学者在此求学、讲学,为日后西班牙、葡萄牙人航海事业的兴起提供了技术和人才储备。其三,到了1492年,半岛上的两大天主教领袖——阿拉贡国王费尔南多和卡斯蒂利亚女王伊莎贝拉二世的联姻,形成了统一的西班牙王国,让半岛上的天主教势力实力大增,于该年彻底攻占了阿拉伯在半岛上最后的据点格拉纳达,让西班牙和葡萄牙的海外扩张再无阻碍。

(二)"发现论"与殖民地"财产化"

　　大航海时代,西班牙、葡萄牙等国家"发现"新大陆的过程,就是将世界各地的土地变成自己所谓的"合法土地"的过程,虽然他们是强盗做派,但却偏偏有自己的一套"合法性"准则。"发现论"即为其理论基础之一,本质就是将殖民地"财产化",将殖民地作为事实上或法律上的"荒野"加以攫取。例如,1436年,教皇尤金四世颁布诏令,授权葡萄牙派人前往加纳利群岛宣教、管理;1455年,教皇尼古拉五世进一步授予葡萄牙对其所获土地,以及加纳利群岛南部、非洲西北海岸波哈多角以外"新发现"之地的财产权,并剥夺土著对财产的事实占有权。[①] 最重要的是,尽管这些"新发现"的土地上早就有土著居住,但这些土地被西班牙、葡萄牙两国"发现"之日,也就是土地财产权从土著转移到两国之时。这揭露的正是"发现论"的殖民本质——完全否定土著的事实占有,而以西葡两国的"发现"决定财产权归属。

　　1492年4月,西班牙国王与哥伦布签订著名的《圣塔菲协定》:西班牙国王是一切新发现土地的宗主和统治者,任命哥伦布为上述地方的总督,有权获得新土地收入的1/10。西班牙国王不仅以此协定刺激冒险家们远航,还要求教皇承认其对新发现土地的占有权。随后,教皇亚历山大六世先后颁布多项教皇诏令,授予西班牙对

---

　　① 万立著:《近代早期的国际法理论与欧洲殖民帝国对殖民地的"财产化"》,《世界历史》2023年第1期。

已发现或将发现的、不属于任何基督教国家的土地、岛屿享有占取的权利。

除教皇诏令外，西葡两国还举行树碑、升旗、宣读法律文件等特定宣示仪式，进一步确立对殖民地的财产权。1492年，哥伦布就曾在加勒比岛树立十字碑，升起西班牙皇家旗帜，改瓜那哈尼岛为圣萨尔瓦多。

可见，地理大发现后，"新世界"不是地图上的模糊区域，而是由山谷、山脉、沼泽、沙漠、河流、湖泊和森林等组成的自然资源，具有前所未有的重要价值。许多国际法学家将"发现论"纳入国际法，为殖民扩张提供"正当"基础。他们基于自然资源的丰俭不定和土著缺乏开发能力的双重理由，认定殖民地的土著无权独占丰厚的资源，殖民者"发现"以后即有权予以索取、开发。这一理论完全否定土著的事实占有，帮助欧洲殖民帝国强行将殖民地"财产化"，从而将之作为"财产"占取。

长期以来，欧洲殖民帝国认为世界为上帝造物，形成了等级化的"众生序列"，人类对地球有最高统治权，地球主要满足人类的物质和精神需求。因此，在欧洲殖民帝国看来，殖民地就是待开发的、富有生产力的财产。殖民地处于自然状态，即便土著对其已有过一定程度的开发，只要方式不符合欧洲"文明标准"的，即为"荒野"，土著也不是真正的财产权人。"发现论"以种族主义、文明等级论为内核。种族主义和文明等级论分别基于欧洲民族的所谓"优越性"和欧洲基督教文明的所谓"高级性"，共同否定被殖民者的身份、历史，否定其占取土地的资格，以供"文明的"殖民者获取土地。

（三）难以避免的两强相争

在14世纪末，葡萄牙就开始进行海上探险活动。看到邻居的航海殖民活动进行得如火如荼，统一之后的西班牙也不甘落后。1492年，哥伦布受西班牙女王派遣，带着给印度君主和给中国皇帝的国书，率领三艘百十来吨的帆船，从西班牙巴罗斯港扬帆出航大西洋，直向正西航去。历经几个月的艰苦航行后，终于发现了陆地（即现在的中美洲）。自此，新旧大陆建立起联系，地理大发现达到了一个高峰，西班牙也开始了其对美洲数百年的殖民历史。随着西班牙和葡萄牙殖民扩张的展开，也让两国之间对于争夺海外殖民地的冲突越发尖锐起来——葡萄牙人在亚洲获取的香料、瓷器等东方特产让西班牙人垂涎三尺；西班牙人在新大陆占据的大片土地以及其中出产的黄金白银同样令葡萄牙人眼红，两国之间的战争一触即发。

西班牙探索美洲触犯了葡萄牙的全球海上霸权，两国几乎兵戎相见。最终，在出自西班牙的时任教皇亚历山大六世的调停下，1494 年 6 月 7 日这一天，西班牙和葡萄牙签订了《托尔德西里亚斯条约》。条约规定：以佛得角附近为界，划定"教皇子午线"，瓜分了新世界，确立了势力范围。《托尔德西里亚斯条约》之下：西班牙保全了自己在新大陆所发现、征服的领土；而葡萄牙一方在确保其在亚洲利益的同时，也保留了自身在"教皇子午线"以东的新大陆上建立殖民地的权力。这对西、葡两国可谓各得其利，从此西、葡双方在以后的 100 年时间里认真地执行了这个条约。

归根结底，国土接壤的葡萄牙和西班牙竞争霸权，之所以直到 1580 年都没有爆发大规模战争，一个原因是两者都处于快速扩张过程中，抢占广袤富饶的"新世界"尚且来不及，更无动机消耗资金和人力进行很可能两败俱伤的战争了。而且，西班牙深度卷入欧洲大陆的战争，并与奥斯曼争夺地中海，无暇收拾葡萄牙。

必须指出的是，用教皇子午线瓜分世界，只能说是教廷和西、葡两国的一厢情愿。即便欧洲以外的地区真的只能接受这一命运，欧洲其他国家也不会坐视两国垄断海外利益的。同样必须承认的是，伴随着新航线的打通，欧洲人主导世界的时代来临了。同时欧洲国家的内部博弈，将极大影响全球地缘格局的变化。

16 世纪中期开始，葡萄牙屡遭奥斯曼帝国和其他伊斯兰国家联合攻击，帝国开始走下坡路，大量香料通过葡萄牙人无力控制的陆上贸易路线被运往欧洲。1578年的三王战役（葡萄牙国王塞巴斯蒂昂、摩洛哥废王穆泰瓦基勒和摩洛哥国王马利克三位国王参战），葡萄牙败给摩洛哥，国王被涨潮的河水淹死，军队伤亡惨重。为赎回被俘的数百名贵族，葡萄牙付出了沉重的经济代价。西班牙趁葡萄牙国力衰落和继承人危机，大举入侵，强行合并了葡萄牙。本土被征服后，葡萄牙海外的亚速尔群岛仍然负隅顽抗三年，终于在 1583 年被西班牙完全占领。西班牙除在欧洲拥有庞大领地，还占据巴西之外的全部中南美洲以及原属葡萄牙的菲律宾群岛等地，是英国之前的"日不落帝国"。①

西班牙与葡萄牙合并时，西班牙国王菲利普二世承诺：保留葡萄牙自己的议会、法律和政府，西班牙只派总督监督，同时在西班牙议会保留葡萄牙的席位……但是到了菲利普二世的孙子菲利普四世统治时期，一切都变了味。

由于西班牙在全球范围的势力过于分散，新崛起的法国、英国、荷兰与西班牙摩

---

① 《地理大发现时代！葡西英三国争当海上霸主》，https://m2. allhistory. com/ah/article/5de6689809a7172d89558b14。

擦让西班牙应接不暇,庞大的军费支出更使西班牙政府多次破产。为了补充国库亏空,菲利普四世采用宠臣古兹曼的建议,让各地区都能够承担重负,对葡萄牙加税。菲利普四世甚至想把葡萄牙变成西班牙的一个省,为此他派出身于哈布斯堡家族的女公爵玛加雷特去葡萄牙当总督。玛加雷特上任后,大批量安插西班牙人和意大利人担任政府官员,许多葡萄牙贵族丢了官职,这彻底惹怒了葡萄牙的平民,也惹怒了葡萄牙的贵族。

最终,在 1640 年 12 月 1 日清晨,造反的贵族们占领了位于里斯本的里贝拉王宫,宣布葡萄牙独立。直到第 4 年后,一支五千人的西班牙军队才姗姗来迟,结果被斗志昂扬的葡萄牙人击败,西班牙被迫承认了葡萄牙的独立地位。而在葡萄牙分离出去后,殖民地面积和海军规模大幅缩水的西班牙也迅速衰败——新崛起的海上强国荷兰和英国开始先后占据海上霸主之位,西班牙的海外殖民贸易逐渐被挤压甚至被剥夺,大航海时代的主宰从此易位。[①]

二、殖民战争因地缘而变

随着西葡两国殖民战争的不断推进,也让西葡两国在战争方式上不断探索,以应对来自世界各地的各色敌人——火绳枪、火炮、新型战舰以及新式要塞防御战术的兴起,在改变了战争样式的同时,也颠覆了西葡两国与周边国家,乃至西方文明与非西方文明之间的力量对比:在陆地上,由火绳枪、长矛和火炮组成的西班牙方阵捍卫着西班牙本土的安定,让法国等周边强国不敢觊觎西班牙在北非的势力范围;在地中海,装备有众多火炮的新型战舰,逐渐改变欧洲海战的本质;而在遥远的印度,配备火炮的早期菱形堡垒,也抵消了印度当地王公庞大的人数优势。地缘左右着大国竞争与战争冲突,战争走向、战争样式也随着地缘环境的变化而变化。

(一)西班牙方阵与"步兵革命"

16 世纪初,西班牙名将贡萨洛·德·科尔多瓦以瑞士方阵为基础,在意大利与法国作战时取得的经验基础上,经费尔南多二世批准,奠定了所谓西班牙方阵的雏形。1536 年,西班牙方阵成为正式军事单位,西班牙方阵主要由火枪手和长枪兵组成。大方阵主要由长枪兵组成,长枪兵与瑞士方阵类似,排成密集的 3 个横队,每队正面 50—60 人,纵深达 16 列、20 列甚至 30 列,方阵的横纵人数比通常也会根据实

---

① 《西班牙通史:无法阻挡的葡萄牙独立》,企鹅号"趣史社",2021 年 5 月 18 日。

际情况进行调整。手持火绳枪的士兵则组成小方阵置于大方阵的四个角落,笨重的野战炮兵则列于战线最前方。骑兵虽然装备了手枪,但作用已经大大下降。通常骑兵跑到敌军方阵前开枪射击、撤回、装填子弹后,再次前出射击,如此不断反复。[①] 这种大方阵稳定且具有机动能力,能缓慢移动,既能抵御敌军骑兵冲击,也能以火枪、火炮不断杀伤敌军。一旦敌军逼近,火枪手就退到长枪手后面,长枪手保护火枪手。最关键的是,西班牙方阵作为一个战术"中队",可以根据地形、任务或敌人的情况采取不同的形式。最广泛使用的是"战地方阵""士兵方阵""扩展方阵""宽面方阵"等。

在这个被山脉切断的半岛上的各种地形中,步兵一直是西班牙军队的基本元素。经过失地收复运动后,长期的战争将整个国家动员起来,坚忍善战的西班牙人,将瑞士方阵完美地学习过来,并将火力强大的枪炮融合进去,整合成一个全新的战术体系。美洲的黄金、尼德兰的税赋和西班牙大方阵,为西班牙人赢得了16世纪的黄金时代,直到更先进的战术、更为强大的火力将之击碎。更强火力的火器的诞生又催生了新的战术,战争总是这样演变,用最适合的组织方式,根据最新的技术进步采用最合适的战术来最大限度地发挥火力,才能最大可能地获得胜利。

与许多历史上的雄师劲旅一样,西班牙军团也不可避免地走向了衰落。1568年,西班牙统治下的尼德兰爆发革命,即著名的"尼德兰资产阶级革命"。尼德兰水网沼泽众多,不利于大军团展开,起义者组成"海上乞丐"和"森林乞丐"展开游击战争。在此期间,尼德兰贵族奥兰治的威廉及拿骚的莫里斯父子模仿西班牙方阵,展开一系列对西班牙方阵的改进,莫里斯组建常备军,改进方阵队形,使得其更加小型化、更加灵活,火枪手长枪手配合更加密切,西班牙人陷入与尼德兰人的战争泥潭,劳而无功,这场战争也成为西班牙开始衰落的转折点。最终,西班牙方阵如明日黄花,消失在历史之中。

(二)第乌海战:以少胜多的要塞争夺

第乌海战是16世纪葡萄牙与埃及马穆鲁克苏丹国、卡利卡特扎莫林王国、古吉拉特苏丹国组成的联合舰队之间爆发的海战,此战发生于印度第乌,葡萄牙以少胜多,从此制霸印度洋、扬名全世界。

---

① 《究竟是探索新大陆还是征服美洲　海上帝国　西班牙篇》,哔哩哔哩专栏"战争游戏研究所",2020年11月5日。

这场战争起源于对香料贸易权的争夺。中世纪时期,欧洲以畜牧业为主,欧洲人的饮食以肉食为主。这样的饮食结构决定了香料的重要地位。茴香、豆蔻、胡椒粒、大料等食物用调料既有提味增香的作用,又是天然的防腐杀菌剂。欧洲的冬天不能发展畜牧,人们需要提前存储大量的肉食。而东南亚的香料可以使放置的肉类既有味道又新鲜,深受当时欧洲人的喜爱。由于陆上丝绸之路被阻隔,香料只能通过海上贸易获得,而当时欧洲的海洋贸易主要是来自印度洋的海上商道。从8世纪起,来自东南亚的香料经过印度和阿拉伯商人之手,从印度中转,经印度洋上的航道,输送到阿拉伯半岛,经过埃及和西奈半岛之间的红海北上到达埃及,再经埃及通过陆地运输到地中海的亚历山大港,最终由威尼斯商人转运并销往欧洲各地。几经转手的香料到了欧洲人的饭菜中,价格已经翻了好几番,获得廉价的香料是当时欧洲人共同的期盼。

16世纪初,葡萄牙为了控制印度航线的香料贸易,于里斯本建立印度公司,东方贸易的中心随之转移,这让威尼斯大受损失。与此同时,葡萄牙在印度洋的疯狂扩张,破坏了印度南部地区的安全稳定,以海盗的方式打劫阿拉伯人的商船,损害了以埃及马穆鲁克苏丹国为首的阿拉伯人的利益。于是,围绕香料贸易权的争夺,一个针对葡萄牙人海上霸权的联盟悄然结成。

从双方的军事实力来看,葡萄牙当时只有18艘船(包含5艘大型战舰、4艘小型战舰等),而反葡萄牙联合舰队约有200艘船、2万名士兵[①]。但若论起装备质量和军队素养,联合舰队短板也较为明显,不仅造船技术落后,火力配置也不足,与配备了重型火炮的葡萄牙船只相比,联合舰队的主要进攻方式仍然是弓箭手,且严重缺乏航海专业技术人员,这就限制了这支庞大舰队的战斗力。

数量上的巨大优势却难抵联盟内部"四分五裂"的尴尬。这从战争前的战术分歧上就可见一斑。一方以古吉拉特人为首,他们准备死守港口,依托第乌航道狭长优势,在港口部署桨帆船战舰和小型战船,不让葡萄牙人越雷池一步。但是另一方以心高气傲的马穆鲁克人为主,他们主张凭借战舰数量优势包围葡萄牙人的船,大船正面作战,小船侧面侵扰、包围。马穆鲁克人认为自己队友的作战手法与缩头乌龟无异,古吉拉特人也在怀疑马穆鲁克人的真正居心,担忧他们以出战之名行临阵

---

① 《764. 海上的荒荒,大航海时代之前的东西方航海时代⑧——第乌海战》,百家号"燃烧的岛群",2022年3月4日。

脱逃之实。就在双方僵持不下的时候,葡萄牙人的舰队已从科钦北上而来。

1509 年 2 月 2 日下午,葡萄牙舰队抵达了第乌岛东面的海域,领军的是葡萄牙总督阿尔梅达。他的儿子死在了上一次与印度人爆发的海战,他这次不仅是为了国家利益,更是为子报仇。葡萄牙舰队并不靠近岸边,这就使得古吉拉特人的炮台如同废铁。来自马穆鲁克的联合舰队指挥官米尔·侯赛姆带领着舰队一起出战,准备痛击葡萄牙舰队,100 多艘桨帆船战舰争先恐后地离开了安全的设防港口。没有了第乌城炮台的支援,面对葡萄牙一字排开的舰队和密集的炮火攻击,侯赛姆的舰队毫无还手之力。古吉拉特的海军司令梅里克·亚斯见势不对,将所有的战舰紧急召回,蜷缩在港口的最深处,计划死守在港内,用火炮和数量来对抗对手。

然而,成也地理位置,败也地理位置。港口的特殊地形既可以成为最好的防守要地,也可能成为作茧自缚的软肋。显然,联合舰队未能抓住这一关键,反而是葡萄牙舰队抓住了地理优势。1509 年 2 月 3 日,葡萄牙舰队利用潮汐和风向优势,在对方布局在港口的炮手还未反应过来之时,便已直接冲入第乌港,突破了对方防线,双方就此展开了正面交战。当大量联合舰队的战舰从内港冲出之时,葡萄牙舰队出其不意地在航道中停下,狭窄的水道被船只堵得水泄不通,让联合舰队彼此挤成一团,葡萄牙人随之用众多火炮进行连续不断的轰击,联合舰队的大量士兵在自己的主场惨遭屠杀。至于马穆鲁克舰队,已经有一半的战船沉入了港口,另一半则被葡萄牙陆战队控制。至黄昏时分,葡萄牙舰队已将联合舰队的主力战船全部俘虏或击沉。这场威尼斯人与奥斯曼人精心谋划的海上战争,最终以失败告终。而葡萄牙人则掌握了印度洋的制海权,控制了蒙巴萨、索科特拉等处于印度洋地区的关键贸易口岸,开始称霸印度洋。

(三)殖民战争之后:工商业文明的兴起

西班牙、葡萄牙的殖民扩张,在造就了巨大的殖民帝国之外,更引燃了商业革命与价格革命。先说商业革命,新航路开辟后,西欧商业经济领域出现了一次重大变革。其表现为:从贸易范围看来,商业贸易从狭隘的地中海沿岸扩展到世界范围内;从内容和形式上看,商业经营方式转变,商品流通的种类和数量急剧增加;从商路和商业中心的变化来看,意大利城市垄断东方贸易的局面被打破,世界商业中心从地中海沿岸转移到大西洋沿岸。

"商业革命"是一次国际贸易的巨大调整,是国际经济财富的转移。随着商业中心的转移，亚平宁半岛诸城市迅速衰落，里斯本、安特卫普、伦敦等城市成为世界贸易中心。"商业革命"又是国家间政治权力的转移。随着财富的转移，伊比利亚半岛国家迅速崛起，成为早期欧洲最强大的"民族国家"。

与此同时，"商业革命"激起了欧洲国家之间的商业竞争和对海洋控制权的争夺，国王及其顾问希望金银流入自己的王国，纷纷推行"重商主义"政策，商业竞争的最终结果是军事竞争——16世纪以来，西班牙、葡萄牙等第一批"民族国家"因为商业革命获得了巨大资源，为了保持和获得更多的资源、维持强大的国力加紧对外掠夺。他们将更多的资源用来建设国家军队，军事力量的上升使国家更为积极地参与国际竞争，竞争又加剧了对军事领域的投资，战争"是16世纪时国家所面临的最严峻的考验"。

长时期、大规模的战争促进了西欧各国国家制度的建立和完善，日益扩大的战争对国家榨取资源的能力提出了更高的要求。在战争中国家为加强对人民和资源的榨取，国家税收制度趋于完善，行政系统也因此不断扩大。如后世学者查尔斯·蒂利所言，"战争编织起欧洲民族国家之网，而准备战争则在国家内部创造出国家的内部结构"。与此同时，为了提高筹集资金的效率和减少不必要的中间消耗，国家从间接统治转向直接统治。此外，战争导致欧洲国家间的制衡因素加强，欧洲众多主权国家并立开始成为惯例。欧洲国家体系在《威斯特伐利亚和约》签订之后基本形成，国家领土、主权与独立等原则得到国际公认，主权国家成为西欧的普遍现象。

再说价格革命。在地理大发现之后，大量贵金属流入欧洲市场。据统计，西班牙殖民者每年从美洲掠走黄金5 500公斤，白银24.6万公斤。16世纪葡萄牙殖民者从非洲掠走了27.6万公斤黄金。再者，16—17世纪欧洲人口进入快速增长期。这些因素加剧了欧洲各国的货币贬值、通货膨胀，即"价格革命"。"价格革命"造成财富在欧洲国家内部的转移和重新分配，封建土地所有制和地主贵族的衰落——由于单位货币的价值量减少，而封建地主按照传统方式收取定额货币地租，致使他们的实际货币收入减少，长时期的价格上涨使地主濒临破产。到16世纪，西欧各国普遍出现了土地转让现象，而农业资本家获得贵族手中的土地。

剧烈的通货膨胀加剧了社会阶级的分化。在16世纪，西欧物价平均上涨了2—2.5倍，而工人工资只上涨了20％—30％，雇佣工人的实际工资的增长赶不上物价的涨幅，而生活必需品尤其是粮食价格上涨使他们一再贫困，从而刺激商业资产者雇用更多廉价的劳动力、生产更多的产品和获得更多的利润,手工工场主和商品经营者成为最大的获利者,新兴资产阶级队伍开始壮大。

同时,世界贸易的扩大化使货币在欧洲国家间充分流动,"价格革命"在欧洲成为普遍现象。"价格革命"瓦解了封建制度和自然经济模式,它反映了从自然经济向商品经济过渡的价格体系的变动,扩大了国内商品市场,工商业中的资本主义关系获得了发展,从而导致西欧国家经济结构和阶级关系的变化。"价格革命"实际上解决了欧洲资本主义发展第一要素,即资本原始积累。

随着西班牙、葡萄牙殖民战争的开展,以及随后商业革命和价格革命的爆发,让人们对于地缘政治的认识产生了新的变化——海洋及海外领土对于地缘政治的影响权重大为提高:随着美洲、亚洲的大片领土被西、葡征服和殖民,一条条从里斯本、塞维利亚出发的海上航线,将哈瓦那、马尼拉、澳门、果阿等一系列海外据点连接起来,使得黄金白银与奇珍异宝如流水般涌入西、葡两国的国库。保卫海上航线的畅通,也成为西、葡统治者的重中之重。

与此同时,海外征服与殖民所带来的丰厚利润,也让西、葡乃至欧洲在军事实力上突飞猛进:军事技术方面,新式火枪齐射时的巨大威力让游牧骑兵的马上功夫全无施展的余地;而重型火炮、新型工事则让奥斯曼帝国浩瀚如繁星的大军碰得头破血流。在制度、文化等领域,平民和商人在财力、权力上日渐赶超封建地主,成为国王们关注的对象;毕竟,固守庄园田产的封建贵族,大多放不下贵族的身家性命,更舍不下少有风险的地租收入,不可能全力投入海外征服与殖民中去。最终让欧洲国家开启了蜕变——从贵族们的王国转变为全体国民的民族国家,从封建社会自给自足的自然经济,转向资本主义工商业。民族国家的诞生和资本主义的兴起,也为英国、荷兰等国的"商业战争"埋下了伏笔。

第三章　为贸易而战：重商主义时代的战争

17 世纪中到 18 世纪末这一历史时期,欧洲霸权更迭频繁,战争背后的主线是地缘博弈:英荷百年战争是当时两大强国对海权的争夺战,"西班牙王位继承战争"中路易十四觊觎的是对西班牙领土的控制,"七年战争"实际是英法在全球范围内打的第一次世界大战,目标是对殖民地的争夺,即便北美独立战争,也是殖民地人民对 13 州控制权的争夺……对地缘的争夺与控制就是重商主义思想指导国家实践的必然结果,也是伴随"日不落帝国"扩张以及资本主义大发展的一条对外关系乃至西方世界观的主线,更是后来国际关系、国际政治理论的重要组成部分。可以说,从这个时期开始,战争的目的开始越来越清晰,战争的形式也越来越固定,为现代战争的基本模式提供了原始坐标。

一、重商主义者的"战争订单"

进入 17 世纪,随着欧洲三十年战争①结束,以及《威斯特伐利亚和约》的签订,疲于外交结盟、攻守厮杀的君主们慢慢收敛雄心大略,开始把注意力向地缘争夺集中。因为,宗教战争也好,王权争夺也罢,为这些目标而战已经渐渐失去往日的价值。《威斯特伐利亚和约》不仅划定了欧洲大陆各国的国界,改变了欧洲政治力量对比,而且对国家政府、王权体制以及宗教信仰的大义名分也都已基本确定,现代国家政治的雏形也已基本完成;同时它既是近代国际法的实际源头,又是国际关系史上的一个里程碑。《威斯特伐利亚和约》建立起来的威斯特伐利亚体系是近代意义上的第一个国际关系体系,更为重要的是按照《威斯特伐利亚和约》的约定,新教各派内部达成了和解,在新

---

① 欧洲大陆的第一次大规模国际战争,从 1618 年到 1648 年持续了 30 年。

教与天主教之间划清了界限,基本上确定了欧洲大陆的宗教格局,引发无数战争的欧洲宗教改革运动至此宣告结束。此后,欧洲人对国家和政治的关心超过了对神学或教规的关心,欧洲逐步摆脱了中世纪封建神权的桎梏,进入现代社会。

当政治、宗教稳定下来后,欧洲君主们发现口袋里没钱了!尽管瑞典、法国及其盟友获得大片领土,荷兰和瑞士获得了被认可的"独立",确认了德意志各诸侯的主权,但三十年战争也沉重地打击了哈布斯堡王朝的统治地位,加深了德意志境内分裂割据,人口大量死亡、农业被严重破坏、经济长期衰落。战后西班牙国力下降,瑞典力量大增,作为大赢家的法国开始瞄准了称霸欧洲的伟大目标。不过,战争的巨大破坏让欧洲的君主们面临财政破产的威胁。

这种情况既刺激了新的战争,也让战争的目的性更强、更精准,因为,在此期间重商主义思想开始影响各国君主们的决策,重商主义者开始奔走于各国王室之间、兜售理论、制定政策、煽动战争,让战争的方向朝着重商主义的要求集中,战争逐步成为实现重商主义的重要工具。特别是伴随荷兰、英国、法国的先后崛起,重商主义开始用血腥的方式重塑欧洲地缘政治新格局,也给了大国开战的新理由⋯⋯

(一)重商主义理论的"三观"

重商主义(也称商业本位,Mercantilism)的名称最初是由亚当·斯密在《国民财富的性质和原因的研究》(《国富论》)中提出的(但斯密提倡的是自由放任),重商主义理论产生并流行于15世纪至17世纪中叶的西欧,在17和18世纪的欧洲达到了它的巅峰,19世纪后发展为自由贸易。该理论的主要内容是:财富等同于货币,货币等同于财富;财富源自流通领域;国家的财富构成中必须要有必不可少的金银等贵金属,若没有,则需要通过贸易来获取;对外贸易必须保持顺差状态;经济生活需要国家的干预等。

本质上,它是16至17世纪西欧资本原始积累时期的一种经济理论。它的起因是15世纪末西欧社会的资本主义生产关系开始萌芽和成长,地理大发现扩大了世界市场,给工商业、航海业以极大刺激,这其中工商业资本发挥了巨大作用,不仅促进各国国内市场的统一和世界市场的形成,而且推动了工商业和对外贸易的快速发展。在此期间西欧一些国家建立起开明专制的中央集权王国,运用国家力量支持工商业资本的发展,主要方式就是通过战争实现市场、贸易、运输、原料的统一。300多年的重商主义实践逐渐形成了重商主义的理论。

重商主义经历了早期的重金主义与晚期的贸易差额论两个主要的阶段。早期的重商主义最关心货币，即黄金与白银的数量。晚期的重商主义开始采用资本家的眼光对待货币，寄希望通过对外贸易增加财富。当这一理论上升为各国政府的基本国策时，重商主义的政策、理论不仅促进了资本的原始积累，推动了资本主义生产方式的建立与发展，更重要的是在它的煽动下开启了欧洲大国之间新的战端，战争也进入了为贸易而战的新时代。

"畅通无阻的贸易就是和平！"这就是重商主义的口号，与之相对的就是"贸易停止了，战争就开打了"。因此，如何为自由贸易扫清障碍？在欧洲大国君主们的脑海中，一个新的认识慢慢清晰起来，这让战争有了新的方向、进入新的阶段。

据统计，16 到 18 世纪，欧洲总共从世界掠夺了 200 吨黄金与 1.8 万吨白银，这主要得益于地理大发现后，对南美洲印第安人的屠杀与抢劫，此外就是从海外贸易中的获利。然而，对黄金无穷的渴望，让欧洲人从国王到商人，从贵族到平民都对获得新的财富跃跃欲试、蠢蠢欲动，特别是重商主义的财富观、价值观与世界观，为他们即将采取的战争行为提供了有力的支持。

重商主义的"三观"决定了它的血腥与残忍，这个特点一直持续到今天，所谓的"新重商主义"思想仍是威胁当今世界和平与经济秩序的一个大问题。仔细研究一下重商主义的"三观"，就会发现它与战争的不解之缘。

重商主义的财富观：金银是财富的最佳形式，增加金银就增加了国家财富。就如马克思所言"金银天然是货币，货币天然是金银"。重商主义者认为，"货币是衡量国家富裕程度的标准"。因此，积累更多的货币成了当时社会的一种强烈的追求。这是重商主义最初的基本观点。西班牙、葡萄牙、荷兰、英国等就是在此观点指导下，在几百年的时间里进行了惨绝人寰的屠杀，劫掠殖民地的金银财宝，英国甚至利用海盗抢劫西班牙的商船。

重商主义的价值观：必须保持顺差的国际贸易。重视工业生产，注重发展贸易，促进国际经济交流，但前提是要在国际贸易上保持贸易顺差，确保国家有足够的黄金白银储备。殖民地不得发展制造业，殖民地和母国间的商业应由母国垄断（正是这一点的无限扩大最终刺激了北美 13 块殖民地高举义旗，发动独立战争，导致英国败走、美国独立）。在重商主义后期，这就上升为全球化贸易的原则，也成了英国人发动鸦片战争的主要原因。因为，当时中英贸易是以英国的巨额逆差为特征，在常规贸易中,英国的商品无法进入中国市场。

重商主义的世界观:殖民经济全球化。为保持贸易顺差就需要对廉价的原材料进行深加工,把高附加值的产品向其他国家出口,才能赚取高额的利润。对于资源贫瘠、土地狭窄、人口众多的欧洲大陆来说,为获得廉价的原材料,就只能通过海外殖民扩张、"炮舰贸易",掠夺殖民地的资源、强占他们的市场,用战争解决问题。

(二)重商主义与战争的必然联系

对于重商主义来说,金银总量的持续增加、正常的国家贸易以及必须确保的顺差,这是重商主义的三大核心目标。从最初不择手段满世界搜刮金银财宝,到后来升级为强调贸易输出,压制他国商品进口,确保本国富裕,他国贫困。因此,本质上它更像是一种零和博弈,这不但丧失了公平原则,而且很容易引发国际战争。事实上,在重商主义的巅峰时代,大国战争的主题就是围绕贸易展开的。

英荷战争的爆发表面上是英国崛起让荷兰感到威胁,于是处处打压英国,最终在"护国公"克伦威尔的领导下,英国人反击荷兰取得成功。但在这背后更加深刻的原因却是荷兰先是宣布大幅增加英国商人关税,还在英国水域肆意捕捞海鱼,并把水产品高价售卖到英国以牟取巨额利润。荷兰的这种重商主义行为严重侵犯了英国重商主义的利益,这让英国新兴的资产阶级空前愤怒,身为资产阶级代言人的克伦威尔更是忍无可忍,最终决心对荷兰动武。何况英国已经具备了一定的军事实力,英国海军扩张了三倍还多,甚至还出现了规模空前的陆军。尽管和荷兰的军事力量比较起来,英军实力还属于弱小地位,但这已经不能阻止英国发动战争的决心。

从地理大发现满足欧洲王室对金银的渴望,到后来通过国际贸易赚取巨额顺差,以及为确保商品的核心竞争力而大肆掠夺殖民,最后发展到为了保证国际贸易的畅通而提高对供应链、物流链的掌控(或者攻击),重商主义这一系列逻辑推演最终就收敛到对地缘的控制上。地理大发现的结果是葡萄牙、西班牙占领了南美洲,英国、荷兰进入了北美洲与印度洋,然后就是把劫掠到的金银财宝、香料、瓷器等源源不断地运回欧洲。因为这离不开对殖民地的争夺与控制,所以它引发了无数海外战争。当贸易开始成为重商主义者获取财富的主要手段后,对商船军舰、海上运输线、重点海港码头以及稳定的殖民地经济体系等重要的贸易因素的争夺就成了大国竞争的核心内容。而这本质上仍然是地缘争夺引发的战争,只不过被叠加了很多时代特征与过分掩饰罢了。

公元 1651 年,英国议会颁布了限制荷兰商人利益、显失公平的《航海条例》,该条例明确规定殖民地运输货物至英国或另一殖民地,或欧洲商品运送英国及英国殖民地时,均须使用英国船只装载,即一切输入英国的货物必须由英国船只载运。英国的这一贸易保护主义行为严重打击了荷兰商人的对英贸易,英荷矛盾空前激化。随即 1652 年爆发第一次英荷战争,弱小的英国海军奇迹般地击败了强大的荷兰海军。两年后随着英国舰队彻底控制英吉利海峡,丧失制海权的荷兰无法保障自身贸易命脉,全国经济面临瘫痪。不过,荷兰通过两场战争剥夺了英国在地中海区域的市场。由此拉开了长达百年之久的英荷战争,这就是重商主义巅峰时期最为典型的战争形式,已经跟宗教信仰、王位争夺、国王荣誉、贵族封地等传统爆发战争的原因无关了。

(三)信奉重商主义国家的战争逻辑

学者们的思想推导过程,就是国家走向战争的逻辑脉络。国家干预、大力发展工商业、保持贸易顺差,这些重商主义的基本要求"合成"的产物就是冲突与战争。道理很简单,通过工商业发展起来的国家经济为了获得贸易顺差,就只能采取零和博弈的方式,而不能接受这种"零和"结果的国家就只能采取抵制、反抗与报复,在这种情况下,战争就是各大国君主、殖民地原住民以及新兴资产阶级的唯一选择。用战争解决金银掠夺、原料产地、商品市场以及控制海洋运输线打击竞争对手等,这是在国际法、国际秩序以及国际政治体系建立前世界上最通行、最简单的方式,一战定乾坤,一场战争解决不了那就再来一场,或者打持久战,直到一方失败、让出权力、承认新霸权为止。这一时期,欧洲的主要战争(如英荷战争、英法战争)以及后来的美国独立战争等,都是这一逻辑推导出的产物。

重商主义者主要强调国家对经济的干预作用(这一点被凯恩斯继承,两者目标相同但区别在于国家干预的方式不同),认为国家对经济进行干预是国家能够实现财富积累的重要保证,国家应该积极主动地干预经济生活。西欧早期的国家干预主要聚焦三个方向:一是经济上的保护主义,也是强国主义;二是军事上的强兵主义;三是海外的殖民扩张主义。国家的参与与干预就等于把商业贸易行为上升到国家行为,其终极目标就是实现贸易顺差,为了确保顺差可以无所不用其极,这三大主义最终都收敛到战争,并形成以战争作为实现目标的通用手段。这种情况在逻辑上是说得通的。

重商主义者认为必须大力发展工商业。比如英国早期重商主义的代表人物威廉·司塔福特认为:从外国输入商品是有害的,从外国输入本国能够制造的商品则害处更大,他反对输出英国羊毛和输入外国羊毛制成品。以柯尔贝尔为代表的重商主义者则视贸易等同于战争,他们认为:"商业是国家间永恒的、和平的战争,是精神和工业的战争","谁控制了海洋就控制了世界贸易,谁控制了世界贸易就控制了世界帝国,谁成为世界帝国的主人,就控制了世界本身。"这既是麦金德那句影响深远的名言"谁控制了欧亚大陆,谁就控制了世界岛;谁控制了世界岛,谁就控制了世界"这一论断的文字来源,也是基辛格提出的"谁控制了粮食,就控制了人类;谁控制了石油,就控制了所有国家;谁控制了货币,就控制了全球经济"这种惊世骇俗观点的"原产地"。这种表述的潜台词就是战争,否则怎么实现"控制"? 事实上,无论是重商主义者还是300年后的地缘政治学者,他们实现其理论的主要方式依然是战争,英国、美国的霸权都是建立在无数次对外战争的基础上。

在这样的逻辑推导下,重商主义就与国际战争密不可分。因为,它不但提供了战争的理由,而且提供推动战争升级的动力,甚至还为资本主义推翻封建主义创造了条件。

二、大国眼中的"命脉":地缘

(一)地缘争夺成为战争的导火索

对于在这一百多年里迅速崛起的英国来说,地缘几乎就是决定英国命运的关键。因为,既然在重商主义者眼中把货币认定是财富的唯一形态,是衡量国家富裕程度的标准,对外贸易是国民财富的源泉,那么在这种思想指导下,都铎王朝的统治者就必须把目光从狭小的、资源贫瘠的海岛移往遥远而广阔的海外大陆,只有把英国经济纳入世界经济范畴,建立起以海外市场作为导向的外向型经济模式,通过积极推动经济全球化、努力开拓世界市场,才能实现国家的崛起与霸权的建立。

阻碍实现这一目标的是荷兰与法国:一个是海洋大国,控制海洋运输线与关键海港以及大片的海外殖民地;一个是欧洲大陆霸主,控制市场与资源。按照重商主义的逻辑推导,英国必然与它们发生冲突,战争注定不可避免。

而从英国此前对外开拓市场的努力及成果来看,对地缘的争夺已经成为贯穿一切战争的"灵魂"。看看16世纪以来英国的海外扩张"地图":

在大西洋彼岸,它开拓了美洲殖民地与市场。在北美建立了第一个永久性的殖民地弗吉尼亚。然后,英国不断扩大殖民地的范围,逐步侵占北美辽阔的土地,把这里的 13 个殖民地发展为英国的工业原料基地和商品销售市场。

在欧亚大陆腹地,英国与俄国建立商贸关系,并开辟了中亚市场。英国商人建立了"莫斯科公司",专门经营俄罗斯、中亚、波斯一带的贸易。英国商人又创办了"东方公司",专门经营波罗的海沿岸地区的贸易,打破了汉萨同盟的长期垄断格局。

在非洲大陆,英国在北非、西非区域建立贸易网络。1585 年英国成立"摩洛哥公司",1588 年成立"几内亚公司"。这些公司在非洲大陆上从事血腥的贸易掠夺与惨无人道的奴隶贸易。

在亚洲,英国打通了与印度等东方国家的贸易。1600 年伦敦商人在伊丽莎白女王的支持下成立了著名的"东印度公司",该公司享有与好望角以东的国家特别是印度贸易的垄断权。

到 17 世纪,英国商人的足迹几乎遍及世界各地,成功地将英国经济纳入了世界经济运行的轨道。但他们是以暴力掠夺、战争摧毁的方式贸易,开辟的广阔市场以及掠夺的大量廉价的原料和金银财富,为英国经济注入活力,推动英国经济飞速发展,最终建立了"日不落帝国"的超级霸权。可以说,18 世纪英国的地位是建立在地缘争夺、地缘战争与地缘控制基础之上的,即便是英国科学、文学、艺术等领域的高度繁荣也离不开地缘战争带来的灵感。

在这一时期,地缘争夺主要集中在海权争夺上,英西战争、英荷战争、英法战争都是围绕这一主题展开的,持续了一两百年。

17 世纪开始了荷兰崛起的时代,荷兰凭借先进的造船业,一度成为当时世界上最大的海洋运输国家,拥有遥遥领先于世界的商业和海上运输业,在随后的半个世纪里荷兰人利用炮舰逐渐垄断世界贸易,成为各地贸易中介人。凭借强大的炮舰,荷兰人开始遍布世界各地,荷兰也被世人冠以"海上马车夫"的称谓。当荷兰控制了印度洋和中南半岛上的大部分关键港口与香料产地,南下侵占了塔斯马尼亚岛,从葡萄牙手中抢夺了马六甲,建立了好望角、新尼德兰等众多殖民地时,荷兰成为那一时期的世界级海洋强国。然而,英国的悄然崛起让这两个海洋大国必然围绕地缘、海权展开激烈争夺,从而进入了长达百年之久的英荷大战,最终荷兰失败,英国获得至高无上的世界霸主地位。

因此,17 至 18 世纪西欧国家的历史,特别是英国通过长达一百多年的战争最终战胜法国、取代荷兰成为欧洲霸主的历史经验表明,当时经济实力的较量最终是靠军事力量的较量,也就是通过争夺制海权完成的。因为当时制海权是世界贸易链中最关键的环节。英国是在世界市场和世界战场上同时取胜才最终确立世界霸权的。

(二)"头号强国"荷兰的实力

"如果说英格兰是为大海所吸引的话,荷兰就是被赶向大海的。没有大海的存在,英国或许会一蹶不振,而荷兰则会衰败消亡。"这是阿尔弗雷德·塞耶·马汉在《海权论》中的断言。

17 世纪初,各大洲遍布忙碌的荷兰商船,航线上满是荷兰的军舰商船,庞大的经济规模与巨大的贸易顺差,使荷兰成为当之无愧的世界级海洋强国、贸易强国。但由于英国的殖民活动与荷兰的全球贸易大致处于同一时期,贸易、地缘方面的摩擦导致两国不可避免地出现冲突。不过在荷兰走向巅峰之时,英国也在悄然崛起。消灭西班牙"无敌舰队"只是大英帝国崛起的序幕,在此之后,英国陆续击败法国、荷兰,彻底征服印度和北美,其拥有的广阔殖民地确立了英国"日不落帝国"的世界霸权地位。到 1674 年第三次"英荷战争"结束时,英国已经成为世界上最强大的商业和海军强国。而在此之前的半个世纪,荷兰一直是欧洲首屈一指的"头号强国"。

荷兰(尼德兰地区)位于欧洲西偏北部,中世纪时期属于法国的诸侯勃艮第公爵领地。由于勃艮第公国处于被法兰西王国与神圣罗马帝国两大强国所争夺的要冲位置,最终在 15 世纪末被两国瓜分。尼德兰地区先是归于神圣罗马帝国哈布斯堡王朝统治,而后西班牙通过王室联姻的方式获得了尼德兰地区的统治权,因此,尼德兰又被归于西班牙哈布斯堡王朝统治。

在资本主义萌芽时期,尼德兰地区的资本主义经济繁荣,工商业贸易兴盛,资产阶级逐渐壮大。而封建专制的西班牙用苛捐杂税压榨尼德兰的财富,阻碍当地的资本主义经济发展。因为信奉新教的尼德兰人不满西班牙残酷的天主教统治与横征暴敛,在 1568 年爆发了独立起义,开启了长达八十年的尼德兰独立战争(1568 年—1648 年)。战争初期的尼德兰实力弱小,无力抵抗西班牙军队,但伊丽莎白女王为了削弱当时欧洲的霸主西班牙,让英国在八十年战争中投入巨量的财力、兵力和精力支援尼德兰,并最终取得了胜利。独立后的荷兰依托庞大的航海资源与技术水平一飞冲天,通过一系列战争在 17 世纪成为世界新霸主。

早在 1637 年,荷制"海上君主"号战舰的排水量就高达 1 500 吨,三层甲板并配置 100 门大炮,这几乎就是那个时代的"核动力航母"。荷兰阿姆斯特丹的萨尔丹造船厂扬言,只要提前两个月下订单,届时就可以每周一艘的速度、批量产出军舰。17 世纪上半叶,荷兰就已经拥有 1.6 万艘商船。从 1670 年西欧主要国家船舶总吨位排行榜来看,荷兰 90 万吨、英国 50 万吨,西班牙、葡萄牙共 25 万吨,法国 15 万吨。荷兰一国的船舶吨位就达到了英、西、葡、法四国的总和,这不得不令人叹服。何况,荷兰商船的造价只有英国同类舰船的一半。这也奠定了荷兰海上霸权的基础,其称霸历程如表 3—1 所示。

表 3—1 荷兰海上霸权兴衰的历史进程

时间	标志性事件	影响
17 世纪初	荷兰建立东印度公司,这家商业公司拥有众多商船、配备强大火力的军队及统治殖民地的特权	东印度公司先后在爪哇以及马六甲击败西班牙和葡萄牙的远洋舰队,先后占领盛产香料的帝汶岛以及整个苏门答腊岛、锡兰(今斯里兰卡)岛和苏拉威西岛
1621 年	荷兰组建从事美洲殖民地开发的西印度公司,把殖民势力扩展到美洲大陆	在南美占据圭亚那,在北美占据了哈德逊河流域和曼哈顿岛,在加勒比地区,与法国展开激烈争夺,在澳大利亚侵占塔斯马尼亚岛,从葡萄牙手中抢夺马六甲,并建立好望角、新尼德兰等众多殖民地
1651 年	英国议会颁布针对荷兰商人的《航海条例》	导致第一次英荷战争爆发,荷兰战败
1653 年	英国舰队彻底控制英吉利海峡	荷兰通过"厄尔巴岛海战"和"里窝那之战",使英国失去了地中海区域的全部贸易
1665—1667 年	第二次"英荷战争"取得胜利的荷兰与英国互换殖民地	英国修改航海法,让出部分商贸利益给荷兰商人,与荷兰、瑞典结成三国同盟并向法国波旁王朝施压
1672 年	"法荷战争"爆发,英国与法国结盟共同征讨荷兰	荷兰取得全面胜利
1674 年	第三次"英荷战争"结束	荷兰在此次大战中元气大伤,无力维持海外庞大的殖民地,逐渐丧失了世界海洋霸权

英国与荷兰也并非一直处于敌对状态。1660 年英国迎回了查理二世(那个上了断头台的查理一世的儿子),次年,查理二世正式加冕为国王,斯图亚特王朝复辟。查理二世的继任者詹姆斯二世(查理一世的次子,查理二世的弟弟)复辟天主教专制统治,导致了 1688 年的光荣革命。荷兰在光荣革命中给英国提供了极其重要的帮

助:议会为阻止詹姆斯二世复辟天主教统治,邀请詹姆斯二世女儿玛丽与其新教徒丈夫荷兰执政威廉三世共同成为英国国王。威廉三世带着百余艘战舰与高达两万余人的荷兰军队渡海前来支持革命,詹姆斯二世见大势已去,很快放弃了抵抗,放弃王位,逃到法国,在那里了此一生。

(三)纯粹的霸权之争:难以回避的英荷百年战争与路易十四的地缘战争

从 1652 年到 1784 年的近 130 年时间里,英国与荷兰总共打了四次英荷战争,战争争夺的目标很清晰、很简单,就是制海权、殖民地与反贸易保护主义,核心依然是重商主义追求的目标。这四次英荷战争,尽管荷兰赢多输少,但总体上还是越打越弱,不断丢城失地,逐渐失去制海权、殖民地与经济中心地位。

英荷战争的起点是英国颁布的极具贸易保护主义色彩的《航海条例》,结束是因为荷兰介入美国独立战争,支持大陆军和英军作战,起点时期荷兰还是世界强国,结束时荷兰已经"退居二线"、榜上无名了。英荷四次战争过程,见表3-2。

表3-2　　　　　　　　　　　英荷四次战争时间线

战争线	时间线	结果	对英影响	对荷影响
第一次英荷战争	1652—1654 年	英荷两国签订《威斯敏斯特和约》,以荷兰被迫承认《航海条例》而宣告结束	英国人虽然赢得了这场战争,但丢失了地中海周边国家的全部商贸交易	荷兰失去了英吉利海峡、多佛海峡的控制权
第二次英荷战争	1665—1667 年	双方签署《布雷达和约》	英国退出东印度,并归还了南美洲的苏里南殖民地,还对荷兰放宽了《航海条例》	荷兰承认了英国对纽约和西印度群岛的占领,双方互换了殖民地
第三次英荷战争	1672—1674 年	荷兰舰队在海战中四次击败英法联合舰队	英国得到荷兰部分的殖民地与贸易特权的同时,必须给予荷兰 20 万英镑的战争补偿	属于荷兰的海洋霸主时代宣告落幕
第四次英荷战争	1780—1784 年	荷兰大败	英国完全取代荷兰成为世界新霸主	荷兰经过近百年的纸醉金迷和欧陆争霸的消耗,早已不是世界霸主

这熟悉的一幕在以后的历史还会反复上演,"重商主义的阴魂"反复挑拨、刺激、操纵着大国的兴衰。在随后的二百多年里,世界就是这样在持续震荡、冲突与战争中走过来,而英荷战争也为后来的战争目的、战争功能甚至战争模式奠定了基础,更

换的无非是对阵双方,但追求的目标却是一以贯之。直到今天,这个版本仍在主导国际关系、国际政治、地缘政治乃至世界大战的进程。因此,抛开乱花迷眼的复杂现象、各种匪夷所思的观点以及高深莫测的理论,影响国际关系本质的仍然是重商主义理论,国家之间仍然在为财富积累、贸易顺差、掌控产业链与供应链以及控制物流体系而争斗不休,为此而战也屡见不鲜。

英国战胜荷兰,是重商主义思想指导下新兴的工商业资本战胜传统的商业资本的结果,也是人类历史上第一次全球性霸权更迭的实质所在。但历史的发展就是峰回路转、柳暗花明。1795 年荷兰共和国被法国所灭,不过为了维持大陆均势、削弱法国势力,在拿破仑战争时期英国又大力推动荷兰复国,并在 1815 年的维也纳会议上积极支持新荷兰王国的构建。但荷兰已经不再是当年的荷兰,再也没有实力实现"国家复兴"。

英法百年战争后,法国作为欧洲强国的身份活跃在国际政治舞台上,凭借本身所拥有强大的经济实力、充足的资源供应、国家机器的完善与发达、国民意识的深化、民族辉煌历史的自豪以及权威命令的畅通无阻和正确有效的外交谋略,法国在欧洲三十年战争中取得了辉煌战绩,成为威斯特伐利亚体系中最大的受益者。

17 世纪荷兰和英国在行动上践行了重商主义政策,两国国力强盛的事实证明了重商主义在促进国家实力增长方面的巨大贡献。对此,法国也采取国家干预经济发展的重商主义政策。著名的重商主义者柯尔贝尔在 1661 年上台之后,重视发展国内贸易,尽量减少征收贸易通行税,而且通过增加商业贸易进而增加国家财政税收。与英荷以依赖海外贸易顺差实现财富积累的方式有所不同,法国是欧洲大陆国家,幅员辽阔、人口众多、土地肥沃、农业发达,所以,对财富积累的理解与岛国、小国有所差异。但本质上,法国也是靠战争征服、海外殖民、国际贸易来实现国力提升。17 世纪中叶至 18 世纪中叶,法国有 31 年的时间是处于战争状态。

这一过程主要靠"太阳王"路易十四完成的。他亲政 54 年,连年征战,既给法国带来荣耀与财富,也让法国劳民伤财、满目疮痍。但归根结底,路易十四还是靠战争来实现法国的重商主义目标,所以,无论他用什么借口发动的每一场战争,其核心都是围绕地缘利益展开的。重商主义与地缘战争的结合给了法国对外扩张的动力。

表 3—3　　　　　　　　　　　　法国地缘战争的时间线

战争线	时间线	过程	结果
"遗产战争"	1667—1668 年	西班牙在西属尼德兰的驻军较少,而且缺乏统一指挥,法军一路攻占西属尼德兰的弗兰德尔、卢森堡等大片地区	1668 年法国和西班牙签订了《亚琛条约》,法国获得了部分尼德兰地区
法荷战争	1672—1678 年	在 1672 年法荷战争爆发后,奥地利、西班牙组成了反法同盟参战	1678 年法国通过签订《奈梅亨条约》获得了大量西班牙的领土。法国成为欧洲霸主,路易十四成为欧洲公认的"太阳王"
九年战争	1688—1697 年	法国的扩张遭到英国、瑞典和哈布斯堡王朝的联合抵抗	作为战争结果的《里斯维克和约》承认了英国舰队对法国的海上优势地位。它标志着英国已经升到了欧洲大国的地位。法国的霸权受到削弱,但保住了欧洲大陆最强国的地位
西班牙王位继承战争	1701—1714 年	法国继承了西班牙王位,但两国宣布永远不得合并,最终法国被迫将过去占领的地区几乎全部吐出	法国赢得胜利,却付出高昂代价
七年战争	1756—1763 年	英国、普鲁士同盟、与法国、奥地利、俄国同盟为争夺殖民地和欧洲霸权进行的战争	英国成为海上霸主,俄国地位得到提升,普鲁士在德意志的地位得到巩固,法国实力大损、地位下降

　　不过,路易十四的地缘战争打下来,法国恐怕不是最后的赢家,荷兰、西班牙、德意志等也不是,特别是路易十五参与的七年战争让法国损失惨重地位下降。相反,最大的赢家却是孤悬海外的英国。在一次次海战、陆战后,英国的军事霸权、海上霸权、殖民地霸权以及经济霸权都获得稳步提升,最终把世界霸权控制在自己手中。

　　英国作为一个岛国,最关心的是海上和殖民地的霸权,它也反对任何大国称霸欧陆。因为只有维持欧洲的均势,才能保证英国在欧洲的政治经济优势和利益。比如如果法国王室继承了西班牙王位,力量将会过于强大,从而破坏这种均势。所以英国一直力图削弱法国以维持均势。七年战争使法国丧失了在北美、西印度群岛的大部分殖民地,在印度也仅保留了几个殖民据点。法国人之所失,即是英国人之所

图片来源:百度百科。

图 3－1　"太阳王"路易十四

获。英国始终处于因战获利的状态中。

英国通过近 200 年坚持不懈的对外扩张,终于成为一个无可匹敌的海上霸权国家,并有能力在欧洲大陆扮演起"平衡者"的角色。当英国完成对印度的占领,这不仅意味着完善了"日不落帝国"的殖民版图,更重要的是印度作为一个庞大的原料产地和消费市场,成为英国未来"工业革命"的"血库"。

(四)大英帝国的崛起:偶然还是必然?

"日不落帝国"时代的开启,是一系列"革命与创新"的结果,特别是工业革命、市

场经济与资本主义制度的组合,让英国的崛起不是偶然性的事件:

第一,"光荣革命"后,圈地运动、财政金融改革、国内外贸易政策这三大政策如同三驾马车,拉动英国经济的迅速发展。它们推动了英国由农业社会向工业社会转型,在此期间,英荷、英法的争霸战争为英国资本主义的发展攫取了巨大的利益,为即将到来的工业革命完成了原始资本的积累。

第二,工业革命让英国具备了称霸世界的能力。就生产方式与生活方式而言,18世纪60年代前的英国与其他所有国家并没有太大的差别。但在18世纪60年代英国开启工业革命以后,它才真正成为现代化完善的典范国家。英国发生工业革命以前,并不是一个多么令人震惊的国家,但随着工业革命的影响扩散,英国开始展露出现代世界第一强国的面目。

第三,英国用战争扫除一切阻碍工业革命的因素。英国以两种手段为工业革命的发展提供了空间:"一是夺取其他诸多国家的出口市场;二是通过政治或准政治的战争和殖民方式,摧毁特定国家内部的国内竞争"[1],英国的一切政策都为之开道,即使是战争,目的都在商业。当然,"君以此兴,必以此亡",当国力衰落、新势力崛起后,这个手段就被用到英国人自己身上,这是后话。

第四,英国形成了统治世界的思想理论体系。17—19世纪,英国主要经历两场重大的思想运动。第一场思想运动是启蒙运动。启蒙运动是发生在17—18世纪的一场资本主义性质的反封建反教会的思想文化运动,启蒙运动最初产生在英国,而后发展到法国、德国与俄国,此外,荷兰、比利时等国也有波及。启蒙运动的主要思想是反对教会权威、反对封建社会,核心是倡导理性。第二场是辉格主义思想的传播,它是17至19世纪英国思想文化具有代表性的思想,它推动实现了英国自由、民主的政治价值,又避免了激进的暴力革命,在进步与保守之间、在强大国家与个人权利之间达成均衡。先进的思想文化与先进的生产力水平以及先进的生产关系的融合,让英国在那个时代成为"万王之王"也就不为过了。

经过近三个世纪的努力,特别是在持续不断的地缘战争加持下,英国逐渐在地缘、海权、军事能力、政治制度、经济实力、科技水平以及思想理论上达到巅峰,成为当之无愧的世界级超级大国,也让世界进入"英语时代"。

———————————

[1] 引自英国著名历史学家霍布斯鲍姆《工业与帝国》。

三、重商主义的"副产品"：美国独立了

18世纪中叶，英国的北美殖民地与英国之间已有裂痕，特别是在英法七年战争（1756—1763年）结束、英国获得胜利后，北美殖民地与英国的矛盾开始激化。此前，英国也颁布了一系列诸如航海法、贸易法、工业法等限制北美殖民地经济的发展。但是，由于英国先后对荷兰、法国进行了海上争霸的连续战争，这些法令的执行并不严格。然而，七年战争结束后，英国在北美洲接管了法属加拿大，控制了密西西比河以东的新法兰西领土，大片领土的并入，让英国人提高了对北美殖民地的重视程度。特别是因长期的战争而导致的财政困难，让英国政府不断地向北美殖民地增加税收，并实行高压政策，进行残酷的压榨剥削。

但经过百年的经营，13个殖民地已经形成了一定的经济基础与分工，北部殖民地发展工商业，中部殖民地发展为农业区，南部殖民地逐渐建立起以黑奴劳动为主的种植园经济。随着殖民地经济的不断扩张与宗主国对殖民地的横征暴敛、残酷打压，逐渐使北美殖民者萌生独立的念头。

此外，英国为了打击荷兰而颁布的《航海条例》的负面影响就是限制了殖民地与其他国家的贸易往来，这让北美殖民地经济遭受重创，其后果是激起殖民地人民的反抗，这也间接引发了美国独立战争。

（一）美洲殖民地的地缘价值

作为重商主义国家与海洋国家的英国，早在16世纪就认识到北美的开拓对于大英帝国的重要意义。在一些具有国际战略眼光与国际化思维的商人、学者以及政治家推动下，北美殖民地的地缘价值被英国政府发掘出来、利用起来，并成为英国控制印度之前，最重要的海外殖民地之一。另外一些宣传家认为英国正在进行的种植业和各种制造业应该延伸至新世界——欧洲的草药材、大麻和亚麻、油菜籽和其他产油作物，还有船只备品、染料作物、水果和矿石①。在随后的岁月中，这些农作物、制造业产业基本在北美殖民地推广开来，比如，北方的造船业、中部的航运港口以及南方的种植园经济，都很有地域性特色，都有很强的基础。以至于当英国政府加大对北美殖民地经济掠夺时，这些殖民者成了起义军，开始与宗主国进行英勇不屈的

①　引自约翰·史密斯（英属弗吉尼亚州创建者之一）《为新英格兰或任何地方没有经验的殖民者提供咨询》一书。

战斗,并取得了胜利。

到 18 世纪后半叶,北部和中部殖民地的工业生产技术已达到相当高的水平,对外输出量已有明显增加。例如,1745 年生铁和铁条的输出额仅为 2 000 吨,到 1771 年就增到 7 500 余吨。中部和北部的造船业极为发达,到 1775 年,英国的商船有 30% 是在北美制造的。① 此外,南部殖民地的种植园经济也有很大的发展。伴随经济的发展和各个殖民地联系的加强,一个统一的美洲市场逐渐出现,从而在北美殖民地开始形成一个新兴的、独特的资产阶级的民族经济。这种民族经济已和宗主国在民族性格上有所不同了。

(二)失去北美殖民地:原来是英国"吃了重商主义的亏"?

在重商主义思想指导下,英国统治者为了保护国内资产阶级的利益,消除海外竞争,对北美殖民地工商业的发展一贯采取压制的政策。

在工业方面,1750 年英国政府颁布《制铁条例》,禁止北美殖民地设立制铁厂,不许把生铁做成成品,甚至铁钉与马掌的制造也在被禁止之列。1754 年,英国政府又禁止美洲殖民地建立一切织造业,不许把皮毛做成成品。总之,英国的目的是不让北美殖民地培育出自己的制造业,而是强制输入英国的制成品,从而使北美殖民地的工业发展受到限制。在商业方面,英国根据《航海条例》,规定殖民地的物产,如烟草、大米等只能运往英国,而美洲殖民地人民所需的日用品,只许从英国运来,并只许使用英国船只。在金融方面,英国禁止殖民地发行纸币,严重地阻碍了商业发展。所有这些都极大地违背了美洲商人的利益,引起了北美殖民地工商业资产阶级的强烈不满。

此外,英国资本家垄断奴隶贸易,对殖民地的种植园奴隶主、田庄主人而言,这种"两头在外"受制于人的经济贸易格局也是极其不利的,因为他们没有自主权,完全受制于英国人的操控。

这种极其不平等的贸易行为对于一个日渐膨胀、欣欣向荣的殖民地经济体来说,显然是不可持续的,特别是当英国因战争开支巨大、增加对殖民地压榨剥削时,重商主义积累的负效应就爆发了,最终还是靠战争来解决这一转化的关键问题。

(三)美国独立战争开启英国衰退的通道?

美国独立后,英国人首先做出的就是及时止损。英国人清醒地认识到,虽然美

---

① 《欧美近代史——北美殖民地的建立以及独立战争的爆发》,百家号"李力侃史",2021 年 3 月 19 日。

国独立,但短时间内力量弱小,并不足以威胁到自己,而且当战争结束双方非但不再是敌人,还可以做生意。所以在英国重构全球利益格局的过程中,首先就将美国拉了进来。

英国在战后有意识地发展与美国的贸易关系,这导致美国独立之后美英贸易额不降反增。贸易额的增长提高了美国对英国的经贸依赖以及对英国资本的金融依赖,也出现了英国丢掉北美殖民地后,竟然通过金融、贸易等手段又获取了对美国持续近百年的隐性控制。如此灵活、清晰的外交布局和手段,至今仍然令人瞠目结舌。但这也仅此而已,英国丰富而深远的外交谋略尽管可以挽回点经济利益,但在地缘控制力上英国势力则是被美国挤出了北美洲,并在后来的一百年里逐渐被新崛起的德国、美国、日本等挤出太平洋、印度洋以及亚洲,在19世纪末经济规模先后被德国、美国反超,最终在20世纪上半叶正式被踢出一线大国的位置。

进入19世纪,英国几乎每十年就要发生一次经济危机,作为工业革命的发起国,虽有庞大的殖民地,但依然不能缓解经济危机造成的大量失业问题。因为,资本的逐利性将注定资本家更愿意将国内的资本转向更为廉价的殖民地,而不是致力于本国经济的发展。在重商主义思想指导下,经济复苏的主要办法是对商品倾销地的争夺,尤其是亚洲和北美市场。这不仅让自由主义的市场经济受到质疑,更让马克思发现了理论上资本主义必然灭亡的根本原因。

另一方面,从19世纪60年代开始美国、德国和日本先后完成了第二次工业革命,而老牌的发达国家英国却因广阔的海外殖民地提供的丰厚回报、资本家醉心于金融投资而逐渐放松了对技术的革新,富裕社会的"惰性"最终导致英国的制造业陷入严重衰退。

还有,就是战争的"双刃剑"效应。英国成也战争、败也战争,比如19世纪末英国先后两次与南非的布尔人之间爆发战争,虽然最终英国险胜,但却为此付出了惨痛的代价。布尔战争是大英帝国近400年内,在230次殖民战争中出兵最多、拖延时间最长、开销最大的一场战争,一共花费了2.2亿英镑,超过了所有列强在19世纪的战争开支总和。这场战争使英国元气大伤,成为英国由盛转衰的转折点。

当然,有人欢喜有人愁,英国的衰落就是其他国家的机会,起码独立后的美国就进入了国力发展的快速通道,而它的发展路径依然是通过贸易、战争,也就是重商主义在美国借尸还魂了,而且直到今天它依然是美国对外政策的"灵魂",时不时地跳出来以极端方式"碾压"市场经济原则、民主制度规则、自由主义精神以及全球化浪潮等——这与英国当年的表现如出一辙,"殷鉴未远,在夏之后世"。

本章所述的这一百多年是重商主义的巅峰时期,在这一时期出现了很多雄才大略的英雄人物,如"太阳王"路易十四、"护国公"克伦威尔、依靠"光荣革命"上台的威廉三世、美国首任总统华盛顿,以及许许多多经济学家、政治家与发明家、探险家,他们在各自领域内以自己独特的方式创造新的思想、贡献新的方式方法推动世界发展。

他们都是时代风云人物,个人的能力与表现给世界带来无穷精彩,但应该看到的是无论他们表面上如何千差万别、各领风骚,本质上他们都是在重商主义驱动下被商业利益牵着鼻子走、被资本的扩张推着走、被贸易顺差赶着走,也许他们自己从没有过这样的感觉,甚至没有这样的想法,但事实就是如此。在这样的历史背景下,他们的所作所为、持续的战争都吻合重商主义的思想,核心都是为贸易而战、为地缘而战。

当地缘成为重商主义者追求的终极目标时,各种名义的战争背后都是它在操作,让各国君主疯狂下注。地缘控制意味着掌握了通向财富、市场与原材料"宝库"的大门,争夺地缘控制权不但改变了战争的模式,更成了发动战争的理由。这也让地缘战争成为西方世界战争的主要内容,并且随贸易的延伸不断扩展到世界各地,所到之处,西方往往明火执仗用坚船利炮摧毁当地君主政权、原生经济体系与传统思想文化,通过杀戮、占领、劫掠、倾销、控制、改造等残酷方式征服世界、控制主要航线与重要港口、占据重要的原材料产地与市场、掌握商品生产与贸易的控制权……

这是一个赤裸裸的"实力为王"的丛林法则时代,几乎没有任何国际法律、国际秩序约束君主们对财富的渴望与对土地的贪婪,于是在各种借口掩饰下,欧洲的君主、贵族、商人以及新兴的资产阶级为了追求贸易顺差而积极在世界范围钩心斗角、大打出手,在一场场战争背后是封建主义的衰落与资本主义的兴起,在一块块殖民地被征服、开发的背后是民族主义的兴起与殖民主义的衰落……

贸易连接了世界、地缘让世界更加清晰、战争改变了世界,变化中的世界、东西方的冲突也在塑造一个新的时代,旧的霸权消失、新的霸权崛起,旧的经济模式消失、新的经济模式兴起,旧的思想理论退场、新的思想理论登场……

一个百年的变局就在这无数次战争的硝烟中初露峥嵘——重商主义在通过贸易改造世界的同时,自己也成为被贸易改造的对象,自由主义思想也在悄然崛起,静悄悄地在"革重商主义思想的命",从而掀起另一场声势浩大的新革命——也是通过战争来完成转化的。它开创了一个新时代,随着资本主义壮大、工业革命普及、贸易全球化,钢铁、机械与蒸汽机成为改造世界的主力军,并将在接下来的世纪里用更残酷、更血腥的方式塑造世界。

第四章 工业革命与海陆之争

《共产党宣言》指出："大工业建立了由美洲的发现所准备好的世界市场。世界市场使商业、航海业和陆路交通得到了巨大的发展。这种发展又反过来促进了工业的扩展。"生产力发展对于生产关系、国际贸易所产生的巨大影响,不只作用于工业本身,连带着战争形式、世界地缘格局也被生产力的提升所改变。这一变化一方面体现在拿破仑战争以后的军队作战模式;另一方面则体现在英、德、日、俄等老牌列强的崛起之路。在过去,当大陆占据主导地位时,长袖善舞的政治家还能依靠外交手段缓和列强之间的矛盾;而当工业革命撬动全球地缘转变,对于殖民地的争夺则在不断加深欧洲的"裂缝"。而最深层次的分歧,则是生产力大幅提升之下,各国围绕海权、陆权两大发展模式的博弈。最终,以"海权论"为代表的海洋之路,成为19世纪列强崛起路径的主流。

一、工业革命与地缘战争之变

(一)工业革命对地缘政治的新要求

工业革命的到来开启了全球化新时代,以科技和工业革命为核心、经济发展和扩张为主要目的在全球范围内开展贸易、投资、生产制造,形成全球化产业关系和市场规则。可以说,全球化是工业化时代的必然产物,这是因为工业化对于生产力的大幅提高,交通运输等领域迎来蓬勃发展,才使得地理大发现之后的全球沟通具有了物质基础。同时也因为工业化对于不断扩大市场规模的需要,全球的资源、人口、市场等要素开始加速流通。第一次工业革命推动的全球化浪潮,将全球化带入了全新阶段,经济全球化逐渐成为新的全球化内涵,也成为推动其他领域全球化的主要动力。同时,经济全球化也增强了政治、文化、宗教、外交、科技等多个领域的全球化能力。

　　第一次工业革命对于欧洲地缘最重大的一个影响,就是该进程使得英国从欧洲的"边缘地带"一跃成为地缘大国。第一次工业革命是一个持续时间很长的历史过程,它从 18 世纪末期开始到 19 世纪中期,主要发生在欧洲和北美洲。尽管不同国家都从工业革命中获益,但英国受益最大。其原因有以下几个方面:

　　首先,英国具备良好的自然和人文环境。英国地理位置优越,交通便利,有大量的港口和运河,方便原材料和成品的运输。英国也有先进的法律体系和金融机构,为工业化提供了良好的制度环境和资金支持。

　　其次,英国在农业生产方面有着先进的技术和经验,实现了农业生产的现代化,这使得工业化的原材料供应得到了保障。

　　再次,英国政府采取了一系列积极的政策措施,如实行保护主义政策,提高关税和出口补贴,鼓励本国制造业发展。同时,英国还大力鼓励技术创新,保护发明人的知识产权,这些政策都为工业化创造了有利的环境。

　　最后,英国有充足的劳动力和市场需求。工业化带动了城市化和劳动力转移,为工业生产提供了充足的劳动力,同时也扩大了市场需求,推动了经济的发展。

　　工业化使得英国具备了建立殖民帝国的需求和能力。一方面,英国作为第一次工业革命的先驱国家,工业化水平领先于其他国家。这使得英国能够生产大量的商品,通过海外殖民地和贸易路线出口,从而赚取丰厚的贸易利润。英国在大航海时代贸易中心地位的形成也为英国的海外扩张提供了基础。另一方面,工业化后英国拥有庞大的海军和强大的陆军,这使得英国能够在海外扩张过程中倚仗武力,并能够保护自己的殖民地不受其他国家的侵略。英国还在殖民地中组建了本土军队,作为殖民地的保卫力量。17 世纪,英国在美洲、非洲和亚洲建立了多个殖民地,包括美洲的 13 个殖民地、加勒比海的一些岛屿和印度次大陆的一些地区。在 18 世纪和 19 世纪,英国的海外殖民扩张进入了高峰期。英国先后征服了加拿大、印度、南非、澳大利亚、新西兰等地区,建立了大量的殖民地和势力范围。这些殖民地主要用于获取原材料和市场,也为英国提供了新的劳动力来源。

　　实际上,第一次工业革命也改变了全球地缘政治的格局。在这一时期之前,欧亚大陆受地理距离的限制,长期处于各自为政、互不关心的状态。而第一次工业革命使欧洲成为全球经济的中心,让欧洲国家之间的经济联系更加紧密。新的工业化生产方式和技术创新推动了资本主义的发展和扩张,同时也创造了新的商业机会和贸易模式。欧洲国家通过贸易和投资相互交流、竞争,经济实力的强弱也成为欧洲地缘政治力量的主要体现,并加速了欧亚大陆的融合。

此外,工业革命在加速城市化和工业化进程的同时,也催生了新的社会阶层和群体。工人阶级和中产阶级的崛起改变了欧洲社会的格局,政治上的民主化运动和劳工运动也逐渐形成。这些社会变革对欧洲的政治形势和地缘政治格局都产生了深远的影响,逐渐打破了过去以宗教、民族为基底的国际政治逻辑。

(二)战争模式的颠覆性变革

恩格斯在《步兵战术及其物质基础》中分析了火枪的不断改良对于步兵战术的演化过程的重要作用。而火枪的改进只是人类工业不断进步的缩影。第一次工业革命时期,技术的颠覆性变化开始加速改变战争的形式与内涵。

蒸汽机这一第一次工业革命期间最重要的成果已开始被各行各业所应用,但是到第一次工业革命后才得以推广。美国南北战争(1861—1865 年)时期,电报第一次被正式应用于军事。能够连发的温彻斯特步枪、斯宾塞步枪以及自动武器加特林机关枪均面世。拿破仑时代的纵队战术被抛弃,近代的散兵线战术的雏形已经形成。工业革命代表性成果铁路长途运输也被采用,大大提高了军队运输效率。

除了交通运输和无线电通信,直接参与战场博杀的军事武器也得到了革新:

早在 1853—1856 年克里米亚战争期间,第一次工业革命的成果便已得到大规模运用,英法联军运用先进的装备大胜俄国。海战方面,蒸汽战舰取代了风帆动力战舰成为海战主力,锡诺普海战成为风帆动力战列舰的绝唱。陆战方面,以膛线为创新的米尼步枪取代了老式滑膛枪,同时由于射速、精度更高的步枪在英法两军的广泛应用,步兵战列线被进一步拉开,为日后散兵线战术的诞生与发展奠定了基础。

到 1864 年巴拉圭战争爆发时,海、陆、空全面联动的战争形势也与现在相差无几。除了阿根廷、乌拉圭、巴西的蒸汽铁甲舰最终对巴拉圭的木制战舰取得压倒性胜利,也有步枪、机关枪、高爆炸药、大炮等现代武器,电报、侦察用的热气球也投入使用。因此,这场战争也被看成是近代战争和现代战争的分水岭。

但若要论最终将工业革命的成果应用在军事领域的经典案例,还要数普奥战争和普法战争。1866 年普奥战争中的利萨海战,是历史上第一次蒸汽铁甲舰对决。

当时,意大利(普鲁士的盟友)舰队企图攻占亚得里亚海的利萨岛(现名为维斯岛),遭到了奥地利军队的顽强抵抗。随后,奥地利的海军带领舰队从远在 165 海里之外的波拉港赶来,两国舰队相遇。奥地利帝国舰队率先发起攻击,集中炮火打击意大利舰队,但装甲保护使得战舰并未因炮击受到损伤,双方军舰陷入混战状态。奥军指挥官一怒之下以旗舰"斐迪南·马克斯大公"号装甲舰撞向意大利的"意大利国王"号装甲舰,这致命的一击撞到意大利国王号右舷后部,将螺旋桨毁坏,舰体最后倾翻并沉没,一举决定了这场海战的结局。意大利国王号铁甲舰被撞沉,为各国海军舰艇设计提供了经验,在此之后一直到 20 世纪初,多数国家的军舰上都安上了撞角。

1870—1871 年普法战争是第一次工业革命成果的彻底吸收,普鲁士军队大规模使用铁路运输和电报通信,大大提高指挥效率。同时,在普奥战争期间,普鲁士就首开散兵线的先河,用来应对威力更强大、射程更远、装填速度更快的后装枪。其后,散兵线和克虏伯大炮成了战胜法军步兵横队与骑兵法宝。恩格斯在《步兵战术及其物质基础》中就写到:"法军仍然采用过去的营纵队,有时也采用横队,而普军至少曾企图把连纵队当作一种更适合于新式武器的战斗形式。"自此之后,各国战术开始学习普法战争打法,近代战争模式由此肇始。

此外,工业革命时期军队的组织形式也开始发生变化。起源于中世纪的领主私兵和雇佣军开始淡出历史的舞台,而公民士兵则成为战场上的主力。"全民皆兵"的雏形则是由出身军事世家的吉贝尔伯爵在 1770 年提出的,他预言一支训练严格、拥有崇高精神目标的国民军甚至有希望建立欧洲霸权。在七年战争时期,现在为大众所熟悉的"师"这个军事编制终于出现。法国大革命期间,数学家卡诺编练第一支革命军时,就已开始将"师"作为基本单位;每个师都下辖步兵、骑兵和炮兵,采用灵活的纵队队形,战时首先以猛烈的炮火掩护优势兵力快速推进,随后尽可能多地歼灭敌军。拿破仑为了应对大军团作战中的大规模运动战、歼灭战需求,又把师进一步编组为十万人之众的"大军"。

从 1792 年到 1799 年,普遍征兵制、以师为单位的编制和纵队队形等新要素逐步加入法国的军事机器,然而从实际效果看,战绩仅是胜负各半。究其原因,过于频繁的政治动荡影响到了军事指挥层的稳定,新加入部队的官兵也需要一段时间才能适应革命性的组织结构、管理和战术。最重要的是,只有当拿破仑这位天才人物同时成为法国军队和国家的领袖之后，各种分散的新要素才能被有机结合起来，并发挥出最大的效用。

当时的英军军官就注意到，法军骑兵在每次溃散后，都能迅速重组起来，再次发起冲击。拿破仑则对他的骑兵这么评价："两个马穆鲁克骑兵绝对能打赢三个法国骑兵；一百个法国骑兵与一百个马穆鲁克骑兵势均力敌；三百个法国骑兵大都能战胜三百个马穆鲁克骑兵；而一千个法国骑兵则总能打败一千五百个马穆鲁克骑兵。"

（三）大国战争从区域到全球

第一次克里米亚战争（1853—1856 年）的规模和人员损失巨大，但其影响却被后来的两场世界大战掩盖了。对今天的人们来说，这似乎是一场不太重要的战争。但是对生活在第一次世界大战前的人们来说，第一次克里米亚战争是他们一生中最重要的战争，就如同两次世界大战对生活在 20 世纪的人们一样重要。

然而这样一场牵扯全球的重大战争，其肇始却是地区性的争端。"东方问题"是这场战争发生的重要原因，而这一问题的起因是奥斯曼帝国统治下的希腊要求独立。东方问题的"东方"是指西欧以东的地区，也就是近东和中东地区，在 19 世纪这一地区实际上就是奥斯曼帝国的统治区域。"东方问题"这一名词最早在维也纳会议上开始使用，此后成为一个专有外交名词，用来形容奥斯曼帝国的衰落以及假设奥斯曼帝国解体带来的一系列问题，马克思曾将东方问题形象地归结为："对土耳其该怎么办？"

之所以这一地区性问题成为国际性的问题，盖因工业革命之后，对于海外市场的需求使得各个地区性强国开始了对外扩张，并最终在"边缘地带"发生利益冲突。这时期俄罗斯的扩张引起了西方国家尤其是英国和法国的紧张，要阻止俄罗斯的对外扩张，必须削弱它的势力，西面的波兰成为俄罗斯的附庸国，南面的奥斯曼帝国也在"等待"着俄罗斯的征服，黑海上英国的船只受到过俄罗斯海军的羞辱，英国的贸易受到打击。在东面，俄罗斯同样在进行系统性的扩张侵犯：俄罗斯先是击垮了切尔克斯人势力，接着吞并了波斯。波斯之后则是阿富汗，被俄罗斯视为入侵印度的通路。一旦俄罗斯跨过印度河，印度也会成为其囊中之物。因此，英国不得不做出反应：在阿富汗扶持建立傀儡政权，加强同波斯等国家的联系，在小亚细亚和高加索地区建立缓冲带，并介入奥斯曼帝国政治事务。

最终，区域性冲突演化为全球性战争。1853 年 10 月，俄罗斯向土耳其开战，克里米亚战争爆发。英、法为保持并扩大在土耳其的势力,参加了土耳其方面对俄作战。所以这一场战争实际上是俄罗斯与同盟国(英、法、土和撒丁王国)争夺近东统治权的战争。战争期间俄军损失 52.2 万余人,土军损失近 9.6 万人,法军损失 9.5 万人,英军损失 10.2 万人。俄国为这场战争大约耗资约 8 亿卢布,同盟国耗资约 6 亿卢布。

值得一提的是,交战双方的武器代差使得英法联军获得了极大的优势,也使得胜利的天平向其倾斜。战争中,英法装备了新式线膛步枪——米尼步枪。线膛步枪相对于滑膛枪最大的优势在于射程和精度。滑膛枪的有效射程只有 150 码(一码约合 0.914 米),并且精度很低。而线膛步枪有效射程达到 500 码。法军在 19 世纪 40年代后期率先装备了米尼步枪,这使得它在同时期列强陆军中拥有巨大的技术和战术优势。

第一次克里米亚战争是世界史中的第一次现代化战争,是近代科技战争的开端,是兵力兵器、军事学术发展史上一个重要的阶段,它对火炮枪械和水雷武器的进一步发展起了推动作用。许多新的战争手段登上历史舞台,技术成为决定战争胜负的重要因素。而在此之前,人力被认为是决定因素。新式线膛步枪、蒸汽动力战舰、铁路、有线电报等科技发明在战争中扮演了重要角色。英法首脑和军事部门利用有线电报从千里之外指挥战争,这是历史上的第一次。有线电报也使得大众传媒可以实时传递战况,战争距离大众不再遥远,民意对战争进程产生深远的影响,军事后勤保障制度化,大大提升了军队的后勤保障能力,野战医院的出现提升了受伤士兵的生存能力,战争期间出现了以南丁格尔为代表的护士。

二、英国如何构建"日不落帝国"?

(一)滑铁卢与大陆均势政策

生活在拿破仑时代的人们绝对不会相信,英国不但会成为号称"日不落"的全球殖民超级大国,而且将在之后的一个世纪内主导世界的地缘秩序。早在 1783 年,英国就签署了《巴黎和约》,正式承认在美国独立战争中的失败,并且放弃了北美殖民地和重商主义经济。实际上,如果仅北美 13 个殖民地的力量,并不足以挑战身经百战的英国"红衣兵团"。而直接出兵参战,帮助美国取得胜利的正是处于大革命前夕的法国。可以说,英法的"梁子"早已结下,而在当时,英国不过是这场冲突中的一个失败者而已。

更具威胁的是,拿破仑在他鼎盛的时期,曾经发动了对英国的全面封锁,带领整个欧洲对英国进行经济制裁,在当时这几乎相当于全世界对英国进行经济制裁。毕竟在拿破仑眼中英国不过是一个"小商人的国家"。1806 年 11 月 21 日,拿破仑在柏林颁布了著名的《大陆封锁令》,其核心就是一句话:从现在开始,全欧洲所有的陆地国家,都不允许进口英国的货物,只有法国的船舶能够进入港口。正如拿破仑所说:"我要用陆地的力量征服海洋。"但是拿破仑想不到的是,他的制裁不仅没有打垮英国的经济,反而让自己的法兰西帝国经济加速了崩盘,间接导致了自己的失败,英国扭转颓势,实现了对于法国的反击:

内因来看,技术发展带来的经济增长是英国崛起的重要条件。在第一次工业革命期间,英国就建立了包括纺织、钢铁、煤炭、机器制造和交通运输的五大工业部门,使得英国成为当时世界上最强大的工业国。到 19 世纪 50 年代,英国已成为"世界工厂",其 GDP 占当时全球经济总量的 40% 左右,而早在 1816 年随着金本位的确立,就已开启了长达百年的"英镑世纪"。英国还建立了强大的海军和一个庞大的殖民地帝国,奠定了其作为一个强国的地位。

外因来看,刚刚萌芽的全球化贸易使得拿破仑无法打造行之有效的对英"包围圈"。当时重商主义盛行,各国需要通过贸易获得税收。拿破仑的禁令使得各国财路中断,而英国正处于工业革命时期,各国对其的纺织和煤矿机械需求不可或缺。因此,拿破仑的行为除了引起各国不满和反抗,却没有真正起到阻止英国经济崛起的作用。特别是对于当时的俄国亚历山大沙皇来说,他一直渴望成为欧洲大陆的第一霸权,对拿破仑非常不满。因此,他直接允许英国船只进入俄国港口卸货,并走私大量货物到欧洲各国,由此突破拿破仑的大陆封锁令。在这样的情况下,拿破仑的禁令不仅没有起到阻止英国崛起的作用,反而成了他在欧洲的政治和军事对手的砝码。最终,拿破仑在滥用军事力量、经济封锁等策略之后,遭到了彻底的失败。

不仅如此,英国反而成功利用起离岸操纵的战略组织起针对法国的"反法同盟"。1792 年,英国与奥地利、撒丁王国、那不勒斯王国、普鲁士、西班牙共同结成了第一次反法同盟,企图摧毁法兰西共和国。26 岁的拿破仑被任命为意大利方面军总司令,在 1797 年打败奥地利后,第一次反法同盟宣告溃败。第二次反法同盟形成于 1798 年,参战国有奥地利、英国、那不勒斯、奥斯曼帝国、教皇国、葡萄牙和俄罗

图片来源:百度百科。

图 4—1 拿破仑

斯,法国政府无能且缺钱,军队屡战屡败。拿破仑在 1799 年夺取政权后,再次击败奥军,奥地利退出同盟。1802 年,英法签订《亚眠和约》,第二次反法同盟破产。但和平并没有持续多久,1803 年英国向法国宣战,标志着"拿破仑战争"的开始。拿破仑在 1803 到 1806 年加紧了对外扩张,应对第三、第四、第五次反法同盟,确立了法兰西第一帝国在欧洲大陆的霸主地位。然而,1812 年拿破仑在对俄罗斯的战争后期陷入苦战,57 万大军死伤无数,最后剩下 3 万回到法国。1813 年,欧洲各国组建第六次反法同盟，法国军队节节败退，拿破仑在滑铁卢会战大败后被流放到厄尔巴岛，标志着拿破仑战争的结束。

最终，英国成功运用均势政策维持了欧洲大国间的势力平衡，避免了一国独大的霸权国家的出现，从而在殖民帝国战略上取得了成功。而大陆均衡与离岸平衡也成为英国后续百年的外交策略总基调。然而，这一政策也牺牲了欧洲弱小民族和国家的利益，为欧洲埋下了极大的隐患。

（二）英国为什么"光荣的孤立"？

基辛格在谈到英国的"光荣孤立"时说："英国是欧洲各国当中唯一不需在欧洲扩张便可维持国家最高利益的国家。有鉴于欧洲的均势对英国有利，因此它成为对欧洲大陆仅求其不出现独霸强权，此外别无他求的唯一一国。为达成这个目标，英国愿加入任何反对独大势力的组合。"明明英国是当时的世界霸主，拥有左右时局的强大力量，为什么会奉行"光荣孤立"？

实际上，英国孤立主义是为了维护自身利益而不是真正隔绝于欧洲大陆之外。英国是一个地理位置特殊的国家，位于欧洲大陆的边缘，只有英吉利海峡和多佛海峡分别与欧洲大陆相隔。这种地理位置决定了英国必须与欧洲保持密切联系才能发展，但也限制了英国在欧洲大陆的扩张。不过，这种岛国的定位也保证了英国必要时可以孤立于欧洲大陆之外，是英国历史上外交政策的重要决定因素之一。同时，英国的发展极为依赖海外渠道，变得极为脆弱。因此，英国大力发展海军和重商主义，试图通过海上贸易和殖民地扩张来保障自身利益。英国也并非真的超然物外，不参与欧洲纷争，而是为了让自己利益最大化、保证自己拥有主导地位所奉行的一种手段。

因此，保持中立避免卷入欧洲大陆的战争，同时积极利用工商业发展自身国力无疑是英国对外战略的"最优解"。英国在欧洲均势平衡中扮演了重要角色，如果欧洲大陆出现强国，则英国会联合其他国家打击该国，维持相对平衡的状态，牵制这些国家海外扩张，保证自己拥有主导地位和海外利益不受影响。说穿了，在面对当时欧洲大陆尚未明朗的局势时选择实行所谓"光荣孤立"，实际上就是在伺机而动。

归根结底，无论是大陆均衡还是光荣孤立，英国的出发点始终是希望欧洲四分五裂。这是因为，对于一个孤悬海外的岛国而言，野心勃勃的英国的敌人实在是太多了。在17世纪时，虽然英国在发展海外殖民地方面取得了快速发展，但它并没有具备统一欧洲的实力。与此同时,法国的强大威胁让英国感到非常苦恼,特别是路易十四的嚣张态度。如果不是英国在 1688 年大同盟战争和 1701 年的西班牙王位继承战争中的胜利,法国可能已经成为霸权国家。到 18 世纪末期,英国还没有喘口气,拿破仑又上了历史舞台,不仅几乎统一了欧洲,还让英国陷入封锁之中。最终,英国联合了全欧洲的力量才成功击败拿破仑。随后,沙皇俄国成为英国的下一个心腹大患,在克里米亚战争中,英国与普法奥三国联合,终结了沙皇俄国的霸权。在 19 世纪时,尽管英国在殖民地扩张方面非常强大,但欧洲大陆上同样出现了两大集团势力:德奥意三国同盟和法俄协约。按照大陆均衡政策的老传统,打击最强大的国家通常是最好的策略。然而,此时两大势力旗鼓相当,英国需要一种新的策略。因此,英国首相格拉斯顿提出了协调欧洲各国、保持英国独立地位的方案。

在此背景之下,英国的一切国家战略都服务于海权的对外投射。经济发展需要更多的廉价原材料和劳动力,以及商品销售市场,这进一步刺激了英国对外殖民扩张。在欧洲,英国通过一系列的战争和外交策略,建立了强大的海军,并摧毁了法国、西班牙和荷兰的海上力量,维持了欧洲大陆的稳定格局。这为英国的海外殖民扩张提供了一个稳定的大后方。而在对外殖民扩张方面,先后从荷兰手中得到了马六甲、新加坡、马来西亚等地,从法国手中夺取了加拿大、法属印度等地,并占领了澳大利亚、新西兰、塞拉利昂、尼日利亚、印度、阿富汗等大片土地。

在 1871 年到 1900 年之间,世界各地已经被瓜分殆尽,英国全盛时,领土面积达 3 400 万平方公里,控制人口达 4 亿。为了凸显自己的地位,当时英国出版的地图上都用红色标记了英国领土和殖民地。以至于英国经济学家杰文斯在 1865 年曾这样描述:"北美和俄国的平原是我们的玉米地,加拿大和波罗的海是我们的林区,澳大利亚是我们的牧场,秘鲁是我们的银矿,南非和澳大利亚是我们的金矿,印度和中国是我们的茶叶种植园,东印度群岛是我们的甘蔗、咖啡、香料种植园,美国南部是我们的棉花种植园。"[1]

强大的政治、经济和军事实力以及广阔的殖民地使得英国成为当时唯一的超级大国,以一国之力便足以维护自己的国家利益。这种超然地位使英国人对自己充满信心和骄傲,结盟反倒成了累赘。因此,此时的"孤立主义"与其说是孤立,倒是颇有

---

[1] 《日不落帝国兴衰史——英国为什么会奉行"光荣孤立"》,搜狐号"候塞雷的历史手札",2019 年 11 月 2 日,http://www.sohu.com/a/351227656_826831。

些高处不胜寒的意味。

（三）全球帝国的代价

阿富汗国土面积虽然不大，也没有丰富的资源，但却有一个非常响亮的外号，那便是"帝国坟场"。哪怕是在 19 世纪达到"日不落帝国"巅峰的英国，也在阿富汗折戟沉沙。

在 1838 年，英国成为欧洲大国，但也面临着一个最大的问题：俄国也在开始扩张。在拿破仑战争后，法国失去了欧洲老大的地位，而英国则牢固确立了"举世无双的世界霸权"地位。与此同时，俄国也在欧陆霸主的复辟浪潮中崛起。已经掌握印度的英国渴望向中亚渗透势力，而俄国则企图向南扩张到印度洋，实现自己的世界霸权梦想。对于奉行离岸平衡政策的英国而言，其不会直接进攻俄国，但也必须防止俄国的扩张。特别是对于英国最重要的殖民地——印度，更是必须防止俄国染指。事实上，英国对于印度的掌控和防御都是至关重要的。因此，英国不仅在西方防御，还支持东方的日本崛起，以便阻止沙俄从东方侵略印度。在这种背景下，两大帝国在阿富汗迎头相撞，并最终引发了三次阿富汗抗英战争，见表 4－1。

表 4－1　　　　　　　　　　三次阿富汗抗英战争总结

时间	起因	结果	后续影响
1839 年—1842 年	1837 年，英国对印度的统治虽然已经很牢固了，但他们一直担心俄国会入侵印度并扩张帝国。为了打击俄国的影响力和保护印度不受威胁，英国入侵了阿富汗，试图在那里建立一个亲英政权以对抗亲俄的波斯	阿富汗获得胜利，英军自阿富汗撤退	英国人在阿富汗的惨败造成的心理阴影极为深刻，导致英军 30 多年内再没敢踏入阿富汗一步。这次军事冒险的失败引发了英国高层的争吵和相互攻讦，甚至持续了近 30 年
1878 年—1880 年	沙俄在欧洲西扩失败后，将战略重心转向中亚，英国为了对抗沙俄，维护英属印度安全发动了第二次英阿战争	阿富汗战败，双方签订《甘达马克条约》，阿富汗成为英国的附属国	《甘达马克条约》的签订激起阿富汗国内愤慨。1880 年 9 月 8 日，喀布尔爆发人民起义，愤怒的士兵和群众包围殖民者官邸，杀死了英国总督。1881 年 4 月，英国殖民军放弃了侵占阿富汗的打算，全部撤出阿富汗

续表

时间	起因	结果	后续影响
1919 年 5 月 6 日 至 8 月 8 日	第一次世界大战后,印度民族解放运动高涨,牵制了英国很大力量;俄国发生了十月革命。国际国内形势对阿摆脱英国外交控制,争取彻底独立十分有利。1919 年 2 月,阿改革派代表人物控制政权后,宣布阿富汗独立,不承认任何外国特权,并采取联苏抗英的政策。英殖民者拒不放弃它在阿享有的特权,在阿边境集结兵力,准备发动新的侵略战争	1921 年 11 月 22 日,英阿签订和约,英国承认阿富汗独立	英国放弃了在阿富汗近 40 年的外交权,承认阿富汗独立。也意味着英国在战略上蒙受了巨大损失,而阿富汗获得了梦寐以求的独立地位,但最终成为亲苏的英苏缓冲国

归根结底,进攻阿富汗实际上可以看作是英国对于其"光荣孤立"政策的背叛。因为阿富汗正好在几个帝国力量投射范围的边缘,这就使得任何一个大国想要染指阿富汗都要付出巨大的代价,而且很容易被其他大国干预,成为不断流血的伤口。

三、欧陆地缘战略的纵横与反转

(一)梅特涅的欧洲新均势

如果有人在 19 世纪就提出"蝴蝶效应"这个概念,那么他口中的"蝴蝶"十有八九指的是搅动了欧洲的"蝴蝶大臣"梅特涅。19 世纪初期的欧洲大陆风云变幻,国家之间的争端和矛盾频频,战争阴云笼罩整个欧罗巴。在这一背景下,奥地利外交家梅特涅提出了均势外交的主张,并在此原则上构建了"梅特涅体系"。梅特涅坚信,只有通过各国力量的平衡才能维持欧洲的和平与稳定。他认为,任何一个国家过于强大都会破坏这种平衡,从而导致战争的爆发。因此,他建议各国之间要保持相对的均势,以避免战争的发生。也正是为了落实均势外交的策略,需要适时调节大国之间的利益分配,梅特涅不得不周旋于欧洲的各个势力之间。由此,当时的欧洲人称其为"狡猾、虚伪又浮夸"的"蝴蝶大臣",用以嘲讽他"两面三刀"的外交方式。

实际上,不只是当时的欧洲居民与君侯,就连学术界也讨厌梅特涅——就其历史评价来看,梅特涅在整个 19 世纪可以说是被"黑"臭了。这是因为,梅特涅是一位欧洲传统意义上的"非典型"能臣。一方面,按传统国家主义史观来说,他不但没有任何壮大德意志民族势力的功劳,反而是拉拢沙皇俄国与法国共同遏制同为德意志民族的普鲁士,也为其后民族主义发展过激埋下了伏笔。另一方面,梅特涅为了保护奥地利的君主制度,不仅在各个国家之间周旋,对国内同样采用强硬的手段来控制民族运动,为了不让自由主义、民族主义的思想萌发,梅特涅推出了书报检查制度,许多书籍报刊(包括地图、徽章、瓷器),只要与民族主义和自由主义相关一律禁止。

然而,如果从奥地利皇室的角度看,又不得不承认梅特涅是一位不可多得的人才。在梅特涅执掌奥地利帝国宫廷的 11 年里,在军力不如俄国一个方面军,财力不足英国一个公爵的情况下,奥地利皇帝弗朗兹一世及哈布斯堡家族的领地增加了约 50%。更重要的是,在其纠集反法同盟,阻止拿破仑整合欧洲的过程中,又巧妙地把英国、俄国的影响力挤出了欧洲大陆之外。其在大陆均势原则指导下建构起"梅特涅体系",不但有利于恢复和维持奥地利的国际地位,而且对 19 世纪欧洲的和平与稳定产生了积极而又深远的影响。

1814 年 3 月,反法联军攻占了巴黎,拿破仑被迫退位。为了填补权力真空以及解决国际关系的纷争,列强于 1814 年 10 月召开了维也纳会议,都意在重塑国际秩序和分配势力范围,并为战争的胜利者分配利益和由失败者承担责任。在这次会议上,梅特涅成了真正的轴心和操盘手。表面上,奥地利豪掷重金,为各国贵宾举办了一系列的娱乐活动,包括舞会、宴会、狩猎等等。欢歌笑语之下,外界都觉得"不是在进行政治会议,而是在开舞会"。然而,背地里梅特涅却在他的书房里与俄罗斯沙皇、英国外交大臣、普鲁士首相等重要人物秘密商讨,敲定了战后的世界秩序。因此,有人形容维也纳会议就是在"梅特涅的书房里举行的交易会"。

著名的"梅特涅体系"由此诞生:为了遏制俄罗斯和普鲁士的领土野心,梅特涅与英国和法国结成了秘密同盟,以削弱俄普的扩张计划;为了防止普鲁士主导德意志的统一,造成普鲁士一家独大,梅特涅处心积虑,设计了一个由奥地利主导的松散的德意志邦联;为了镇压欧洲日趋猛烈的革命浪潮,保持君主专制政体的稳定,梅特涅促成了由俄罗斯、普鲁士和奥地利三个君主国组成的"神圣同盟",成为欧洲维护秩序的"宪兵"。①

然而,"梅特涅体系"看似牢不可破,其背后却体现出奥地利帝国孱弱的国力。在国内,尽管哈布斯堡王朝在德意志和意大利地区都拥有巨大的利益和统治传统,但随着民族主义思潮的兴起,德意志和意大利都不再愿意屈从于哈布斯堡的统治。

---

① 《"反人性"的梅特涅:维也纳体系操盘手,均势外交的大玩家》,网易号"齐文刀",2020 年 7 月 5 日,ht-tp://m.163.com/dy/article/FGP8A2GO05439VKB.html。

在国外,滑铁卢之战后,英国和俄罗斯都希望在欧洲大陆获得主导权,而奥地利却没有足够的实力来成为欧洲的霸主。相对应的,梅特涅面对风雨飘摇的局面,既无能力阻止皇室的统治力持续下滑,又不得不小心翼翼地维持欧洲实力的均衡。因此,纵横捭阖的梅特涅体系说穿了,不过是奥地利拖延时间的一种策略。

无论如何,在1815—1848年之间的这个被称为"复辟时期"的历史时期,"正统"和"均势"两大原则仍在支配着欧洲。然而,随着普鲁士的崛起,欧洲再一次出现了有望挑战旧秩序的陆权强国。而梅特涅们也随之走入了历史的幕布之后。

(二)俾斯麦的抉择

陆权与海权的地缘战略有时并非泾渭分明、彼此排斥,陆权强国如奥地利、沙俄都曾尝试过由陆权向海权的切换。但是,地缘战略切换最直接的一个影响就是建军思路的大转弯——由继续发展陆军,变成从头建设海军。换言之,陆权国家必须放弃长年经营的地缘战略优势,"跳进海里"追赶海权国家的发展步伐,而这也就造成了传统陆权强国的纠结与反复。

传奇的"铁血宰相"俾斯麦掌权时期的普鲁士正是如此。俾斯麦终其一生都秉持普鲁士本位主义,因而始终不愿投入资源发展"大海军"。俾斯麦坚信陆权的平衡与智慧,足以有效保护普鲁士王国(及其后的德意志帝国)为数不多的海上利益。更何况,在1800年由俄国牵头,联合丹麦—挪威王国、瑞典、普鲁士等国家组成的"武装中立同盟",其能够运行的根本逻辑就在于英国与其他海军大国之间的斗争。由此,以陆权整合盟友,驱使海权国家制衡英国的模式一旦形成,德国就无必要强出头,发展自己的海上力量。

如果用"事后诸葛亮"的视角来看,放弃了海权无疑在后来影响了德国的全球影响力,也为其后德国与英国在海外的一系列利益矛盾埋下了祸根。但是,并不能简单地认为是俾斯麦的目光短浅,或是海权意识不足,才导致德国与大海失之交臂。

客观上看,普鲁士是地处东北欧内陆的小型陆军强国,除了在其北部被北欧三国扼守出口的波罗的海沿岸,仅有石勒苏益格等少数地区能够充当发展大海军的支点。由此观之,从地缘条件上看,普鲁士并不具备成为海洋国家的条件。不仅如此,由于缺乏自然屏障的保护,地域开阔、地势平坦的德国国土长期以来一直是兵家必争之地和各民族拼搏厮杀的大战场。为了应对陆上的战争,德国历代统治者和军事家都不得不把注意力集中于陆军建设,强调拥有强大的陆军而不是海军的

图片来源:百度图片。

图 4—2 "铁血宰相"俾斯麦

重要性。

主观上看,普鲁士统一德意志民族国家的诉求使其必须把战略重心放在陆军上。这是因为,相比于能够追述上千年"国祚"的英国、法国或意大利,德国无疑是个建国太晚的国家。数百年来,德意志民族一直被松散地统合在"既不神圣,也不罗马,更非帝国"(伏尔泰语)的神圣罗马帝国这个"拼凑体"之中。而随着拿破仑在 1806 年终结了神圣罗马帝国的存续,这就使得德意志民族从勉强拼凑的"拼图"碎成了一盘散沙。由此,无论是从民族主义的角度出发,还是实现普鲁士做大做强的愿望,统一德国而非全球争霸,才是当时普鲁士统治阶层最优先考虑的问题。

但普鲁士并没有忘记海洋,普鲁士传统上是海洋自由原则的拥护者,因此在外交上对于维护海洋自由格外积极。在美国独立战争和拿破仑战争期间,普鲁士加入了"武装中立同盟",反对英国扩张交战国权利。此外,普鲁士还于1785年与美国签订了《普鲁士—美国通商友好条约》,共同推动海洋自由原则,并成为催生1856年《巴黎海上宣言》的重要推动者之一。

只不过,在当时的欧洲地缘政治框架之下,崛起的德国(普鲁士)必然面临来自"四邻"的围剿,因此俾斯麦外交政策的核心是孤立法国,并处理与英国、奥匈帝国、俄罗斯的关系。为了实现孤立法国的外交政策目标,俾斯麦采取了多重手段。首先,他与奥匈帝国结盟,以确保德国东南方向的安全,并且支持奥匈帝国在巴尔干半岛与俄国的争夺,以此向俄国施压,迫使俄国主动向德国靠拢,不敢与法国结盟。其次,他缓和了与俄国的关系,争取到俄国的善意中立,以削弱法俄同盟的力量。最后,他也通过自己的个人魅力和外交手腕,争取到了英国的支持,从而进一步孤立法国。值得一提的是,尽管俾斯麦与奥匈帝国结盟的目的非常明确,但他并没有一味地支持奥匈帝国在巴尔干的扩张。相反,他更倾向于维持巴尔干半岛的稳定,并且在争取到俄国的善意中立后,他也不再支持奥匈帝国的扩张,以避免俄奥矛盾失控。这一点体现了俾斯麦外交政策的灵活性和务实性,他并不是一味追求孤立法国,而是在不同的时期和情境下采取不同的策略,以确保德国的国家利益。

归根结底,俾斯麦不重视海权的主要原因是他认为可以通过大陆政策来达到平衡的目的。他将重点放在了欧洲大陆上,通过缔结同盟、维持和平以及推行贸易自由等手段来维护德国的利益和安全。在这方面,他成功地实现了德国的统一,并建立了一个由德意志帝国主导的欧洲格局。然而,正是由于忽视了海权,也为德国后来与英国在海外殖民地的冲突,以及两次世界大战埋下了祸根。

(三)德属东非引发的地缘博弈

1871年德意志完成统一,实力大增,许多德国人迫切希望在海外进行殖民扩张,获取原料与商品市场。俾斯麦认为德国应专注于欧洲、防止法国复仇,而殖民地开支巨大、带来的收益却很小,反对进行殖民扩张。

但在这一时期,吞并海外领土成了新兴帝国主义世界秩序的新趋势。英国与法国在非洲大肆殖民占地,甚至还将"远在天边"的东南亚收入囊中。在这种情况下,即使是保守的俾斯麦也不得不承认,殖民地成为帝国主义国家生存的必需品,成为列强的标配。虽然德国作为新兴的欧洲大陆霸主,在欧洲大陆的外交和政治中占据着举足轻重的地位,但它时刻面临着英法等老牌殖民强国的挤压。作为一名娴熟的政治家,俾斯麦试图通过强调日耳曼民族主义和德国在世界上的伟大,将德国对外的殖民统治视为维持国内政治的稳定力量。俾斯麦是一位实用主义者,他在非洲获得殖民地的动机,在很大程度上取决于新兴帝国主义的世界秩序、欧洲外交以及国内政治中的现实和潜在经济因素的需要。

特别是随着工业化和殖民地竞争的不断推进,德国的海外利益范围越来越广泛,这使得俾斯麦的后继者们很难再以"普鲁士本位"来思考帝国的整体政策与利益。此外,英国和法国等国的战略思想变得越来越具有侵略性,特别是法国海军的"少壮派"在19世纪70年代后崛起。他们主张直接攻击商船,并对阻碍其海上战略的《巴黎海上宣言》持敌视态度,这导致德国出现了对该宣言是否还能保护德国海外利益的怀疑。

一方面,是在军事上从陆权走向海权。最先站出来质疑"普鲁士本位"的是陆军出身的海军部部长卡普利维。他在任职期间,提出了建设强大海军的计划,并倡导"海洋自由需靠自身达成",认为德国应该通过自身的实力来维护自己的海洋利益,而不是依赖外交同盟。卡普利维也是德国海军现代化的推动者之一,他提出的"舰队政策"旨在建立一支与英国海军不相上下的强大舰队,以保护德国的海外利益。而卡普利维的后继者,德国海军元帅铁必制则更为直白,在评价《第二次海军法》时说道:"唯有强大的战斗舰队方能保护德国的贸易与殖民地等海外利益,而这支舰队需要拥有相对于'最强海权'(指英国)特定比例的主力舰数量,以吓阻后者对德国本土与海上利益的攻击。"

另一方面,则是开始建立海外殖民地,在这个过程中,最大的功臣就是德国东非公司。1884年,殖民主义者卡尔·彼得斯一行人借道桑给巴尔进入非洲大陆。彼得斯武力强迫当地的部落首领接受德国的保护,随即成立德国东非公司,开始了对东非的殖民与掠夺。这一行动虽然取得了一些成果,但也引起了某些人的反感。其中,俾斯麦对此表示反对,并下令德国驻桑给巴尔领事不要给予卡尔·彼得斯等人任何支持。这是因为俾斯麦认为,这种掠夺式的殖民行为对于德国并不利,且容易引起其他国家的不满和反感,最终导致国际关系的紧张。尽管彼得斯的行动违反了俾斯麦的指示,但德国东非公司还是继续在东非进行殖民化,使得东非最终成为德国在非洲的一个殖民地。

由此,德国终于正式踏出了全面开展海外殖民的步伐。俾斯麦主持的 1884 年至 1885 年柏林会议是帝国主义列强在非洲殖民扩张的转折点。该会议承认了各国在非洲的殖民主张,加速了瓜分非洲的进程。会议达成一致,认为声称拥有非洲部分领土的国家必须实际占领这些领土,才能使这些主张合法化。德国在与英国的谈判后,于 1884 年吞并了西南非洲(现纳米比亚),同年扩张到几内亚湾沿岸一条狭长海岸线地带并将其纳入德属喀麦隆。成功收购多哥后,德国完成了在西非的殖民扩张。1885 年,德国又在东非攫取了大片土地(包括现在的坦桑尼亚、卢旺达、布隆迪)并建立了德属东非。后来德属东非成为德国最大的殖民地。

然而,德国转向海权路线最终还是使得俾斯麦的均衡政策走向失灵。英国是最大的殖民帝国,而德国的殖民帝国则是相对较小的,但德国殖民地的扩张引起了英国的警惕和不满。当时,英德都希望把自己在非洲零散的殖民地连成一片,这就使得非洲中部这个"十字路口"成了兵家必争之地。特别是桑给巴尔矛盾、英布战争、英国"三 C 计划"①与德国"三 B 计划"②之争等问题积累之下,双方在这场殖民地争夺中已经结下了巨大的矛盾,也为日后的冲突爆发埋下了伏笔。

四、海陆战略的博弈与反思

(一)日俄战争中的海陆碰撞

就本质而言,日俄战争是一场英俄"大博弈"的代理人战争,一场爆发在亚洲的战争背后却暗藏着欧洲大国之间的博弈。此次战争代表了英俄在争夺亚洲权益上的角力,最终不但以俄罗斯在亚洲全线收缩而告终,同时也成就了日本。日本正是凭借对俄战争的胜利,一跃成为亚洲强国,因此也被视为当时的一股新兴力量。更重要的是,俄罗斯最终不得不与日本背后的英国妥协,共同构成了一战时的协约国阵营。由此可以说,日俄战争标志着陆权国家(俄罗斯)在与海权国家(英国、日本)的博弈中开始显现颓势。

从国力对比看,日俄在体量上存在明显差异。俄国当时的人口达到了 1.4 亿,

---

①　英帝国主义为进一步侵入非洲和亚洲而提出的修建铁路的计划,计划中的铁路从非洲南端的开普敦开始,经过埃及的开罗到印度的加尔各答。

②　德国计划修建一条从德国首都柏林到土耳其属地美索不达米亚巴格达的铁路,路线为柏林—拜占庭(今伊斯坦布尔)—巴格达。

拥有陆军常备军104万,后备役军人375万。这个数字别说日本,连欧洲列强看了,都心里发毛。在海军方面,俄国海军拥有200多艘战舰,日本海军主力舰还要向英国购买,而俄国的战列舰都已经实现自己建造。但在临近战争的紧要关口,两方却分别处于国力的上升期与下降期。

战争的一方,是明治维新国力蒸蒸日上的日本,以及其背后的"金主"英国。英国之所以选择扶持日本崛起,主要是看重日本的潜力和其海洋强国的战略地位。日本位于亚洲的东北端,对于保卫英国在印度的殖民地具有战略意义。此外,英国还看重日本在亚太地区的影响力,希望通过扶持日本来控制亚太地区的局势,以维护自己在亚洲的利益和霸权。对于日本而言,明治维新给日本带来的不仅仅是西方的技术和制度,还有新的思路:一个资源匮乏的岛国,其崛起的方式应该是想尽办法成为一个海洋强国。

战争的另一方则是代表陆地的沙俄。尽管沙俄实力强大,但相比于其军事实力,其政治制度的落后十分明显。在20世纪初,大多数欧洲国家已经在资本主义制度下运行了上百年,而沙俄仍处于沙皇建立的君主专制统治之下。这种落后的制度为日俄战争最后的战败埋下了伏笔。由此,日俄战争中,沙俄帝国遭遇连场败仗,最终在美国总统罗斯福斡旋下,签订《朴茨茅斯和约》,战争结束。

如果从战争层面总结日俄战争的特点,这是世界上第一次完全由工业化国家参与的战争,展现了现代战争的毁灭力。在这场战争中,速射炮、机枪、卡宾枪等当时的高科技武器大规模应用于战争,不到一年时间内就造成了日俄双方近55万人的伤亡,这在此前的战争中是绝无仅有的。如在辽阳会战中,日军实际上只有约10万人,而俄军则有15万人。尽管兵力上处于劣势,但日军通过采用灵活的战术,如部队穿插迂回、夜袭、集中优势兵力突破敌阵等,成功地分割了俄军,使其失去了整体的指挥和控制。此外,日军在辽阳会战中还利用了空袭、铁路运输等现代化手段,以及速射炮、机枪等先进武器,对俄军造成了巨大压力。在这样的背景下,日军最终攻占了辽阳,取得了重大的胜利。

值得注意的是,虽然表面上看起来是国力较弱的日本不可思议地打赢了庞大的俄国,但实际上这场战争的胜利原因更多的是由于双方实力和战争环境的差异。俄国的实力主要在乌拉尔山以西的欧洲部分,陆军主力也在欧洲,远东的旅顺和西伯利亚对于俄国来说更像是遥不可及的殖民地。因此,俄国需要在远离本土作战,补给线漫长,同时还要应对欧洲列强的压力。相比之下,日本则是在家门口作战,兵力和后勤压力都较小。同时,双方对于此战的关注程度也不同。这场战争对于俄国来说影响不是特别大,顶多是丧失了潜在的朝鲜半岛权益和满洲的港口和铁路,但对于日本来说却是生死存亡的一战,如果失败了,沙俄将直接威胁到日本的本土安全。因此,这场战争的胜利对于日本来说具有重大的意义。虽然日本在战争中取得了胜利,但背后的原因是俄国的实力分散和战争环境的差异,而非日本的绝对实力超过俄国。

同时,日俄战争对于世界格局也产生了巨大的影响。对于日本而言,日本挑战当时的远东两大国,先后打赢甲午战争、日俄战争,一跃成为东方世界的新兴霸主。而对于俄国而言,俄罗斯帝国在日俄战争失败后,损失了用作维持其帝国的常规军事力量,国内自此动荡不安,爆发一连串革命事件。因此,可以说日俄战争为后续数十年的陆海博弈奠定了基调。

(二)海陆对决塑造"欧洲火药桶"

第一次世界大战的起源可谓"耐人寻味",其中最具争议性的一点在于——第一次世界大战,无论从当时或者从任何角度来看,都是一场本不应该发生的战争。一般而言,全球战争的原因往往由于各个国家力量变迁之下的权力转移,但这一理论似乎并不适用于第一次世界大战。关于这场战争爆发的必然性,权力转移的视角以"修昔底德陷阱"为代表,但从历史事实来看,虽然德国在挑战英国的海上霸权上实力逐步增强,但是德国并没有直接地向英国宣战。同时,尽管当时德国在国力上正在赶超英国,但在经历了拿破仑战争、普法战争等等大战之后,其客观上也需要一定的和平窗口期,用以实现经济增长与国家发展。因此,英德之间的矛盾在这一时期并不是诱导第一次世界大战爆发的主因。

实际上,真正点燃了世界大战的,还是巴尔干问题这个"火药桶"。一方面是民族与宗教的矛盾。巴尔干半岛之所以成为火药桶,是因为它处于东正教、天主教、伊斯兰教三者的交汇地;地缘上是欧亚两大洲的纽带;加上这一地区以山地为主,南斯拉夫人被切割成了很多独立的民族,又和原住民阿尔巴尼亚人搅在一起,民族种群上也是丰富多彩。这么多势力集中在半岛上,各种排列组合,加上背后都有各自的群体支持,最终乱成了"一锅粥"。另一方面则是由于统治巴尔干地区的各大帝国势力此消彼长。在19世纪末,随着奥斯曼帝国的衰落,巴尔干半岛开始变得不稳定。

其中,波黑地区由于其民族结构与塞尔维亚相近,爆发了一系列反抗奥斯曼帝国、呼吁并入塞尔维亚的起义。虽然这场起义被镇压了下来,但大家都意识到奥斯曼在巴尔干半岛的地位已经岌岌可危。随后,奥匈帝国、英国和俄罗斯等大国势力纷纷介入巴尔干问题,最终劝说奥斯曼帝国将波黑让渡给奥匈帝国。但是,俄罗斯一直自认为是东正教正朔、斯拉夫民族的宗主,因此更倾向于将波黑并入塞尔维亚。由此,巴尔干地区呈现出俄罗斯、奥匈帝国双方暗中角力的局面。

巴尔干问题本已复杂至极,奥匈帝国自身的民族矛盾更是加剧了统治的难度。自 1867 年《奥匈协定》签订以来,哈布斯堡王朝重构了一个二元制帝国,但实质上,奥匈帝国所面临的问题,远比很多人想象中的更复杂。其中最关键的就是德意志、匈牙利两个民族无法融合。哈布斯堡王朝统治的奥匈帝国的民族结构非常松散,甚至在军队里都有军官与士兵讲两种完全不同的语言的情况,由此帝国实际上本就有随时被奥地利和匈牙利二元制统治结构撕裂的风险。这一切就造成巴尔干地区成了插进帝国命脉的一把"利剑"。区域划分上,克罗地亚、斯洛文尼亚地区被匈牙利控制,而波斯尼亚、黑塞哥维纳则由奥地利与匈牙利联合控制。但这一地区民族、语言与宗教情况高度复杂,即便是属于同一民族的,也往往具有不同的语言、宗教与历史归属。

同时,外部力量也在"煽风点火",特别是"离岸平衡手"英国的间接干预。欧洲各国之间存在特有的协调体系,向来依赖会议机制和道义上的共识。英国在维护欧洲强国间的平衡上是有利益的,而并不是在保障欧洲每个国家内部政权的稳定。但随着英国与法俄结盟,平衡被打破,就是使欧洲分裂为两大敌对阵营。另外,法俄结盟与英国对大陆的中立态度,迫使德国不得不更加紧密地依赖奥匈帝国,这不仅导致了奥匈在德奥联盟中地位的上升,同时也使德国的外交丧失了自由度。

此外,欧洲国家错综复发的勾连关系也是战争迅速扩大化的重要原因。在人类历史上,战争往往以预期最小的代价开始,却以最大的代价收场。而军事同盟的存在恰恰使得各类"狂人""妄人"无限拉低了对于战争危害的预期,其结果却是携手滑入战争的深渊。于是,战争与和平的钟摆就在这种赌博的心态中来回激荡。"各国政府已经被互相的同盟和协议捆绑在一起,就像蛛网一样",时任英国外交大臣爱德华·格雷在第一次世界大战前夜发表的一篇备忘录,就曾这样描述军事同盟泛滥之下,牵一发而动全身的世界局势。

1914 年 6 月 28 日上午 9 时,奥匈帝国皇太子斐迪南大公参加指挥一次军事演习,演习结束后,塞尔维亚一个秘密组织的成员普林西普向斐迪南夫妇开枪射击,斐迪南夫妇毙命,普林西普被捕。以此为契机,第一次世界大战这场人类的浩劫终于拉开了帷幕。

(三)"海权论"为何诞生在美国?

从英西争夺"无敌舰队"到荷兰成为"海上马车夫",建国太晚的美国一直缺席了大西洋上的霸主之争,然而,最终把海权体系理论化并最终影响全世界的却是美国。

19世纪末,美国海军学院院长、海军少将、历史学家和军事理论家阿尔弗雷德·赛耶·马汉深入研究了17世纪60年代到20世纪初期的世界海洋战争,写成了《海权对历史的影响(1660—1783)》《海军战略》等书,后人根据马汉著作概括出来的思想体系,就是被西方奉为经典的"海权"理论。马汉从"商业(即商品输出)立国"出发,认为海军的存在主要是为了保护"商业",即保护商品输出。因此,他将生产、海运和殖民地三者归结为海权的三大重要环节,提出海上力量、殖民地与海上基地、海上交通线是国家海权的构成要素。同时,马汉还认为地理位置、自然结构、领土范围、人口、民族特点、政府的特点和政策是贯彻国家海权的基本条件。

这一理论成为推动19世纪末及20世纪初美国海外扩张的理论基础,并为以后美国历届政府推行对外政策和制订战争计划、谋求世界霸权地位产生了重要影响和指导作用。但耐人寻味的是,为何发展出"海权论"的是孤悬于"世界岛"之外的美国人?

其一,地理条件决定美国必然优先发展海军。马汉提出,如果"一个国家单纯的(扩张的)目标指向海洋"那它就具备了比"四周以大陆为界点的国家更为优越的地理位置",因此他极为崇拜英国的地理条件——四面临海,根本不用大力发展陆军,所以可以专心发展海军。其实,美国也具备这样的地理特点,东方隔大西洋与欧洲相望,西方隔太平洋虎视亚洲。"两洋优势"之下,美国自南北战争后,本土再没有遭受战争的摧残。由此,对于美国而言海军重要性远超陆军。

其二,海权论符合美国本土防卫的需要。美国具有复杂、曲折、漫长的海岸线,一方面为海运提供了大量的良港,另一方面却给国土防卫带来巨大压力。在独立战争期间,美国在实战中切身感受到制海权的重要性。独立战争期间,因为力量对比过于悬殊,美国海军始终未能打破英国的海上封锁,未能取得制海权。美国海军也蒙受了多次失败。1780年查里斯顿失陷后,美国海军基本上被消灭了。美国陆军只是依靠和法国陆海军联合作战,才最终赢得了独立战争的胜利。这一惨痛教训使得美国人意识到,必须建立一支强大的海军,才能捍卫国家的独立和安全。

其三,海权论顺应了美国国内谋求占领海外经济市场、寻找商业机会的扩张战略的需要。在殖民地和独立战争时期,人们仅仅意识到海军和制海权的重要性。而随着第二次工业革命使得美国工业生产力得到了长足发展,美国人逐渐认识到,美国强大的经济实力应该同寻求占领国外市场的机会相结合,美国的剩余产品要跨越新的"边疆"即海洋去寻求市场,这种经济扩张过程必然会导致国家间冲突甚至战争,因此,美国应该拥有强大的海军作为其海外扩张的保证。

通过不断践行从海军到海权、从强国到霸权的发展路线,海权战略也重塑了美国的国际地位。在美西战争[①]中,美国海军的胜利更是为海权之路注入了强心剂,加快了海军建设的步伐。在西奥多·罗斯福的努力推动下,建立起以战列舰为主力的"大海军",从而打破了英国对世界海洋的垄断,为美国走向世界、确立对世界的霸权奠定了坚实的基础;同时,其控制中美洲的"巨棒政策"[②]是以马汉理论为基础的。经过两次世界大战,美国终于成为海洋霸主。而冷战结束至今,以航空母舰为核心的美国海军仍然是美国进行军事行动、军事干预和推行霸权主义的主要工具。

---

① 1898年美国为了夺取西班牙在美洲和亚洲的殖民地古巴、波多黎各和菲律宾而发动的战争,是列强重新瓜分殖民地的第一次帝国主义战争。

② 20世纪初,美国凭借其大为增强的军事经济力量,积极推行向外扩张计划,加强了对拉丁美洲,特别是加勒比海地区的侵略。罗斯福根据马汉的制海权理论,主张以武力为后盾,迫使拉丁美洲国家"循规蹈矩",听命于美国。

第五章　两次世界大战与世界地缘格局之变

地缘格局之中,孕育着毁灭与新生的种子。旧帝国间的"碰撞"导致了欧洲与殖民体系的衰落,而第一次世界大战后打造的凡尔赛-华盛顿体系,则更进一步揭示了地缘矛盾的难分难解,只注重地缘利益的瓜分,而忽略地缘矛盾的缓和,便使得第二次世界大战避无可避。无论是苏、德对于中东欧的争夺,还是美、日在太平洋的鏖战,实际上仍旧反映为新兴大国对于地缘夹缝与生存空间的争夺。二战后,旧帝国、欧洲大陆彻底衰落,分别位于北美"世外桃源"与亚欧板块"核心地带"的美国、苏联崛起,两个新兴大国掀起了瓜分旧帝国的狂潮,扯碎殖民体系,代之以两极格局。无论是苏联还是美国,一方面,对待其他国家充斥着武装干预与阴谋颠覆的成分,另一方面,地缘控制的手段向着多样化、隐性化的方向演化。

一、一战:欧洲的地缘对抗和秩序的新旧切换

(一)旧帝国矛盾催化下的地缘冲突——阿拉伯大起义

在 19 世纪和 20 世纪初期,欧洲列强对中东和北非地区的殖民统治,激化了这些地区的地缘紧张态势。尤其当第一次世界大战爆发后,帝国主义之间在欧洲展开了激烈的厮杀,而这股地缘冲突的破坏力犹如瘟疫一般扩散开来,似乎世上存在的一切都能被运用为攻击手段。因而,20 世纪初阿拉伯民族主义运动的兴起,便成为大英帝国撬动奥斯曼帝国统治的地缘杠杆之一。尽管阿拉伯大起义的主要诉求在于摆脱外来帝国主义的控制、恢复独立与自主,但在英国与奥斯曼帝国的双向影响下,这场轰轰烈烈的地缘冲突,从过程到结局都注定脱不开域外大国的影响。不过,阿拉伯起义的爆发确实在一定程度上削弱了外部施加的控制力,也借助着民族主义

的"东风",逐渐重塑阿拉伯文明的地缘生态。旧帝国的陨落与民族国家的崛起,以及新兴帝国的建立,是 20 世纪人类政治史的一条主线。许多反抗和革命运动都与民族意识的觉醒密切相关。阿拉伯世界也不例外,当马穆鲁克王朝在 16 世纪消亡后,阿拉伯世界的大部分地区都被纳入奥斯曼帝国的统治之下。帝国采取政教合一的政体,在利用共同信仰完成快速扩张的同时,帝国的"治法"也是维系异民族对伊斯坦布尔忠诚的重要法宝。"完备成熟的穆斯林乌玛(Ummah),唯一的可能性在于通过沙里亚法。"①乌玛的概念之所以深入人心,就是因为不分种族,以法典为准绳进行同一化管理,从而将所有穆斯林视为广阔的伊斯兰社区的一分子,模糊了奥斯曼帝国内阿拉伯人与土耳其人的区别,而正是这种模糊,维持了帝国在阿拉伯长达三个世纪的统治。但在"19 世纪民族主义大流行"②后,第一次出现了松动的征兆。以现代民族主义为基础的阿拉伯民族认同观出现了,开始挑战以宗教、教派、部落或区域为自我身份认同的传统思想。

第一次世界大战时,奥斯曼土耳其帝国加入同盟国阵营,与英、法为首的协约国敌对,并向俄罗斯帝国海军关闭了博斯普鲁斯海峡。而为了越过黑海向俄国提供支援,协约国必须对奥斯曼展开行动,英国人敏锐地察觉到帝国内部的不稳定因素,尽显地缘政治"搅屎棍"的本领,立即向阿拉伯民族主义者领袖侯赛因·本·阿里抛出橄榄枝,愿意为其提供资源、武器和外交援助,共同反抗帝国的统治。作为这段同盟关系的基石,英国许诺"在战争结束后成立以大马士革为首都的阿拉伯国家"③。这无疑给阿拉伯民族主义运动添了至关重要的一把火,曾经被边缘化的阿拉伯民族主义者在得到了强力外援后,下定决心争取民族独立。

阿拉伯起义开始于 1916 年 6 月 5 日,阿拉伯骑士聚集在麦地那,向空中鸣枪,宣布阿拉伯独立。他们很快袭击了麦地那的土耳其驻军,但初期进展并不顺利。直到三天后,侯赛因与英、法两国结成实质联盟,共同对抗土耳其人。6 月 10 日,侯赛因亲自带队进攻土耳其在麦加的驻军,标志着麦加战役的开始。麦加之战持续了一个多月,侯赛因的部队与装备精良的土耳其军队展开激烈的巷战,最终在英国炮兵的帮助下,起义军逐渐占据上风,并于 7 月 9 日成功占领麦加。当汉志的土耳其总督带领私人卫队逃入山区后,侯赛因随即发表公告,谴责土耳其当局对阿拉伯民族

① 周传斌著:《传统与现代之间:伊克巴尔哲学思想研究》,民族出版社 2015 版,第 87—88 页。
② Rich N. The Age of Nationalism and Reform,1850—1890[J]. New York:Norton,1918.
③ 李平民著:《麦克马洪—侯赛因通信》,《历史教学问题》2005 年 6 期,第 7 页。

主义者的虐待,并宣布自己民族自此从奥斯曼帝国独立。①

1916 年 6 月,英国和法国派出官员给予阿拉伯人军事指导。很快,一名叫做劳伦斯(Thomas Edward Lawrence)的英国军官被派往埃及,他后来传奇般的表现,令同僚们都黯然失色。到 1916 年 9 月底,阿拉伯起义军在英国海军的协助下占领了红海海岸的几个城市,并抓获了 6 000 名土耳其战俘。1916 年 12 月,劳伦斯在皇家海军的掩护下,率领阿拉伯义军打退了奥斯曼帝国对延布的数次进攻,极大地巩固了前期战事成果。同时,劳伦斯极力调和阿拉伯义军的内部思想,引导他们配合英军展开作战,成为英阿同盟的执行枢纽。

在劳伦斯的自传《智慧七柱》(Seven Pillars of Wisdom)中,他如此描述自己在阿拉伯的事业:"我本欲制造一个新的民族,复兴一种已逝的势力,赋予两千万闪米特人建造他们那被激发出来的民族理想的梦幻宫殿的基础。"②麦加战役的胜利,为阿拉伯民族主义播撒下了种子,也将在未来影响着中东的地缘政治格局。尽管不久后,英、法帝国主义撕毁了诺言,侯赛因梦想中那个从亚丁到阿勒颇的阿拉伯国家仍然遥遥无期,随着第一次世界大战的结束,欧洲列强试图重新控制中东地区,阿拉伯世界也继续经历着殖民主义、霸权主义以及地区内部的各种矛盾与冲突。

(二)欧洲旧帝国体系的瓦解

19 世纪末到 20 世纪初,欧洲强国围绕世界霸权与海外殖民地的争夺战争变得更加艰难和具有挑战性,1914 年一战爆发时,资本主义势力统治的国家大都进入帝国时代。事实上,在资源配置的绝对极限和绝对永恒之间,第二次工业革命带来的影响非同小可。世界主要资本主义国家实力在各个方面又飞跃上一个新的台阶,有能力对外扩张;但由于资本主义自身的根本矛盾,其所必然的周期性经济危机以及政治经济发展不平衡等一系列弊病的影响下,参战各国希望在已有的、相较于除欧洲外世界其他地区国家更高的生产力发展水平基础上,再扩大自己的权利。而又由于欧洲资本主义各国因势力范围的边界冲突已经"积怨已久"、互不退让,无法维系邻里相安的假性和平局面,才会引发这样一场有史以来规模如此之庞大的旧帝国主义之间的大战。

第一次世界大战直接造成俄、德、奥匈、奥斯曼四大帝国分崩离析,几乎摧毁了

---

① 《奥斯曼帝国的衰亡 14》,搜狐号"书虫子",2019 年 6 月 12 日。
② 秦隶:《制造中东:阿拉伯劳伦斯神话的真真假假》,澎湃新闻·翻书党,2015 年 1 月 18 日。

整个欧洲的旧帝国政治体系,并深刻塑造了二战前的欧陆地缘局势。然而,这沧海桑田般的巨变,竟能收敛于"蝴蝶扇动的翅膀"——第一次世界大战期间的加利波利战役,是奥斯曼帝国历史上的一座里程碑事件。战前,有着"西亚病夫"之称的奥斯曼帝国长期处于衰落状态,盟军希望趁虚而入,在达达尼尔海峡发起攻势,以夺取伊斯坦布尔为目标,打通黑海交通线,使协约国阵线得以靠海路连成一片,如此,英、法盟国便得以援助其盟友俄罗斯帝国,从而强化德军"两线作战"的压力。

在 1915 年 2 月 19 日爆发的加利波利战役中,英国最初试图用海军舰炮控制达达尼尔海峡。然而,最初的登陆行动开展得并不顺利,于是,协约国军决定从陆路拿下加利波利,进而横扫整个海峡沿岸,为此,他们迅速组建了一支远征军,主要由驻扎在埃及的澳大利亚和新西兰军队组成,被称为"澳新军团"。他们试图在奥斯曼守军的薄弱处进行抢滩登陆,然而,守军配备了强大的炮兵部队,其中还有来自德国的炮兵顾问,凭借强大的火力优势,联军直到 8 月前都难以突破帝国军队的海岸防御阵线,遑论在滩头建立起有效的防御工事。

8 月 6 日,以"澳新军团"为主力,协约国军再次发起登陆战,取得了前所未有的成效。趁着夜色掩护,澳新军团以四路纵队向 971 号高地与查纳克拜尔同时发起突袭,两日血战下来,主峰被协约国军攻占,但 971 号高地依旧耸立在前阻碍其去路,进攻部队遭遇到 19 师官兵的顽强阻击,饶是士气弥坚,然而数轮白刃战后,面对武德异常充沛的土耳其人,"澳新军团"仍无法打开缺口。

当时,奥斯曼帝国第 19 师戍守 971 号高地。这是萨里拜尔山岭防线的要冲,与另外两座山峰互为掎角,只要此山落入协约国军的掌控,通往达达尼尔海峡的道路,将再无险阻。土耳其人无法依托平原,组织起有效的迟滞阻击,其兵力也不足以在短时间内奠定堑壕战基础。澳新军团只需为皇家海军——扫除海峡边上零星的陆堡威胁,然后,拿下伊斯坦布尔的速度就仅仅取决于协约国军的行军速度了,他们似乎可以期待在圣诞节前回家。"我不是命令你们去战斗,我是命令你们去死。"时任奥斯曼帝国新编第 19 师师长穆斯塔法·凯末尔,下达了这一军事指令。[①] 8 月 8 日凌晨,凭一个团的实际兵力,土耳其人与正在爬坡的数千澳新军团展开殊死搏斗。正当协约国军于主峰收拢散兵,转战 971 号高地时,却惊讶地发现 971 号高地守军

---

① (英)尤金·罗根著,王阳阳译:《奥斯曼帝国的衰亡:一战中东,1914—1920》,广西师范大学出版社 2017 年版,第 64 页。

对其发动了反冲锋,依托居高临下的有利地势,先是数轮猛烈的炮火覆盖,随后轻装步兵迅速突袭,展开了长达两天两夜的血战,最终,土耳其人夺回了主峰。当子弹耗尽,守军将刺刀插上枪口继续奋战,终于,在 10 日上午,将协约国军赶回了滩头,此战是为加利波利战役决胜之关键。[1]

协约国军苦战四日,仅阵亡人数就高达 56 707 人[2],寸土未得! 尽管土耳其人的损失同样惊人,但毕竟,他们守住了阵地。面对彼时不可一世的大英帝国,被奚落了数十年的"西亚病夫"触底反弹。英国人为他们的傲慢付出了惨重的代价,事后统计,此战一共搭进了 41 万名英军与 7.9 万名法军[3],调动了近 50 万人,却未能在萨里拜尔山前进半步,最后,协约国军队不得不在夜色中仓皇逃离。

凯末尔的军令、土耳其人的破釜沉舟,使大英帝国一败涂地,引发了极不寻常的蝴蝶效应。首先,力主促成此战的英海军大臣温斯顿·丘吉尔引咎下台,他越过金角湾打通黑海生命线,进而驰援东线战场,加强德国两线作战压力的战略构想彻底破产。其次,土耳其人"绝杀"了俄国获取胜利的希望,土德联盟得到巩固。更关键的是,由于得不到盟友越过黑海的支援,俄军在高加索山一线崩溃,此后二月革命、十月革命相继爆发,苏丹总算是拉上了"恺撒"给自己陪葬。

从对旧世界格局的影响来看,凯末尔军令和第 19 师视死如归的英勇表现,使协约国迫降德奥、拆散土德联盟以期迅速结束欧战的想法变得再无可能。恰恰相反,加利波利战役打破了英军不可战胜的神话,凭着这场家门口的历史性胜利,奥斯曼帝国一扫 1912 年以来战事受挫的阴霾,战役中崛起的新一代指挥官与老兵们厉兵秣马、枕戈待旦,积极筹备着与英军的下一次交锋。与之相对的,英国也必须在美索不达米亚平原分出更多的精力,去应对这个韧性十足的敌人。不过,这就要求法国在面对德国时,必须表现得更加不畏牺牲。尽管奥斯曼帝国的"崩解"无可挽救,但能以如此多的欧洲皇冠作为陪葬,奥斯曼帝国之亡也算得上是"风光无限",毕竟,为了这场隆重的葬礼,俄国的罗曼诺夫王朝、奥匈帝国的哈布斯堡王朝以及德意志帝国的霍亨索伦王朝也均灰飞烟灭。

---

[1] (英)尤金·罗根著,王阳阳译:《奥斯曼帝国的衰亡:一战中东,1914—1920》,广西师范大学出版社 2017 年版,第 220 页。

[2] Clodfelter,M. Warfare and Armed Conflicts:A Statistical Encyclopedia of Casualty and Other Figures,1492—2015 4th. Jefferson,North Carolina:McFarland. 2017. 417.

[3] Erickson,Edward J. Ordered to Die:A History of the Ottoman Army in the First World War. Westport,Connecticut:Greenwood. 2001a[2000]. 94.

（三）凡尔赛-华盛顿体系：用和约"埋"下更大的地缘矛盾

帝国边界的稳定是帝国建立稳定秩序的前提，欧洲大国之间的地缘冲突有着数个世纪以来的深刻根源，即是由历史上的领土争端、宗教分歧、文化差异和不同的政治制度等综合因素造成的，而分歧也沿着地缘断裂层一脉相承下来。这些冲突在整个 19 世纪持续酝酿、发酵，最终在 20 世纪初促成了"终结一切战争的战争"。尽管一战造成了前所未有的破坏，但国与国之间的矛盾、冲突并没有得到化解，反而如一战法国陆军统帅福熙所言，战后得到的仅仅是"休战"，战争以条约的形式"展期"到了 20 年后，甚至埋下了更具破坏性的地缘矛盾。

一战爆发时，许多欧洲国家都被扩大领土和影响力的愿望所驱使。而战后重新划分的地缘实力格局，也仍旧被这股危险的欲望裹挟，典型如《凡尔赛条约》与《伦敦条约》。

前者称得上是德国历史的一个转折点，该条约于 1919 年 6 月 28 日签署，正式结束了第一次世界大战。然而，这一条约丝毫没有给战败国留下体面的余地。如第 231 条款中，就将战争的全部责任归咎于德国。剥夺其全部海外殖民地，以及与法国反复争抢的阿尔萨斯—洛林地区。同时，德国遭到了严重的经济和军事制裁，先是要求德国以黄金、商品、舰船等各类形式赔偿 2 000 亿金马克，而后又要求军队总数不得超过 100 000 人，最多只能保留 7 个步兵师与 3 个骑兵师，这导致大量军人在得不到稳定岗位的情况下被迫复员。由此，许多德国人将《凡尔赛条约》视为一种耻辱，民众普遍对其产生浓厚的怨恨情绪。[①]

然而，《凡尔赛条约》并不是对战后世界产生重大影响的唯一条约。1915 年 4 月 26 日，英国和意大利签署的《伦敦条约》是另一个具有深远影响的重要条约。该条约向意大利许诺了重大的领土收益，以换取其站在盟国一边参加战争。意大利获得了特伦蒂诺、蒂罗尔、的里雅斯特、伊斯特拉、达尔马提亚以及阿尔巴尼亚的发罗拉、土耳其的安塔利亚的所有权，以及土耳其在德国殖民帝国中的份额。然而，在战争结束时，意大利只得到了英国人事先承诺中的一小部分，这引发意大利国内整体性的失望与仇恨，而后成为意大利法西斯上台的历史源头，墨索里尼极力将一战宣传为"残缺的胜利"，进而鼓动国家机器进入下一场争取"完整的胜利"的事业中。

---

① 王梓著：《凡尔赛条约之踵——论条约的内在矛盾和对德军国主义的推动》，《黑龙江史志》2011 年第 23 期。

显然，一战后的利益划分引发的矛盾不比战前要少，各国已经在为下一场战争做准备，这一点集中体现于1922年《华盛顿海军条约》，该条约旨在通过限制所有国家的海军力量，来遏制各国海军军备竞赛，进而达到维护世界和平的目的。而该条约对日本加强了约束，要求其保持一支总吨位数不超过美国和英国海军三分之二的舰队。而作为亚洲最强大的海军国家，日本认为其海军舰队应该反映其在亚洲的影响力，《华盛顿海军条约》是对日本的不平等条约，在该国内部引发了强烈不满，助长了日本国内的军国主义与极端民族主义情绪，最终导致了二战时期太平洋战争的爆发。与此同时，该条约第19条限制了各国在太平洋岛屿上兴建基地的自由，这出自英、美在太平洋海权争夺上的妥协，但事实上造成了一个权力真空，使日本趁机获得了扩大其影响力的机会。

此外，战后新独立国家之间的矛盾，也是为二战预留下的一个伏笔。欧洲的地缘政治格局固然发生了巨大的变化，奥匈帝国、俄罗斯帝国和德意志帝国的瓦解导致波兰、捷克斯洛伐克、匈牙利和南斯拉夫等新国家的诞生。然而，新民族国家的独立仅仅是搬开了帝国统治的"大山"，民族国家之间的冲突随即又成为新的难题，各国领土的边界划分与少数民族问题仍然存在争议。特别是南斯拉夫，被不同民族之间的紧张关系所困扰，在第二次世界大战期间爆发了新的冲突和动乱。尽管一战后成立了国际联盟（League of Nations）这一跨政府组织，表面上打着以"维护世界和平为己任"的旗帜，但实际则沦落为英、法帝国主义操弄国际政治的工具，作为倡议国的美国与新兴大国苏联都被排除在外，使得国联对全球政治的实际影响力非常有限，无法公平、有效地缓和国与国之间的矛盾。

总体而言，第一次世界大战结束时签署的条约以及各项制度安排，虽然暂停了战火，但还是为后来积攒下诸多问题。以利益为导向的制度安排使得德国、意大利、日本成为这一国际体系下坚定的反对者，共同的不满将他们撮合到了一块，成为引燃第二次世界大战战火的三个地缘轴心。

二、二战奠定当今世界地缘格局

（一）苏德必有一战？——生存空间的挤压

二战期间的"东线战场"，苏德之间的斗争是二战中最为重要、最为激烈的战线。然而，实际上苏德之间的博弈早在二战之前就已开始。苏联和德国在二战前存在着很复杂的利益博弈:在 20 世纪 20 年代和 30 年代初期,苏联和德国之间的关系非常紧密,两国之间有着相当多的经济和政治交流。苏联试图与西方国家接触并建立关系,而德国则渴望在东方建立自己的影响力。然而,这种合作和交流的局面在 1933 年希特勒上台后迅速改变。纳粹德国开始在国内进行大规模的军备扩张和向外领土扩张,这引起了苏联的担忧和警惕。苏联在此期间开始寻求同西方国家建立更紧密的关系,以及在国际政治舞台上保护自己的利益。在此背景下,苏联和德国之间的关系逐渐紧张。1939 年,德国和苏联签署了《苏德互不侵犯条约》,但德国在同年 9 月入侵波兰,苏联则在同月加入战争。苏德之间的条约随即宣告无效,两国在接下来的几年中陷入对立。

事实上,无论是苏联还是德国,在欧洲都是近似于"异类"的存在。从苏联的视角来看,不但其广袤的国土横亘亚欧大陆,而且文化也是既有来自欧洲的基督教文化,又受到金帐汗国等等亚洲色彩的影响。因此,不论是基辅罗斯大公迎娶东罗马帝国的末代公主,还是沙俄在 19 世纪化身"欧洲宪兵"积极干预欧洲事务,俄罗斯始终难以获得欧洲的认同。

实际上,两个欧洲大国关系由和转斗,其根本原因就在于,坦克、火炮等机械化装备的出现使得中东欧的地缘格局,由过去黑森林、大平原形成的山水相隔,转变为无险可守"短兵相接"的局面。而这一趋势最具象化的体现,就在于苏联在库尔斯克会战①中对于德国闪电战的破解。而要理解库尔斯克会战的意义,则必须从闪电战的源起说起。具体来看,闪电战是人类历史上第一次机械化陆空立体作战,而战机的运用则成为决定战役走向的关键因素。在德军的闪电战思想中,空军部队承担了对敌人的首轮打击任务,首轮轰炸与战术支援效果直接影响后续部队的突击效果。在波兰战役②伊始,德军取得了重大战果,这一成果离不开德军首创的"空军近距离战术支援"思想和精密的空陆协同战术。

德军在对波兰的战争中,首次成功实施了"闪击战",展示了坦克兵团与航空兵协同作战在实施大规模快速突击方面的威力,并对军事学术的发展产生了深远影

---

① 库尔斯克会战是第二次世界大战期间苏德战场的决定性战役之一,也是德军最后一次对苏联发动的战略性大规模进攻,意图通过对苏军造成大量伤亡从而全面夺回战略主动权,因希特勒的阻挠使得对苏军发动进攻的时间不断延后,苏军事先已获取德军要进攻的情报并已建立三道纵深梯次防御线。

② 是苏联、纳粹德国与斯洛伐克军队在 1939 年 9 月入侵波兰的战役,该战役被认为是第二次世界大战全面爆发的标志。

响。德国采取了先机制敌的方针,在实施武装力量的动员与展开措施中显露出巨大优势。德军对波兰的军事行动说明,预先组建的陆军和空军集团出其不意的密集突击,取得了显著成效。坦克和空军在战争过程中表现出了巨大的威力,德军首次使用了快速重兵集团——包括坦克军、坦克师,与航空兵密切协同作战,为突破敌军防御做出了贡献。德军采用迂回和合围的机动条件,以快速重兵集团在防御纵深内对敌人实施攻击,扩大战役进攻纵深并提高战役速度。

特别是,面对闪电战这个战法,一战时期的防御体系完全失效了。面对德国的装甲洪流,马奇诺防线①也无力招架。固定的防御工事只会成为敌军炮兵和空军的攻击目标,就像塞瓦斯托波尔战役一样,再厚重的钢筋水泥也无法抵挡臼炮和重炮的轮番轰炸。而马奇诺防线只要被打开一个口或绕开,法国就会被攻破,因为它的纵深根本无法支撑防御,也没有像样的机动兵团来截断由虎式坦克和豹式坦克组成的装甲矛头。

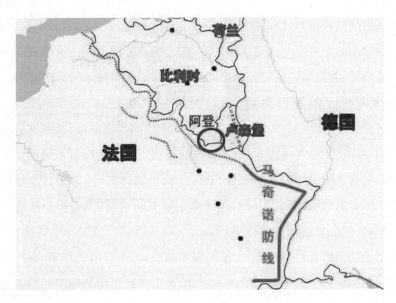

图片来源:百度图片。

图5—1　纳粹德国绕开马奇诺防线,闪击法国

然而,苏军却在库尔斯克破解了德军的闪电战,其关键法宝就是"大纵深防御"。

---

①　马奇诺防线是法兰西第三共和国在第一次世界大战后,为防德军入侵而在其东北边境地区构筑的筑垒配系。

库尔斯克突出部内苏军的防御配系是以若干道平行的堑壕为基础、由土木工事构成的三到四层的防线体系。大纵深防御是指在广阔战线上纵向布置强大兵力,同时在前几条防线后方设立集结点,以便在前方防线被渗透后,这些集结点可以快速反击消灭渗透的敌人。而在整条防线全面被突破后,这些集结点可以形成突出部,利用预备兵力发动反冲锋。苏联采用的大纵深防御对德国的装甲战术形成了威胁,德军常常在突破前方50公里左右的防线后,被后续赶来的苏联预备队击败。不过,大纵深防御要求拥有充足的兵力、极大的战略深度和强大的装甲兵力。而德国的弹性防御是曼施坦因和古德里安提出的一种针对苏联装甲战术的防御方式。它主要通过布置较少的一线部队,然后在后方布置精锐的救援部队集结优势的装甲兵,截断苏联装甲突击,集中优势火力切断苏联装甲兵和步兵之间的联系,最后,由精锐战斗群发动反冲锋消灭被包围的苏联装甲兵,再攻击后续的步兵。

归根结底,无论是德国闪击波兰,还是库尔斯克会战这样经典的"坦克大决战",正是由于闪电战这样机械化战法的出现,在物理上拉近了大国之间的距离,也变相削弱了苏德之间的生存空间。这也就使得,二战期间苏德之间的直接对抗并非希特勒这类狂人的"一念之差",而是苏德之间地缘格局转变所造成的必然冲突。

(二)太平洋上的美日对决

二战时期德国失败的一大原因就是同时在东西两线作战,而其盟友日本也犯了一样的错误——在大陆与中国开打,在大洋与美国宣战。为何日本突然掉头开辟太平洋战场?尽管其中的原因复杂多样,有一个简单的答案是:即便日本在侵华战争中已经倾尽了全力,但随着太平洋的地缘作用越来越重要,如果再不开辟太平洋战场,那么日本人的战争就算是白打了。

在中国战场,日本已经耗费了大量的资源和士兵,而且由于得不到外部的支持,日本的燃料和弹药等物资也开始短缺。因此,为了获得更多的资源和扩大他们的战争能力,日本需要进一步扩张其势力范围。日本在过度扩张后已经引起了美国的警惕。因此,美国对日本实行了贸易禁运,这使得日本面临着石油供应断绝的状态。由于日本的石油储备非常有限,长期断供将导致庞大的军事机器和舰队无法维持。而经过双方多轮谈判,美国解除贸易禁运的条件就是日本放弃侵略成果,这对日本而言是不可接受的。

在这个时候,日本认为太平洋地区是其扩张的最佳目标。一方面,太平洋地区拥有丰富的资源,如石油和矿产等,可以满足日本不断增长的需求。另一方面,太平洋地区的海洋与岛屿,提供了日本拓展其势力范围的理想场所。通过控制太平洋地区,日本可以打通太平洋和亚洲大陆之间的补给线,并在未来实现对美国的威胁。

最开始,尽管美国已做好了与日本相周旋的准备,但仍未直接采取军事手段。然而在 1941 年 12 月 7 日,日本海军袭击了美国的珍珠港,导致美国宣布加入战争,并在随后的太平洋战争中成为反法西斯的主要力量之一。在战前,美国军费开支比穷兵黩武的日本低得多,航母建造数量也不足,舰载机更新也没有得到足够重视。哪怕拥有一些技术领先于日本的装备,如 R2800 发动机和 XF4U1 海盗雏形机,但这些装备不能及时服役,同时与日本的海航相比,美国的航空部队缺乏作战经验。珍珠港没有做好防备,菲律宾部队的装备和训练也不足,克拉克机场的飞机起飞时遭遇了袭击,这些因素共同导致了一时的劣势。

但一旦美国的战争机器开足马力,其生产能力、组织能力远非刚刚步入工业国家的日本可以比拟。因此,哪怕是在珍珠港一役日本海军几乎全歼了美国太平洋舰队,美国也能够立刻组织力量展开对日本反击,在中途岛海战中一日击沉日军 4 艘航母。并且在其后,随着瓜岛战役、关岛战役、菲律宾战役、冲绳战役等历次战役的打响,最终在太平洋战争中取得了胜利。

实际上,日军的失败早在珍珠港一战就已经注定了。日本战前对美的整体战略叫"渐减邀击"战略,说白了就是防守、偷袭消耗美军舰队,最后择一地战略决战。渐减邀击战略还要求美国必须先攻击,而事实是日本先攻击。这先后手的调整直接影响了战争结束的方式。美国人先手,那么在日本对美国造成足够的损失后,也许美国会妥协。日本先手,讲真的,谁也不知道美国人什么时候会妥协,哪怕到今天也不知道美国人被先手之后的底线。所以,从战略层面上讲,珍珠港的突袭实际上是颠覆了日本几十年来的战略规划,再加上日本国内、海军军内的气氛,就很难得出一个正确评估,在适当的时候结束战争来享受战争红利。可以说日本不但不知道怎么赢,也不知道怎么打,配合上日美之间巨大的国力差距,日本失败是必然的。

归根结底,日本输掉太平洋战争是由于日本海军精英并没有真正理解马汉的海权论,或者说是一知半解——而这种一知半解是致命的。在马汉的定义里,海权体系是一个由各机构、设施、商船和海军舰队所组成的严密体系,缺一不可。海军的作用是为了保障商船体系,而商船体系反过来又哺育了海军,两者牢不可分、相辅相成。一旦一方缺失，另一方也不复存在。在此基础上，海洋战略就是协调、运用、规划、执行海权体系，获取、保持、扩大海权。而日本所理解的海权，将海权等同于海军，将海洋战略等同于海军战略——这就导致了日本海洋战略指导下的建设思想表现为"瘸腿"，海军强而海上力量弱。然而这种"瘸腿"并没有给日本带来灾难，因为自日俄战争之后至太平洋战争前，日本的海上力量特别是商船体系并没有受到任何实质上的威胁。日本一直享受着两次大战之间的西太平洋和平，因此也没有动力反思自己的海洋战略。随着太平洋战争的爆发，日本在战略思想上的"瘸腿"很快迎来了报应——那就是商船的大规模损失，以及海上交通线的断绝。

（三）从雅尔塔到联合国——国际秩序新开端

1945 年初，二战进入末期，德国、日本法西斯势力的失败在望。此时，苏联、美国和英国都面临一个分配战争胜利果实的问题。然而，德国法西斯却试图与美英单独达成和解，以此挑拨苏联与美英之间的关系，进一步加深彼此间的矛盾和不信任。为了解决这些重大的国际问题，协调各自的立场，以取得反法西斯战争的最终胜利，1945 年 2 月 4 日至 11 日，苏联领导人斯大林、美国总统罗斯福和英国首相丘吉尔在苏联克里米亚半岛的雅尔塔举行了一次高级别会议，被称为雅尔塔会议或克里米亚会议。这是二战期间的一次重要的国际会议，参会人员众多，仅英美两国代表团的成员及工作人员就接近七百人。雅尔塔会议的影响超越了仅仅确定二战结束后的世界格局，它对于每一个国家都产生了深远的影响。可以说，雅尔塔会议是 20 世纪人类历史上最为重要的会议之一。具体来看，在雅尔塔会议上决定了四件大事：

第一件大事是筹备建立联合国取代国际联盟。联合国的构想早在雅尔塔会议之前就已存在于美国和苏联的计划中。然而，随着雅尔塔会议的召开，联合国的成立进程也逐渐加快。虽然五个常任理事国的确定是在 1945 年 6 月 26 日的旧金山制宪会议上进行的，但雅尔塔会议实际上是联合国成立的第一步。随后的几次会议只是就一些细节问题进行了讨论。联合国的成立对世界产生了深远的影响。虽然人们常说美国经常打着联合国的旗号到处"欺负"别人，但联合国毕竟是一个全球性的组织，对各国都有一定的约束力。尽管联合国不能够约束像五个常任理事国这样的大国，但是它对其他小国有很好的约束作用，从而避免了小国之间的冲突和战争爆发。联合国在很多地方发挥了重要的干预作用，保障了当地居民的安全，对世界和平的影响是前所未有的。联合国对于全球地缘格局亦产生巨大影响，如联合国主导的以色列建国,对中东局势和地缘政治产生了长期的深远影响。

第二件大事是规定对德国的处置。德国作为第二次世界大战的主要发起者,在战争结束后面临着前所未有的惩罚和处置。美国和苏联均认为德国应该为他们的战争行为负责,并向他们支付巨额的战争赔款。德国需要进行分割管理,同时解散德国军队,这是为了确保未来的安全。这一系列的惩罚和措施,对于德国以及整个欧洲产生了深远的影响。战后,德国被分成了东德和西德,成了欧洲的重要分界线。这对欧洲产生了重大影响,德国被分割之后,欧洲的又一个超级大国就此没落。经历了二战摧残的法国已经不具备大国的能力,而英国也被战争耗尽了资源,随着传统老牌资本主义强国逐渐衰落,欧洲地区的地位也在下滑。失去军队的德国再也没有了威胁世界的力量,这也是此后法国和德国走在一起的重要原因。法国不害怕没有军队的德国,而德国也不觉得法国能对它造成威胁,他们之间的合作成为欧洲一体化进程的重要开端。尽管欧盟直到 20 世纪 90 年代才成立,但欧洲国家的联合之路早就开始了。德国的惩罚和处置最终促进了欧洲一体化的诞生。欧盟的成立不仅仅是一个经济联盟,它还标志着欧洲国家之间的和解和合作,为整个欧洲地区带来了长期的和平和稳定。

第三件大事是重新对欧洲大陆进行了势力划分。二战期间不少欧洲国家遭受德国占领,自身的政治传统遭受破坏,但随着民族独立和民族解放的到来,这些国家面临着一个重要的问题:未来走向何方?雅尔塔会议对于战时被解放的国家制定了民主选举的政策,这对于未来的欧洲格局划分产生了重要影响。波兰、南斯拉夫等东欧国家在战争中被苏联解放,因而演变成了共产主义政党执政,而被英美解放的国家则继续保持着资本主义政权。这一划分决定了整个欧洲的格局,东欧地区变成了共产主义天下,成立了以苏联为首的华约组织,而西欧则依然是资本主义天下,成立了以美国为首的北约组织。这一格局的确立奠定了二战后美苏对抗的冷战格局,尽管丘吉尔的铁幕演说宣告了冷战的开始,但从雅尔塔会议对欧洲的划分来看,可以看出日后世界格局将以美苏为主导。冷战格局的建立对整个世界产生了深远的影响。

第四件大事是尽快解决远东地区战事。在雅尔塔会议上,苏联同意了出兵中国东北的要求。苏联军队很快消灭了驻扎在中国东北的 70 万关东军,彻底打击了当时日本最精锐的陆军力量。这直接导致日本失去了最后的反抗力量。可以说,苏联的出兵加速了日本投降的步伐,同时也粉碎了日本顽强抵抗的计划。最重要的是,消灭了 70 万关东军,让中国地区的解放变得更加顺利。

归根结底,雅尔塔会议是一场美苏主导的,重新规划战后国际格局的会议。苏联在欧洲和远东都获得了一定地位,标志着苏联成为世界性强国。美国获得了结束二战、快速解决日本的利益,而拉拢苏联分摊压力成为好方法。与之相对应的,英国则是最大的"输家"——从"日不落帝国"真正变成了没有话语权的大国,这引起了全世界民族解放运动的兴起。二战之后,亚洲、非洲等很多国家宣告独立,世界进入了一个新的时代,大量第三世界国家的兴起对冷战格局也产生了强烈冲击。

三、新帝国如何"埋葬"旧帝国?

(一)殖民地解放运动被谁"操纵"?

第二次世界大战是整个 20 世纪的最惨痛的教训,给世界地缘政治格局留下了深刻的烙印。虽然战争在欧洲和亚洲造成了毁灭性的破坏,导致大量人口死伤,但不能忽视的是,二战直接或间接地为广大殖民地与被压迫人民挣脱枷锁创造了条件。

首先是猛烈地冲击了以英、法为代表的殖民帝国的统治,使其无法再像过去那样对海外殖民地进行强有力的控制。要知道,对于英国这样依赖殖民的大国而言,没有足够的实力根本守不住殖民地的这些战略要点。所以,要想长期占据重要的海峡和运河要取决于一个国家的海洋力量,而发展海洋力量又需要在陆地上拥有足够的地缘实力做基础。显然,二战后的英国并不具备这样的实力,其发展模式的需求得不到满足,已无力维系庞大的殖民帝国。

其次,以美、苏为代表的新兴帝国的崛起,双方都有"肢解"旧帝国势力范围的意愿和能力。再者是殖民地国家本身的民族意识觉醒,增强了对旧日宗主国的离心力。在战时,为了使人们团结起来打赢战争,各国对民族主义的宣传达到了空前的地步,内容中往往强调民族认同与文化优越性,旨在培养人们的民族自豪感。在第二次世界大战期间,英国和法国都利用民族主义宣传来激励本国人民,加强对战争的支持。例如英国首相温斯顿·丘吉尔的战时演说——"我们将在海滩上作战",其中在呼吁抵制纳粹侵略时,充斥着"英国优越"的思想。同样,尽管法国在战争之初就被占领了,但其抵抗运动仍在继续,依靠着民族主义宣传的力量,自由法国及各派游击队坚持到了战争的胜利日,在戴高乐将军1940年6月18日发表的《告法国人民书》中强调"法国的事业没有失败"。总的来说,虽然英国和法国在二战期间对民族主义宣传的使用不像德国那样极端,但它在塑造战时叙事和激励其人民为各自国家而战方面发挥了重要作用。

然而,超出英、法预料的是,这股浓厚的民族主义意识形态也传播到了他们的殖民地,助长了战后民族独立运动的兴起。一方面,盟军在宣传中强调的反法西斯主义和自由民主等价值观,恰恰也是殖民地人民所渴望的自由与独立,使他们越发认清了自己被欧洲殖民者压迫、剥削的本质,渴望实现民族自决和人权平等。另一方面,战争造成的政治和社会动荡创造了一个有利于民族主义和独立运动发展的环境。战争期间,英国的战时经济很大程度上依赖海外殖民地,尤其是印度,这就给当地人民带来巨大的供养压力。为了维持宗主国的战争需要,殖民地人民被迫缴纳严苛的赋税与兵役,使得他们对殖民主义的反感更加强烈。在主权意识和民族意识觉醒的地区,再想搞征服和奴役的门槛不是一般国家能够承受的。正是在这样的情况下,甘地领导的"非暴力不合作"运动取得成功,印度、巴基斯坦在二战后迅速实现了独立。

二战结束后,殖民地解放运动迅速在被日本占领的地区蔓延。殖民地独立运动的火苗最先在亚洲窜起,1945年的夏秋之交,印度尼西亚、越南相继宣布独立,随后这股推翻殖民统治的风潮迅速传遍东南亚各国,菲律宾、马来亚、缅甸……概莫能外。直到1953年柬埔寨摆脱法国控制,也基本宣告欧美各国在亚洲殖民统治的终结。到了1956年之后,英国在吃尽第二次中东战争的苦头后,也不得不"断臂求生",放弃了中东、非洲的大片殖民地。殖民力量势弱,反过来又进一步鼓舞了非洲殖民地独立运动,摩洛哥、阿尔及利亚等国相继掀起一轮又一轮的反殖民主义斗争。

一大批新独立国家的出现,不仅使全球地缘政治格局变得更多元化、复杂化,同时也创造出了新的地缘博弈形式,如强调被压迫民族之间的团结合作,开创联手粉碎殖民主义和帝国主义的新局面。1955年的万隆会议促进了亚非拉各国人民维护民族独立的斗争,促进了亚非国家之间的合作。20世纪60年代以后,相继出现了许多由被压迫民族组成的区域性组织,如不结盟运动、77国集团、非洲统一组织、伊斯兰首脑会议和石油输出国组织,为非殖民化和独立的新时代铺平了道路。

除了旧帝国主义的消亡和被压迫民族的抗争,殖民地解放运动在很大程度上受到美国与苏联的推波助澜。一来,他们需要代替原本的宗主国角色,攫取殖民地的地缘优势,转化为自身利益。所以不约而同地冲击了旧帝国主义对世界政治格局的安排,饶有兴致地拿英、法赖以吸血全球的殖民体系开刀,向民族独立武装提供各种形式的支援。二来,美、苏之间的政治博弈也需要围绕着广袤的殖民地展开,利用民族独立的欲望,支持符合自己意识形态的解放运动,并试图将其纳入己方势力范围。因此,尽管解放运动本身意味着独立性、自主性,但由于地缘价值的存在,导致其往往难以摆脱域外大国的遥控,因此,新独立的国家在挣脱枷锁后,旋即又成为美国与苏联之间竞争地缘政治影响力的角力点。

(二)新旧帝国的地缘之争

二战结束后,美国和苏联一跃成为世界上最强大的两个国家,并分别领导资本主义和社会主义阵营,由此持续了大约半个世纪的冷战与两极格局。在对立与斗争的同时,美、苏两个超级大国对旧帝国殖民体系的态度却是高度一致的,这是二战后地缘政治格局的重大转向,即对英、法殖民者实施总清算,瓜分其掌控下的地缘空间。在战后确立的雅尔塔体系内,以联合国为代表的国际约束力量得到空前的强化,这导致对其他国家的直接入侵和殖民化不再可行,深刻地扭转了传统地缘博弈的游戏规则,在具体手段上施加了不小的限制,更加强调与新独立国家在意识形态、经济援助、军事联盟方面达成协作,以更柔和、隐蔽的方式攫取其地缘价值。

首先,美国在亚太地区进一步扩张影响力,为了牢牢把控其在该地区的利益,美国主导缔结了《澳新美安全条约》,此举将与英国关系匪浅的澳大利亚和新西兰纳入自身掌控,使得美国以润物细无声的方式取代英国,成为太平洋地区的唯一主导力量。其次,由于自身实力不足以维持经济发展,英国必须与曾经纷争不断的欧陆大国靠近,以谋求欧洲统一市场的红利,为了加入欧洲共同体,英国被迫取消与自治领之间的特殊经济关系,从而极大地削弱了自身对自治领的经济影响力。再者,印度等自发脱离的海外殖民地严重冲击了帝国存在的基础,大英帝国开始瓦解,英国君主也失去了皇帝或女皇的头衔,而只能被称作国王或女王。

同样地,苏联也支持非洲和亚洲的民族解放运动。例如,苏联对埃及、阿尔及利亚、越南、莫桑比克民族独立运动的支持,绝不容忍英国、法国、葡萄牙等旧帝国主义继续苟延残喘下去。更关键的是,在1956年苏伊士运河危机中,英国受到美、苏两大强权的直接干涉,导致在军事上取得重大胜利的同时,英国不得不将政治果实拱手让出,其虚弱气象几乎是摆到了全世界的聚光灯下,这使得英国在其海外的殖民体系的威信遭到毁灭性打击。伴随英国势力彻底退出苏伊士运河区,其在亚洲、非洲、加勒比和太平洋地区的势力也逐渐削弱。当时在欧洲的殖民地,仅剩位于伊比利亚半岛南端的直布罗陀。

第二次世界大战后,由于民族主义的兴起和超级大国的步步紧逼,欧洲殖民帝国衰落了。在整个20世纪,英国、法国、西班牙、葡萄牙和荷兰几乎丢掉了此前数个世纪积攒下的海外殖民地,最终导致大多数国家的殖民主义结束。尽管一些国家,如英国、法国、荷兰和丹麦仍然保持着少量海外领土,但这幅景象比之19世纪的局面,已是天差地别。

1990年,随着纳米比亚成功独立,非洲民族解放运动已然扫清了自家的殖民主义残留,为数百年来的屈辱历史画上休止符。它是反殖民主义斗争中一个重要的里程碑,象征着世界殖民体系的总崩溃。非洲和其他地区的非殖民化对国际社会产生了深远影响,导致了新独立国家的出现和新国际秩序的建立。殖民主义的遗产继续影响着今天的世界,因为前殖民地的艰苦"行军",逐步化解几个世纪以来的剥削和奴役以及由此引发的社会、经济和政治包袱。

传统的殖民形式虽然消亡了,但一种被称为新殖民主义的剥削形式出现了。这一方式试图对已获政治独立的国家建立控制。新殖民主义表面上承认殖民地独立的历史先进性,但实际上却依靠欺骗性策略来控制其经济、政治和军事事务的各个方面,利用援助和国家资本输出来创造条件,为私人资本在发展中国家的扩张开辟道路。与以往直观的地缘争夺不同,新殖民主义以两种隐性的方式逐渐抢夺旧帝国的地缘空间:一是通过跨国公司汲取前殖民地国家的资源和劳动力。二是通过对现代科学和技术的垄断性控制,使得超级大国能够主宰发展中国家的经济和技术发展。

新殖民主义的最终目标是保持新国家对原宗主国的依赖,并保持旧的国际不平等关系和旧的国际经济秩序。旧殖民主义的终结是广大殖民地和半殖民地人民斗争力量不断增强的结果。然而,新殖民主义的存在和发展,是广大发展中国家的力量和世界进步力量还不是很强大的结果。类似苏联对华约"卫星国"的控制、美国在全球兴修军事基地等等行为,都可算作新殖民主义的表现形式,尽管有着不下于旧帝国主义的控制欲望,但仍然要承认,新殖民主义的手段相对隐蔽、间接,能很大程度上填补殖民主义退潮后的权力真空,为旧殖民体系及老牌帝国主义的灭亡,钉上了最后的棺材板。

(三)非洲——旧帝国最后的地缘空间

既然肢解旧帝国主义的地缘空间,是新兴超级大国与广大殖民地的共同诉求,那么这股力量必然会集中地释放于关键性的地缘节点。在新旧势力交替的漫长岁月中,"苏伊士运河危机"是一个具有代表性意义的地缘冲突事件,它标志着欧洲殖民帝国主义的衰落,大大加速了欧洲殖民时代的结束。这次危机发生于1956年,起因是埃及总统贾迈勒·阿卜杜勒·纳赛尔宣布将苏伊士运河国有化。该运河此前一直由英国与法国联合控制,备受重视的原因在于,运河使欧洲到亚洲、非洲的海上航程被极大地缩短了,是英、法用以维系自身与东方殖民地贸易、人员往来的"大动脉",在第二次世界大战期间又扮演了重要的角色,英国但凡扼守住运河的咽喉,便足以封锁法西斯势力向东地中海与中东扩张的举动。

1952年,埃及军队发动政变,推翻了法鲁克国王的君主制。由穆罕默德·纳吉布将军领导的新政府倾向于阿拉伯民族主义,放弃了旧政府的亲西方政策,其后继者纳赛尔在这方面犹有胜之,最终"不理智"地做出将运河国有化的决定。事实上,英、法两国是苏伊士运河公司最大的两个股东。所以,埃及将运河国有化立即引起英国和法国的极大不满。为了让纳赛尔认清自己的错误,英国联合法国、以色列,对埃及发动军事入侵,仅仅七天,埃及就已处在亡国边缘。

1956年10月29日,以色列对西奈半岛发动了突然袭击,历史上所谓的"第二次中东战争"开始了。英国和法国于10月30日发出了停火的最后通牒,但被拒绝。11月5日,英国和法国军队入侵埃及,占领了运河的一部分,以色列则占领了整个西奈半岛和加沙地带。彼时,插着米字旗的各式战车于西奈半岛摧枯拉朽、无往不利,这无疑是向世人显现大英帝国余威尚存的绝佳时机,皇家海军七艘航母虎踞地中海,一时间风头无两。

然而,入侵遭到国际社会的一致"差评",尤其是美国和苏联,对他们的行动表达严厉谴责。前者在外交上向英国首相艾登施压,在经济上暂时停止了对英援助,又在货币市场上大量抛售英镑使其贬值15%;后者则粗犷彪悍地警告英、法两国,苏联不排除使用核武器维护埃及人民的独立和平。这场危机使冷战期间处于对峙状态的两个超级大国站在了一起,对旧帝国殖民主义展现出罕见的团结。最终,英、法两国扛不住国际社会(主要是美、苏)的压力,它们被迫从埃及撤军,从 11 月 6 日到圣诞节,英法联军逐步撤出入侵埃及的军队,并接受了苏伊士运河的国有化。

苏伊士运河危机,不仅导致英国首相下台,还暴露了英帝国体系的虚弱,加速了旧帝国主义的衰亡,这也标志着美国正式从英国手中夺取了世界霸主的地位,英国也从一个全球性霸权衰落为一个地区性强权。与此同时,戴高乐总统领导下的法国也对美国的"背刺"感到不满,既出于维护法国独当一面的权利,也是对美国核保护伞的怀疑,法国开始奉行独立自主的核武器发展政策,并试图形成第三支平衡力量来对抗美国和苏联,这为法国之后退出北约埋下伏笔。

这场危机中更值得注意的是,非洲和亚洲新兴国家日益增长的影响力。埃及方面,对抗英法入侵的胜利,提高了纳赛尔在整个阿拉伯世界的地位,他成为阿拉伯民族主义无可争议的领袖级人物。这也促成 1958 年 2 月埃及和叙利亚合并,成立了阿拉伯联合共和国(UAR)。虽然埃及在军事上被击败,但这场危机表明,征服一个小国,即便是对大国而言,也不再像从前那样容易了。运河国有化的成果,鼓舞了全球反殖民主义者的士气。而由于苏联在这次危机中的鼎力相助,也使整个阿拉伯世界对其好感度倍增,乃至于 1958 年伊拉克的卡塞姆将军效仿十月革命,带领军队攻入王宫,推翻了亲英的费萨尔王朝。同时,以色列方面也收获不小,在美国的支持下,战后获得了在蒂朗海峡的航行自由,尽管声誉受损,但其作为地区性强权的地位得到了验证。

总之,苏伊士运河危机是殖民体系、旧帝国衰亡的一个转折点,集中体现了固有的地缘控制手段相对于世界变化的局限性、滞后性,并展示了国际合作与外交在解决冲突和促进和平方面的力量。当然,地缘的冲突仍然存在,原本的地缘空间也依旧承受着域外大国的控制,根据其地缘价值的高低、特点,新独立国家都在美苏冷战争霸的时代背景下扮演着不同的"棋子"。正如美国在危机中支持以色列,而苏联则支持阿拉伯世界,这种外部塑造的对立、矛盾又将塑造未来的中东地缘政治格局。

四、新帝国的全球战略投射

(一)苏联强化对东欧的干预

二战结束后,美国、加拿大、比利时、法国、卢森堡、荷兰、英国、丹麦、挪威、冰岛、葡萄牙、意大利等 12 个国家于 1949 年 4 月 4 日在美国首都华盛顿签订了《北大西洋公约》，并建立北大西洋公约组织（简称"北约"）。而为了抗衡北约，1955 年 5 月 14 日，苏联、捷克斯洛伐克、保加利亚、匈牙利、民主德国、波兰、罗马尼亚、阿尔巴尼亚 8 个国家在波兰首都华沙签订了《友好互助合作条约》，同年 6 月条约生效，这个组织就是著名的华沙条约组织（简称"华约"）。华约总部设在莫斯科，最高决策机构是政治协商委员会，由各缔约国党的第一书记、总理、国防部部长和外交部部长组成，华约组织的宗旨是："如果在欧洲发生了任何国家或国家集团对一个或几个缔约国的进攻，每一缔约国应根据《联合国宪章》第五十一条行使单独或集体自卫的权利，个别地或通过同其他缔约国的协议，以一切它认为必要的方式，包括使用武装部队，立即对遭受这种进攻的某一个国家或几个国家给予援助"。

北约和华约两大集团的建立，标志着冷战迈入新的阶段，全球的两极格局正式形成，而欧洲也成了美苏博弈的棋盘，欧洲国家特别是小国再也难以独立地决定其国家命运。由此，欧洲国家与美、苏两强之间的矛盾也在悄悄积累，而这一矛盾最集中、最激烈的爆发，体现为 1968 在捷克首都布拉格发生的"布拉格之春"事件。

布拉格之春实际上源于苏联难以处理与盟国之间的关系。二战后，苏联主导的阵营推行了一体化的国家体制，并在东欧国家推广苏联模式。然而，南斯拉夫的不听话让它被踢出华约，而在其他国家，推广苏联模式导致了巨大的问题。虽然在勃列日涅夫上台后，苏联在经济和军事等方面取得了奇迹般的增长，这种增长很大程度上归因于苏联的基础和好时机的配合，但其他华约国家的日子并不好过。每个国家的发展现状不同，简单地使用苏联模式显然不符合实际。

同时，苏联盟国捷克斯洛伐克面临改革压力，势必与苏联"步调不一致"。1968 年 1 月 4 日，捷克斯洛伐克的共产党领导层发生了剧变。受到经济恶化和民众不满的压力，捷共领导人诺沃提尼被撤销职务，杜布切克当选为新的领导人。苏联领导人勃列日涅夫还给杜布切克发来贺电，但其实他主要是怕捷克出现不听话的领导人。苏联要求华约国家按照苏联模式搞建设，遭到一些国家的反对，但这些国家只是背后反对，表面还得服从，否则苏联坦克装甲车就会派到该国来。杜布切克上任后迅速展开改革。他在调整一些官员的时候，还调集了一些专家和学者，抓紧起草捷克斯洛伐克的改革意见。他的改革纲领很大胆，具体方面很多，其中最亮眼的是恢复新闻自由、民众迁徙自由，以及私营企业合法化等措施。在行动纲领公布后，捷克斯洛伐克进入了"布拉格之春"改革中。然而，杜布切克的行动纲领中没有对外政策。他解释称，东欧社会主义国家都是与苏共在一起，而苏联人无孔不入，有的直接钻进国家正式机构，有的还控制武装部队和安全部队。因此，他认为任何所谓的独立外交动作都不可能实现。[①]

多方因素作用下，不但双方分歧不能通过协商化解，反而成为苏联武装干预的导火索。1968年8月20日，一架苏联民航客机飞到捷克上空，请求降落，理由是"飞机机械故障，需要临时降落"。捷克没在意，就允许这架苏联飞机降落在布拉格。飞机上载的是苏联一支特种部队，他们迅速占领了布拉格机场，不久苏联军用运输机源源不断飞到捷克，军事行动迅速展开。苏联伞兵部队迅速在驻捷克大使馆引领下，直扑布拉格，另外驻东德、驻匈的苏军也开始了行动。苏军不到6小时便占领了捷克首都布拉格，连苏联都没想到，而且后备部队还没行动，就结束了。从战术上讲，这场军事行动堪称"经典之战"。

但从政治方面看，苏联出兵布拉格却是彻头彻尾的失败。虽然使捷克继续受苏联控制，但事实上，苏联的做法激起了捷克民众对苏联的更大反感。因为不但捷克的经济陷入困难的问题没有得到解决，其探索"自救"的自由与国家主权也遭受横加干预，这显然引起了捷克民众强烈的不满情绪。由此，尽管表面上看，苏联看似加强了对于盟国的控制权，但这实际上反而是苏联衰落的开始，因为苏联控制欲望太强，勃列日涅夫用这种拙劣的手段来控制盟国，对该地区的斗争消耗了苏联太多的精力。此外，苏联不仅面临着西方国家日益加剧的瓦解压力，还受到了经济问题的困扰，这表明苏联已难以承受如此大的压力。

同时，从长期看，苏联在全球社会主义阵营中引起了巨大的分歧和烦恼，导致一些西方左翼分子对苏联的理想感到失望。许多共产主义政党，包括法国、意大利、西班牙、芬兰和希腊的政党公开批评苏联，因此与苏联的关系逐渐疏远。这些政党认为苏联已经背离了马克思列宁主义的原则，并采取了一些政策和行动，导致了国际共产主义运动的分裂，对于整个社会主义阵营的稳定产生了负面影响。

归根结底，布拉格之春是冷战时期中东欧国家地缘困境的一个具象化的体现——这些国家既处于华约、北约两方博弈的最前线，也是接触"西方世界"的窗口地带。一方面，中东欧国家为枢纽地带，在经济体系、政治生态、民族传统上难以完

---

① 罗山爱著：《"多瑙河"冲刷"布拉格之春"——1968年苏联出兵捷克斯洛伐克》，《坦克装甲车辆》2019年第2期。

全被结合进苏联提出的框架,因此必须向西寻求"出路"才能保持自身活力。另一方面,这些国家又是苏联的军事"门户",其对于东方的"离心离德"对于苏联而言无疑是难以接受的。两相博弈之下,苏联不得不通过政治控制和军事操纵方式强化对于东欧的控制,但这也使得苏联一步步滑向新帝国主义的窠臼。

(二)南美的无奈——"离美国太近"

拉丁美洲有一句谚语,"离天堂太远,离美国太近",简单有力地概括了整个南美洲的地缘困境。自19世纪末取得美西战争的胜利以来,美国的西半球霸权在一个多世纪中从未动摇过。美国的军事霸权、金融霸权、技术霸权牢牢钳制着西半球。不仅如此,用一位拉美国家高级外交官的话说:"美国更像是梵蒂冈,你很难被其接纳,你必须遵守很多规则,而且还要去忏悔,但你仍有可能会受到诅咒,而不是去往天堂。"这显然是一个充满天主教色彩的类比,美国绝不仅仅是一个世俗权威,还经常"祭出"自己的正当性原则,不断质问拉美国家,并要求其"忏悔"。

但在二战结束之后,整个拉丁美洲掀起一股"东风西渐"的浪潮。随着1959年卡斯特罗在古巴革命成功,美国越来越担心南美洲倒向共产主义。如在1973年,偏居海隅的智利不经意间也成为美苏争霸的前沿阵地。

智利政变①在一定程度上标志着新殖民主义对于世界的反扑。随着民族独立浪潮的掀起,大量国家获得了独立,殖民体系开始瓦解,帝国主义国家只能采取更加隐蔽的方式来实现自己的战略目的,一种新的国际关系随之形成,这就是新殖民主义。不同于老的殖民主义,它涵盖了政治、军事、经济、意识形态等多个方面,使用了和平演变、武力入侵等多种方式。在这些措施中,"隐蔽行动"作为美国对外干涉中的重要手段之一,通常针对不同时期的地区及国际形势、美国对外政策的目标及诉求、目标国的国内政治经济状况,并考虑行动暴露的风险与美国国家利益之间的权衡之后做出抉择。归根结底,美国外交的本质是实现并捍卫美国在地区及全球的国家利益。

实际上,早在1970年,当信奉马克思主义的阿连德刚刚当选智利总统时,就已经触动了冷战时期美国的"敏感神经"。选举结果公布还不到四天,美国军方就开始评估组织反对派对抗阿连德的可能性。美国中央情报局(CIA)旋即与智利军方高

---

① 1973年9月11日,美国支持时任智利陆军司令皮诺切特发动军事政变,轰炸和占领莫内达宫,阿连德在政变中身亡,智利开始了为期17年的军政府统治时期。

层建立联系,策划政变。到 10 月 16 日,美国国务院已经拟定了对智利的政策,使用"隐蔽行动"支持智利的反阿连德势力,并通过不公开谈判的方式保护美国在智利的利益。此外,美国国防部也起草了一份关于智利的政策文件。[①]

经过周密策划,CIA 制定了一份针对阿连德政府的隐蔽行动方案,具体设计涉及五个部分:第一部分,通过媒体丑化阿连德政权,通过隐蔽政治行动分化和削弱阿连德阵营,向阿连德阵营内部持有不同政见的关键人物提供资金支持。通过有效的情报利用,包括采取欺骗手段,以期在内部制造分裂,运用宣传手段对阿连德政权展开直接批评。在新闻自由的口号下,利用新闻媒体对阿连德政权展开具有一定规模和力度的诽谤攻势、挑唆反抗行动,通过经济资助的方式,挑动专业技术人员逃离智利。

第二部分,拉拢智利军方。向能够影响智利政局的军方领导人提供直接的资金支持,渲染古巴和苏联情报部门试图控制智利的安全机构以从事颠覆活动,通过虚假宣传来影响智利军方。

第三部分,培植反对派力量。向反阿连德反对派政治集团积极控制的媒体提供秘密资金支持,利用其制造具有一定规模的反政府运动,秘密支持流亡海外的智利反对派人士或集团,助推智利国内的反政府运动。

第四部分,利用经济措施煽动智利民众。运用隐蔽的资源和手段在智利营造不安的政治环境,渲染在阿连德政权的统治下,智利民众将面临贫穷和惨淡的未来。

第五部分,联合美洲国家组织以及其他拉美国家,利用美洲国家组织启动国际宣传运动,渲染阿连德政权对美洲安全的践踏与破坏。利用拉美地区的新闻媒体,对阿连德政权展开强有力的宣传攻势,制造了地区舆论压力,向拉美国家,尤其是智利的邻国发出警报,宣称外部势力试图将智利作为避难天堂和颠覆活动的基地,加强对智利的警戒和监视。

特别是美国在经济上的制裁措施更是给智利造成了致命打击。尽管阿连德上台后通过一系列改革改善了智利的经济情况,但相对于美国的干预政策,智利的国家经济体量还是太小了。特别是美国在铜矿价格上的打压,从 1970 年每吨 66 美元的高峰到 1972 年不足 50 美元,导致智利国际收入锐减。这对以铜矿为主要创汇手段的智利来说是毁灭性的打击,智利人民的生活水平开始下降,罢工和游行不断增

① 张江河著:《美西战争与美国向东南亚地缘政治扩张的历史脉络》,《东南亚研究》2013 年第 5 期。

图片来源：百度百科。

图5—2　政变后的智利总统府

加。与此同时，物价上涨、通货膨胀率增加，基本生活必需品短缺，使智利面临着空前的困境。美国还对智利实行封锁，阻止国际组织向阿连德政府提供援助，致使阿连德政府的国家财政储备濒临枯竭。

除此之外，CIA又在暗处进一步推波助澜，最终酿成了波及智利全国的大罢工。智利局势完全失控，政变条件愈发成熟。最终，智利军方对阿连德政府进行了军事政变，迅速占领了机场和港口等交通要道，美国海军也与智利海军在智利海域进行了所谓的联合军演。智利空军轰炸了总统府，阿连德在轰炸中遇难。美国支持的皮诺切特军政府随即宣告成立。

以智利为"试验田"，美国的"隐秘行动"策略日益成熟，并成为其后数十年对外干预的范式，此后更是在南美洲的秘鲁、委内瑞拉、萨尔瓦多、玻利维亚、古巴、洪都拉斯、尼加拉瓜、海地、阿根廷、厄瓜多尔等多个国家策动了军事政变。

（三）菲律宾为何成为美国争夺太平洋的战略支点？

美国在亚洲东部最重要的军事基地一度不在日本、韩国，而是在与台湾岛仅仅相隔一条巴士海峡的菲律宾。这里突出的地缘优势，一定程度上决定了美军在亚太地区强大的军事投放能力和快速反应能力。菲律宾由7 100多个岛屿组成，东侧是一望无际的太平洋,西临广袤的南海,北侧与台湾遥隔 180 千米宽的巴士海峡,南侧由苏禄群岛连接加里曼丹岛。

但是,菲律宾曾经对于美国而言是一个白送都不要的"三不管地带"。1898 年 12 月,美西签订《巴黎条约》,1899 年 4 月,美国占领菲律宾,菲律宾沦为美国的殖民地,但是好景不长,仅过了 2 年左右,美国人就不想管理菲律宾了。美国任命的菲律宾总督塔夫脱说:"尽管菲律宾的自由是掌握在美国国会手中,但总统所做的每一件事都是尽可能为菲律宾人的独立做准备"。因此,1934 年开始美国下定决心希望从菲律宾抽身,出台了菲律宾自治和独立法案。其中规定,1946 年菲律宾必须独立,美国会每年对菲律宾执政情况进行考核,帮助菲律宾建立一个成熟的政府。

转变发生在二战后,随着地缘政治学在美国日渐兴盛,地缘政治学家尼古拉斯·斯皮克曼在极力强调一个国家的地理位置是其对外政策最基本因素的同时,对"边缘地带"之于世界权势的意义做出了与哈尔福德·麦金德不同的理解——欧亚大陆与其周围一系列内陆海和边缘海之间的地带具有非凡的战略价值。在历史上,大英帝国这样的超级大国正是通过对该区域的控制,发展为世界性的势力。对实力急剧上升的美国而言,这一地理空间亦具有直接的战略关系,尤其在防止大陆强国崛起方面具有突出价值。

但与大西洋方向存在巨大差异,美国此时还不曾在西太平洋与欧亚大陆之间的边缘地带拥有真正有效的基地,因此受到处于大陆沿海地区控制海道国家的直接威胁。与马汉强调关注海洋、控制海上基地进而争夺西太平洋海权的主张相比,斯皮克曼显然走得更远,他认为美国有必要改变依靠海上势力的传统,进而在欧亚大陆边缘地带形成强大的影响力。对策就是如同美国在西欧那样,在太平洋西岸地区(并非仅是离岸岛屿)建立更多的海军和空军基地,而"在一些托管岛屿上新建基地,在菲律宾重建美国的军事势力,这些都是起码的措施"。

随着冷战逐步加码,菲律宾的地缘重要性显得越来越高。菲律宾北部的巴丹群岛与台湾岛仅仅相隔一条 180 千米的巴士海峡,这里是现代最繁忙的贸易路线之一。一旦这里被切断,作为美国重要盟国的日、韩,难免出现大宗商品供应的波动。同时这里也是多条海底电缆的通道,对于通信安全至关重要。地缘上突出的重要性和历史遗留问题,使得菲律宾在冷战时期驻扎了大量美军。其中吕宋岛西临南海的苏比克湾和马尼拉附近的克拉克空军基地,一度是美军最庞大最重要的海外基地,也是美军进行越南战争的重要支点。

1991年6月,菲律宾皮纳图博火山发生灾难性的爆发。伴随火山活动的地震、暴雨和火山灰导致了巨大的混乱。美军紧急撤离了两座基地的驻军和家属,而基地本身则受到严重损毁。恰逢此时冷战已经进入尾声,菲律宾的防务压力大大减轻,与美国签订的相关条约也即将到期,支付菲律宾费用的问题上,美菲两国未能达成一致。最终美国驻军于1992年撤离了菲律宾。①

---

① 2016年,菲律宾重新向美国开放了5座军事基地。2023年3月,菲律宾又宣布增设4处军事基地给美军使用,这使美军可在菲律宾使用的基地数量从5个达到了9个。

第六章　混合战争与地缘的嬗变

相较过去那种不遗余力的地缘冲突,冷战以来的地缘博弈无疑是人类历史上表现得最克制的阶段。文明的破坏力因科技进步而空前放大,而在拥有了核武器那般"确保互相摧毁"的能力后,大国间的地缘冲突反而以更缓和的形式呈现。决定胜败的,不再局限于战场之内。美苏冷战就提供了一种全新的对决形式,即地缘整合的竞赛,这不啻为人类摆脱战争这种单一竞争形式的良机,和平与发展似乎成为大国博弈的主轴。然而,在苏联解体之后,地缘冲突并未如人们所想的那样彻底消弭,反而披上了恐怖主义、代理人战争的面纱,从内外两方面挑起地缘冲突,使其以更低烈度的战争、更复杂的利害关系、更多方面的博弈呈现。由此,混合战争模式应运而生,地缘战争也从暴力对抗的单一手段,转向多种作战形式、常规与非常规手段并存的体系对抗。

一、超越传统地缘的对决形式:冷战

(一)核武器"缓和"地缘冲突?

冷战是超级大国之间长达近半个世纪的军备对抗与全面竞赛,而令人感到庆幸的是,双方并没有发生一战、二战那样的直接碰撞与大规模地缘冲突。事后复盘来看,若要为这既紧张又克制的长期和平论功行赏,那么,最大的功勋章无疑应挂在热核武器的身上。尽管在二战末期——核武器诞生的时候,因其空前的破坏力,而被许多政治家、科学家视为"潘多拉魔盒"那般的禁忌,很少有人预料到,这种有史以来最危险的兵器,通过建立起"确保相互摧毁"的终极威慑,反而为"罗马与迦太基"式的地缘死局画上了暂时的"休止符"。

由核武器所缔造的核威慑局面,以及围绕这一毁灭性的终极威慑而形成的各类博弈,成为冷战以来国防外交问题下的一门显学。无论美、苏两方彼此间抱有何等的切齿之恨,都不敢使用军事手段过分刺激对方。因而,冷战的数十年里,两方及各自阵营间的地缘冲突不再像过去那样"快意恩仇",反而都只能谨小慎微、影影绰绰地搞一点小动作。典型如美国将搭载核弹头的中程弹道导弹部署于意大利与土耳其,直接给苏联高加索地区施加了前所未有的地缘压力。为了遏制苏联对南欧的影响力,美国这步棋已在不动声色中打破了地缘战略平衡,其所引发的紧张事态,比之百万大军陈兵边境还要严峻得多!而由于美国"东西邻大洋,南北无强敌"的地缘优势,以及苏联在导弹运载科技上的相对滞后,都迫使苏联寻找更为激进的手段予以反制,于是在 1962 年的秋冬之交,古巴成为全世界屏气凝神的焦点。

作为美、苏冷战的一个关键性历史时刻,古巴导弹危机是第二次世界大战以来最接近世界大战的区域危机。其根源可以追溯到 1959 年 1 月,当时古巴革命取得胜利,逐渐通过土地改革和国有化建立社会主义制度,随后在两极争霸的地缘大背景下,古巴走上了一条亲苏反美的道路。卧榻之侧,岂容他人酣睡?美国有史以来第一次为自身的地缘安全感到震惊与不安。刚刚上任的美国总统肯尼迪就很担心,古巴有可能将革命的火种继续向美洲其他地区播撒,甚至组成针对美国的"第一岛链"。因而,美军于 1961 年 4 月发动猪湾入侵行动[①],旨在推翻新生的古巴革命政权,但这次行动却最终落得个一败涂地的下场,反而逼得古巴向苏联靠得更紧,最终促成了 1962 年苏联冒险将导弹部署于古巴境内。

古巴的地缘位置极其特殊,正好在美国的后院位置,美国的霸权让古巴的日子非常难过。原本美国扶植的古巴军政府被卡斯特罗推翻,卡斯特罗从古巴山区中崛起,获得了政权,成为美国的心腹大患。古巴和美国不停地产生摩擦,可是强硬的卡斯特罗无惧任何美国的威胁,并决定寻找破局的方法,把目光投向了另一个超级大国苏联,随后古巴接受了苏联把导弹部署在本土的要求。古巴的考量也很简单,因为有了苏联的导弹之后,美国对古巴的压制和敌对行动就会有所缓解。这些导弹犹如一把尖刀抵住了美国的后腰,进攻的一面可以威胁到美国本土,防御的一面可以缓解美国对古巴的渗透和敌对。

---

① 1961 年 4 月 17 日的古巴西南海岸猪湾,美国中央情报局组织流亡的古巴人,向古巴革命政府发动了一次失败的入侵。猪湾事件标志着美国反古巴行动的第一个高峰。

1962 年 5 月,苏联共产党中央委员会主席团会议秘密批准赫鲁晓夫在古巴安装核导弹的计划。而在 1962 年 10 月 14 日,美国军方的侦查飞机在古巴上空就捕捉到了"可疑踪迹",情报专家分析后确定:苏联正在古巴建造导弹基地。经过一个礼拜的艰难盘算,美国政府也选择了一种格外激进的方式回应苏联,10 月 22 日,肯尼迪发表电视讲话,宣布对古巴实施海上封锁,美国军队进入三级战备状态。其战略打击力量均处于待命状态。美国超出预期的反应让赫鲁晓夫等苏联领导人大吃一惊,赫鲁晓夫几经权衡之下,决定采取偏绥靖的态度。他亲自写信给肯尼迪,提出如果美国答应不入侵古巴,那么苏联愿意将导弹搬走。但很快,赫鲁晓夫又提出附加要求,希望美国也将部署在土耳其的导弹撤回。而此时,美国政府的表态异常坚定,表示愿意在半年内拆除导弹,但不会对外公布。在生死攸关的极限状态下"讨价还价",其中就蕴藏着"空城计"一般的威慑真谛。若此时美国对苏联予取予求,则势必暴露了美国方面的胆怯,这也就意味着威慑开始失效。但同时,肯尼迪也迫不及待地想结束这场"惊险的对抗",那便使得他不能再刺激赫鲁晓夫,以免其头脑发热做出过激行为,所以选择了一个强硬但仍留有余地的姿态。1962 年 11 月,苏联外交部正式下令从古巴撤出所有导弹,而美国也信守诺言,1963 年 4 月底前,分阶段从土耳其和意大利撤出朱庇特远程导弹,古巴导弹危机才算正式结束。[①]

古巴导弹危机使两个超级大国都实现了各自的部分目标。苏联在美国那里得到了不入侵古巴的保证,美国也捍卫了自身的地缘安全局面,双方还在防止核扩散、核武竞赛等议程上达成部分共识,领导人之间也建立了直接沟通的"热线",以避免因缺乏沟通而导致互相猜疑、擦枪走火的可能。但从这起事件来看,核武器及核威慑局面的确在一定程度上"冷却"了地缘冲突。因为倘若不存在核武器这柄"达摩克利斯之剑",按照过去的历史经验,美苏地缘局势紧张到如此地步,势必要通过战争这类暴力方式解决。然而事实是并没有,核武器似乎教会了人们如何以更缓和的姿态与同类相处,在面临传统地缘矛盾的时候,能够更多地倾向于媾和而非开战。

不过,纵观冷战这一时期,核武器对地缘冲突的"冷却",固然使二战后的人们避免了又一次大战,但本质上仍未消除地缘矛盾,只不过是让其以另外一种危险形式呈现,即直接冲突的概率大大降低,但地缘战争的成本上限大大提升。同时,古巴导弹危机也重塑了两极争霸的博弈策略,使得拥核国家都倾向于避免彼此间直接的军

---

① Chomsky, N. Hegemony or Survival[M]. New York: Holt Paperbacks, 2004.

事对抗。于是,斗争、博弈的焦点战场外溢到更广泛的领域。冷战的冷,是相对于此前以欧洲为主战场的两次世界大战而言,但之于欧洲以外的地区,冷战也会以高烈度的方式波及,各种秘密或公开的行动百无禁忌,如以破坏敌方利益和保护自身利益这两个原则为出发点的混合型战争,以及代理人之间的较量(朝鲜战争、越南战争等),逐渐成为大国地缘博弈的惯用形式。

(二)美国的地缘遏制战略,"边缘"对"核心"的包围

美国和苏联的全球冷战始于 1947 年的杜鲁门主义,持续了四十多年,对世界产生了深远的影响。在这期间,两个超级大国利用各种策略抵消、侵占对方的地缘影响与利益。在核威慑这一新变量的影响下,双方力求避免直接的军事对抗,转而将制胜筹码更多地押注于其他非军事手段上,如外交、经济制裁、间谍活动、文化宣传和军备竞赛,最终作用于"和平演变"这一目的,旨在"不战而屈人之兵",破坏对方的政治意识形态、经济体系、军事力量和文化价值观,这给世界带来了极大的不稳定感和不安全感。虽然没有发生直接的战争,但冷战却使整个世界都被地缘竞争所裹挟。

纵观冷战历史,美国在较长时间段内掌握着竞争的优势与主导权,地缘战略学家尼古拉斯·斯皮克曼认为:"谁控制了亚欧大陆的边缘地区,谁就能控制亚欧大陆;谁控制了亚欧大陆,谁就能决定世界的命运。"[1]而美国针对苏联的地缘遏制战略,则正是由"边缘地区"向"核心地区"实施包围,双方在德国、朝鲜半岛、中东、东南亚等地区争夺势力范围。主要的竞争手段大体可划分为军事、经济两个层面。

首先,在军事层面的对抗上,第一是军备竞赛,美、苏两国武装力量不断扩大、增强。从 20 世纪 50 年代末期到 20 世纪 80 年代初期,两个超级大国都不遗余力地生产、部署和升级核武器和其他军事装备,以确保在冲突中拥有决定性的优势。如当美国部署了第一批洲际弹道导弹(ICBM)并开始发展潜艇发射的弹道导弹(SLBM),苏联随后也展开了类似的行动,研发并生产了自己的导弹。第二是代理人战争,即在不进行直接军事对抗的情况下,美、苏两国争夺战略地区和资源控制权的方式。在冷战期间,美国和苏联先是各立门户,分别组建了北约与华约两大军事集团,随后又进行了一系列"隔空"的战争,它们在世界各地的冲突中支持对立的一方。越南战争就属典型案例,这场战争开始于 20 世纪 50 年代,一直持续到 1975

---

①   N. J. Spykman. The Geography of the Peace[D]. New York:Harcourt BraceCo. 1944:43.

年,苏联向北越的共产主义政府提供支持,而美国则向南越的资本主义政府提供支持。在非洲大陆,苏联支持安哥拉和莫桑比克等国的共产主义政府,而美国则支持反共叛乱团体。在拉丁美洲,美国支持智利和尼加拉瓜等国的右翼政府,而苏联则支持左翼游击队运动。总之,面对亚欧板块上幅员辽阔的亲苏势力,美国总是致力于使其联结地带变得更为破碎,通过引燃战火的方式,阻挠亚欧大陆连成一个整体。

其次,经济层面的对抗既有直接的经济制裁,也有美、苏双方的统战博弈。美国在这方面可谓是无所不用其极,运用了相当多的经济制裁工具。如贸易禁运、战略资源出口限制,旨在将任何具有军事意义或增强共产主义国家军事和经济潜力的东西列入禁运范围,还有高技术转让限制与能源进口限制。而在稳定盟友关系方面,美国更是发挥出世界第一大工业国的生产能力,典型如 1948 年苏联对西柏林实施的经济封锁,正是被美国源源不断的空运援助所化解。在二战之后,靠着美国提供的"马歇尔计划"①,法国、意大利境内迅速恢复了战前经济生产水平,使得这些国家内部的亲苏力量转入低谷,从而避免英、法、德等西欧各国被苏联统合,并一转成为美国离岸制衡华约集团的坚实跳板。在冷战期间,美国在亚太地区紧密拉拢日本、韩国、澳大利亚等国,在东南亚地区建立起东南亚条约组织,而在西南亚地区又试图以巴格达条约组织整合土耳其、巴基斯坦、伊朗、伊拉克等国。这一连串举措都在试图控制亚欧板块的"边缘地带",乃至更进一步,将"边缘"连成一体的环形包围圈,继而遏制苏联的地缘影响力。

(三)苏联崩溃:失败的地缘整合

地缘的整合,不仅是要把疆域连成一片,归根到底还是要落实到资源要素、人口、技术禀赋等方面的整合、激活上来。对苏联而言,最理想的地缘整合,应当通过各加盟共和国的优势互补、互通有无,从而构建出反哺自身、灵活优化的发展模式,从而使各加盟共和国真正地结为亲密无间的整体,而同时,又要将这不断壮大的国力向外辐射,连缀起友邦的发展命运,从而取得物质上的紧密联系。然而,作为亚欧板块前所未有的超级大国,尽管苏联在表面上统合了足够多的国家,对自身疆域的拓展也是人类历史上首屈一指的,但因其僵化的经济发展模式、欠佳的内外统战手段,使其既无法充分发挥、转化自身的地缘优势,也不能真正地将自身打造为"铁板一块"的攻守同盟,如此内外离心的局面,自然令这看似"牢不可破"的联盟迎来了

---

① 即欧洲复兴计划,是二战后美国对战争破坏后的西欧各国进行经济援助、协助重建的计划。

"不攻自破"的悲惨结局。

自 1991 年苏联解体以来,人们对苏联解体的原因进行了各式各样的分析,在诸多"亡国之罪"中,僵化的传统计划经济模式当属"永不缺席"的万恶之源。具体而言,其高度集中的政治、经济和文化体系,都是将资源集中调配起来以应对某种紧急事态的发生,如战争、自然灾害等。这种模式固然有益于在短期快速地实现工业化、完成战备动员等具体目标,但想要在长期维持,则需要考虑到人民对于生活质量和发展的诉求,也需要兼顾内外部不同集团的利益诉求,运行难度极高。

此外,苏联的"大厦倾覆"也是计划经济与现实工业基础不匹配所致,往往在制定经济计划时,很难充分考虑到实际的技术水平和生产能力。生产目标或许是雄心勃勃的,但实际的工业基础却远远无法满足,导致按需分配资源的"计划思路"实质成为一种低效、浪费的体制。且由于按照政府事先设定的需求数目来安排生产,因而总是滞后于实际需求的变化,易出现供给缺乏或过剩,拖累了经济发展与国民福利的增进。

同时,传统计划经济模式下高度集中的计划经济体制对地方经济和商业部门压制过重,又惯于清洗持不同政见者,导致了一种两极化和单调化的政治经济生态,扼杀了社会自我革新、调整的可能。在斯大林去世之后,苏联的历任领导人都试图调整发展轨道,自赫鲁晓夫便致力于改革苏联的上层建筑生态,对外也开始缓和与西方的关系,但这些措施只解决了表面问题,未能从根本上改变高度集中的政治和经济结构,苏联仍然僵化和封闭,走不出传统计划经济体制的窠臼。

尽管与美国并列"超级大国",但实则苏联的国力不足以与美国相抗衡,归根到底是美国的市场经济激活了疆土内的有效要素,从而聚合出比苏联大得多的国力。这也就是为什么苏联在冷战的多数时候只能处于招架态势,因为在计划经济的呆板调控下,其实际拥有的国力远远低于理想状态的水平,凭着国家对生产资料的绝对掌控、僵化死板的经济政策,造就了苏联失衡工业发展模式,与民生紧密相关的轻工业发展远远滞后于重工业,各加盟共和国的人民都感受不到发展带来的物质生活改善,日常消费品与农产品的短缺时有发生,到了苏联末期,人民购买能力更是毫无长进,以至于人们不得不在清晨排长队等待购买基本的生活用品,而当地缘的整合无法自我反哺的时候,苏联想要对外继续辐射影响力,自然也就变得举步维艰。

至于国家领导层自救努力,不是没有,而是缺乏必要的魄力。赫鲁晓夫时代与勃列日涅夫执政的前半期,尚且有着革除体制弊端的想法,但越往后,这样的念头越是被弱化,到了勃列日涅夫统治的后期,所有的改革努力都停止了。凡是以改革为名的新政,都不是以挖掘地缘整合的潜力为目的,反而在执行中异化为苏联权贵阶层的"渔利"方案,被损害的总是下层民众的利益。在这些内因的基础上,还有美国及西方国家在外部给予苏联的压力,使得波匈事件①、"布拉格之春"之类的乱象此起彼伏地在同盟内发生,到了 20 世纪 80 年代末,苏东集团内部几乎"人人思变"。总而言之,正是这种失败的地缘整合,形成了内松外散的利益架构,使得苏联这一"超级大国"既不能对内博取民众支持,也不能对外勾连友邦、优势互补,如此一盘散沙的"帝国"自然逃脱不了崩溃的结局。

二、恐怖地带:难以逆转的地缘失序

(一)恐怖主义的温床

对美国而言,苏联解体直接带来了两方面的变化:一方面,亚欧板块的中央地带出现了庞大的地缘真空,且迅速被前苏联内部各个种族与宗教团体所填补,导致地缘冲突和内战风险陡然升高。例如在车臣,亲俄势力和寻求独立的车臣民族主义者之间发生了激烈斗争,并在 1994 年升级为一场全面内战,尽管最后,车臣分离主义武装被俄罗斯军队击败,但这场冲突为极端宗教主义、极端民族主义等激进的意识形态创造了温床。在塔吉克斯坦,失去了苏联的转移支付,人们便陷入无望的贫困和失业之中,许多年轻人转向毒品和犯罪。而在这种缺乏就业机会与社会动荡的环境下,人们更易受到极端主义意识形态的影响,中亚、中东、西亚、南亚的几个地缘断层带几乎成了恐怖主义的温床,滋养了各种极端势力成气候地兴起。

另一方面,美国为冷战的胜利沾沾自喜,开始肆无忌惮地向苏联解体后的地缘真空区域辐射影响力,如中东欧、原苏联加盟共和国以及苏联周边国家,北约五次东扩即是其鲸吞蚕食的成果。不过,恐怖主义泛滥的种子也由此播下,其实早在苏联解体之前,美国就已经在为恐怖主义的诞生进行"铺垫"——当时想的并不长远,只是为了给苏联捣乱,但没想到几十年后便将自食恶果。在 20 世纪 80 年代的阿富汗,美国及其盟国就向当地的圣战者组织提供资金、武器和训练,借以对抗苏联。然

---

① 指 1956 年 6 月波兰西部波兹南城发生的流血事件(简称波兹南事件)以及 1956 年 10 月 23 日至 11 月 4 日匈牙利发生的由群众和平游行引发的武装暴动(匈牙利十月事件)。

而,在苏联对外收缩到解体的过程中,圣战者组织内部的分歧也逐渐扩大,彼此反目导致内战,最终为反美的基地组织、塔利班的崛起铺平道路。其实,早在"9·11事件"之前,圣战者们与美国的关系就已经出现了变化。由于共同的敌人——苏联不复存在了,无异于是美国争夺重要地缘枢纽的千载良机,因而加紧对原苏联势力范围的侵蚀。但得到鼓舞的不止美国及其盟友,圣战者也同样相信自己得到了"安拉的庇佑",越发抵触美国对其人权、政局的指手画脚。于是,ISIS 基地组织等伊斯兰组织将斗争矛头对准美国及其西方盟友,他们认为这些国家支持压迫中东和其他地区穆斯林的政权和利益,有碍于一个统一的伊斯兰国家出现。

1993 年世贸中心爆炸案、1998 年美国驻肯尼亚与坦桑尼亚大使馆的汽车爆炸案是基地组织针对美国进行的两次恐怖主义袭击。其动机在于表达对美国支持以色列、打压穆斯林政策的不满。而作为对这些袭击的回应,美国向与基地组织有关的苏丹和东非的军事目标发动了一系列巡航导弹轰炸。很快,基地组织又报复回来,2000 年 10 月,基地组织对正在也门亚丁港加油的美国海军驱逐舰科尔号进行了自杀式爆炸袭击,造成 17 名美国水兵死亡,多人受伤,这导致双方恩怨不断加深。而当时阿富汗正由塔利班执政,对于基地组织的行动采取庇护、纵容的态度,这也提升了美国对塔利班的厌恶程度。2001 年 9 月 11 日,基地组织对美国本土发动恐怖主义袭击,成为美国对环苏联地缘断层带动武的一个转折点。很快,美国就借追捕基地组织领导人本·拉登之名,正式出兵阿富汗以推翻塔利班政府的统治。

总之,美国以阿富汗战争为代表的一系列反恐行动,一方面是受到了恐怖主义的刺激,从而被动做出的反击,另一方面在于美国自视甚高地想要挤入苏联解体后的地缘真空,其对地缘断层带施加的控制、影响,对于美国攫取地缘利益来讲,实际上并无裨益,反而容易成为扰动该地区经济和社会动荡的主要因素,引发当地人们的抵触、反感情绪。本质上是美国取代了苏联原本"大反派"的角色,想要霸道地统摄域外地缘利益,从而遭到极端主义思潮的迎头痛击。

(二)被地缘"枢纽"误导的战争

自古以来,阿富汗就被视为东亚、中亚、南亚、中东等周边板块之间的地缘枢纽,扼守于交通、经贸、文化交流的咽喉之地。对于阿富汗的枢纽地位,阿富汗人自己也深以为然,将本国首都也命名为喀布尔,在普什图语中便意为"枢纽"。近代以来,随着地缘政治理论的兴起,也让阿富汗被域外大国当作足以撬动各个板块政治格局的地缘枢纽。19世纪,随着南亚次大陆和中亚各汗国分别被英国和沙俄收入囊中,英国与沙俄之间争夺亚洲殖民地的"大博弈",又将阿富汗当作棋盘,为了在阿富汗扶植起亲英傀儡,英国还先后三次大动干戈地发兵远征。20世纪以来,苏联、美国也试图将阿富汗打造为服务于本国利益的地缘楔子,以及输出自身意识形态的"样板工程"——苏联在勃列日涅夫时期进行全球扩张时,心心念念于将阿富汗作为苏联挺进印度洋"暖水"的踏板和向中东地区输出本国意识形态的桥头堡;美国在"9·11"事件之后,则在"反恐战争"之外,投入大量资源试图将阿富汗打造为"中东民主化"的典范。

然而,试图遥控阿富汗的努力最终纷纷以失败收场——英国三度远征,却多数以失败告终,最终于1919年同阿富汗签署停战协定,正式承认阿富汗完全独立而草草收场;苏联在经历了巨大的消耗之后,于1989年匆匆撤军并在其后不久轰然解体;美国则在为阿富汗政府留下一支近乎乌合之众的国民军后,自以为能体面离桌,却不料撤军尚未完成,塔利班便已经占据了喀布尔。对于英、苏、美等超级大国来说,阿富汗这个枢纽只是"看上去很美",真要牢牢掌控却没那么容易。

域外大国们对阿富汗地缘潜能的开发,不可谓不尽心尽力,但奈何这一切的努力都建构于虚假的认知之上:阿富汗真是所谓的"枢纽"吗?对域外势力来说,阿富汗所谓的"枢纽价值"要么停留在前工业时代的低水平,如仰仗驼队、马帮来从事货物运输的传统商贸,要么干脆就是学者们展开研究时、政治家进行决策时面对地图时的"看图说话",军事家们进行图上作业时的一厢情愿,例如苏联入侵阿富汗的决策,便是勃列日涅夫与国防部长乌斯季诺夫等寥寥数人"拍脑袋"作出的决定。

而在历史故事和地图之外的现实当中,阿富汗似乎很难担负现代意义上的枢纽地位——在地理地貌上,巍峨的兴都库什山脉横亘其上,极大地拉高了现代铁路、公路和运输管道的建设和维护成本,再叠加阿富汗本就贫困的经济处境和低下的政府治理能力,让阿富汗难以在现代发挥交通、经贸枢纽作用;在人文环境上,聚居于阿富汗南方地区的主体民族普什图人与中西部的哈扎拉人,北部的塔吉克人、乌兹别克人语言相异、文化有别,更在历史上积累了大量的仇怨,而在几大民族的概念之外,还有为数众多的部落分布在峡谷、山地和沙漠等恶劣环境,依靠传统农牧业和部落习惯法,在生产和治理上自成体系,对外部介入视如仇雠,足以让任何一个试图统治阿富汗的域外强权在部落武装直接杀伤力有限,但无休止的袭扰下身心俱疲,使其占据阿富汗地缘、政治枢纽地位的野心最终成为梦幻泡影。

这样的国家对于满足于羁縻统治的前现代王朝和止步于人背畜驮的前现代商人来说或有枢纽价值,然而对于现代国家、现代企业来说,却是十足的混沌之地。在阿富汗,倚仗外部强权建立的现代国家无不遭到底层力量的反噬:要么如同苏联扶持的"阿富汗民主共和国"一般,为了让政府治理下沉到基层,不得不与盘踞在基层的部落势力、宗教势力大打出手,成为后者眼中必欲除之而后快的对象,最终于1996年被塔利班攻破喀布尔,末代领导人纳吉布拉惨遭虐杀;要么如同美国扶持的"阿富汗伊斯兰共和国"一般,在地方任由部落、军阀势力割据一方,中央政府"政令不出喀布尔",在地方势力与塔利班达成妥协之后便如浮萍一般被塔利班扫荡一空。

即便是号称有如"天兵下凡"的美军部队,在阿富汗的军事行动也绝称不上顺遂,反而搞得官兵心力交瘁,同时也没有取得什么像样的战果与地缘利益,而唯一值得瞩目的民选政府,也不过是在美军撤离之后迅速作鸟兽散的"草台班子",无论何种程度的外部强权,似乎都还够不着开发阿富汗地缘"枢纽"价值的能力。

(三)地缘失序,越反越恐

即便对于阿富汗本土势力而言,他们的这片土地不仅不是"枢纽",反而更像是地缘动荡的失序之地,类似还有利比亚、叙利亚、伊拉克等国,都是饱受恐怖主义蹂躏的凄惨之地,其内部自发进行深度改造的难度也是极大,这些国家在权力格局上长期处于"弱干强枝"的状态,即国家与中央政府的控制力很小,而地方势力、部族、宗教的影响力极大。在这样的权力格局之下,任何试图自上而下,改变国家局面的政策往往会引发地方、部族、宗教势力的激烈反弹:即便是20世纪赢得阿富汗完全独立、获得巨大声望的阿曼努拉国王,他在效法土耳其总统凯末尔实行世俗化、现代化改革时,也依然在宗教人士抗议、部族叛乱之下心力交瘁,被迫在妇女权利等领域作出大幅妥协,最终被迫流亡海外。所以,像阿富汗、叙利亚这类国家,摆脱地缘失序的宿命势必任重道远。

站在这个角度,审视"反恐为何越反越恐?"这一问题,答案无疑是明晰且悲凉的。自2001年9月11日以来,反恐战争成为国际政治的重要议题,各国都不同程度地开展过反恐行动、演习,但是这些反恐措施并没能斩草除根,反而使其实力越来越强、地盘越来越广。美国对阿富汗的反恐战争,虽然成功地将塔利班政权推翻,沉重地打击了基地组织的力量,然而,20年的反恐战争并没有让世界变得更加安全。

相反,恐怖主义活动在这段时间内不断蔓延,恐怖袭击事件不断发生。根据《全球恐怖主义指数》的数据显示,自 2002 年至今,阿富汗的恐怖袭击指数一直呈现上升趋势,而在美国宣布从阿富汗撤军后,恐怖袭击事件更是有增无减。

图片来源:百度百科。

图 6—1　深陷阿富汗战争泥潭的美军

首先,从战争成本收益的角度来看,反恐战争的性价比极低。新华社援引的美国布朗大学沃森研究所"战争代价"项目数据显示,在 2001 至 2022 财年,美国在阿富汗战场投入了超过 2.313 万亿美元,这笔金额中还不包括复员、退伍军人的奖金以及国债利息。然而,除了使美国政府本就沉重的债务压力雪上加霜以外,恐怖主义并没有被根除,反而变得更加猖狂。恐怖袭击事件的数量与范围甚至进一步扩大。另外,反恐战争也给国际社会带来了诸多负面影响,例如战争带来的难民危机、由难民而演化为各类民兵组织等,这就又给恐怖主义的肆虐空出了一大片膏腴之地。因此,反恐战争不但没有达到预期的根治效果,反而给世界带来了更多的地缘矛盾和危机,叙利亚内战养出来的"伊斯兰国"就是最好的例子。美国等西方国家在支持叙利亚反对派的同时,也使当地成为新的权力真空区,恐怖主义组织逐渐壮大,以至于在 2014 年,伊斯兰国宣布在叙利亚和伊拉克建立"哈里发国",成为中东地区最主要的恐怖主义组织。美国和其盟友在叙利亚进行了数次军事干预,但都未能解决恐怖主义问题。

其次,力的作用是相互的,反恐战争往往会引发民族主义情绪的反弹,这在中东地区已经得到了很好的体现。当西方国家对中东进行狂轰滥炸、颠覆政权、拘留审讯的时候,很难不激起当地民众的反感与抵制情绪。例如,在阿富汗战争中,美国曾对巴基斯坦、伊朗等国家的领土进行了军事行动和空袭,引发了当地民众的反感和抗议。这种情绪会反过来推高恐怖主义浪潮,恐怖组织也会利用这种情绪来进行宣传和招募。因为,一些无辜的民众难免遭到误伤与歧视,使得恐怖分子得以利用这些事件煽动民众的情绪,制造更多的恐惧和不安,受害平民的家庭和亲戚朋友很容易被恐怖组织利用,成为新的恐怖分子。典型如伊拉克战争。美军的入侵导致伊拉克政权垮台和国内的混乱,这为恐怖主义组织提供了大量的藏身之地和招募对象。同时,伊拉克战争也导致了伊拉克大量的文化遗产和历史遗迹被毁,这也为恐怖主义组织提供了更多宣传和招募的材料。伊拉克战争的后果是让伊拉克和整个中东地区的恐怖主义问题变得更加严重,导致了更多的恐怖袭击和无辜人民的伤亡。

再者,反恐战争加剧了国际的敌对和冲突。在反恐战争的过程中,以美国为首的一些国家采取了单边主义和武力威慑等手段,从而导致了地缘关系的紧张和敌对态势的加剧。此外,由于反恐战争的长期化和扩大化,一些国家被迫面对着重大的军事和经济压力,从而影响了国家的发展和国际地位。巴基斯坦就是典型,跟在美国背后响应号召,加入美国主导的"反恐战争",对塔利班和基地组织等恐怖组织执行打击。但结果反而使得巴基斯坦政府蒙受巨大的经济和人力资源损失。不但没有取得预期成果,恐怖主义在巴基斯坦的影响力反而扩大了,恐怖袭击和暴力事件屡有发生。

总而言之,对于地缘失序之地燃起的恐怖主义焰火,既有外部诱因催化的影响,也受到其内部文化风俗、宗教信仰、历史渊源的塑造,域外大国即便本着"好心"赶来救火,也很可能坠入"越反越恐"的窘境,就更不必说反恐战争中的各国,其所包藏的心思未必有那么无私。

三、多极化下的地缘扰动:代理人战争

(一)北约缘何在欧洲出现?

北大西洋公约组织之所以在欧洲出现,其原因可以追溯到第二次世界大战结束

后的战略考量与地缘政治格局的变化。在历经两次世界大战的蹂躏之后，欧洲大陆承受了巨大破坏与人员伤亡，并深刻地改变了这一地区的安全形势，各国遂重新评估自身的战略需求与地缘利益。

从西欧各国的角度来看，首先是有着迫切的安全与防御需求，面对苏联在东欧地区日益扩大的影响力，西欧国家感到了日益增长的不安全感，德国在战争中的失败与分裂、法国的满目疮痍，都使得欧洲的政治重心失衡，逐渐为外部势力所统摄、遥控。因此，建立一种集体防御机制成为应对潜在威胁、重新平衡地缘格局的合理选择，这也是同期欧洲一体化趋势由内而外铺展开来的地缘背景。其次是在经济上重建、复兴、一体化的需求，这一方面受迫于百废待兴的现实压力，战争几乎摧毁了民生，社会与政治形势也趋于动荡，因而不得不寻求外部注入式的经济输血，另一方面也是为了避免重蹈两次世界大战的覆辙，寄希望于经济上的优势互补，从而弥合西欧各国至今的根本性矛盾。

同时，美国的领导与推动作用不容忽视，其作为二战后与苏联并列的"超级大国"，主动向欧洲抛出"橄榄枝"，慷慨地提供了军事、经济等各项援助，实际也是在寻求遏制苏联扩张的桥头堡。因而，北约这一扰动欧洲地缘的"杠杆"，其轴心正在于北美，而苏联营造的华约集团之轴心则在于东欧。这一阶段主导欧洲地缘的重心已不再是西欧，实际呈现为"东西分流"的新局面。

站在美国的角度来看，自然不能放过欧洲这一经济、军事和政治影响力分布最密集的地区。一是拥有最发达的商业市场、先进产业基础，"马歇尔计划"推动重建与经济恢复的同时，也为美国自身创造了消化产能的外部大市场。二是亚欧板块的"边缘地带"，天然背靠大西洋，避免了"两线作战"的窘境，且西欧本身大片的平原地带，为美军在欧军事存在和快速部署提供了便利，这是作为"离岛"的英国无法给予的。三是欧洲老牌帝国主义余威尚存。在过去的几个世纪中，西欧国家在全球政治舞台上扮演着重要角色，如法国在非洲的强大号召力一直保持到了今天、英国对英联邦国家无与伦比的象征意义，都是可以为美国所用的地缘工具，与他们在政治上达成勾连、彼此撬动的关系，可以帮助美国更顺利地推动政治议程和全球利益分配格局。然而，即便美国战后国力首屈一指，但想让自身的影响力穿越大西洋又谈何容易，不花下血本终究是难以奏效的。所以，向西欧输血的"马歇尔计划"率先横空出世，在稳定西德、法国、英国这些盟友的基础上，以经济为纽带串联各国的发展势头,从而为撬动欧洲地缘的军事一体化联盟做准备,北约不过是美国对欧经济一体化政策的延伸,或更本质地说,是美国整合、转化欧洲地缘优势为己所用的环节之一。

从苏联的角度来看,北约既是其推波助澜的产物,又反过来威胁到了苏联的地缘安全局面。其本身在二战后的势力扩张、意识形态高涨,在欧洲东部扶持了一系列"卫星国",形成了所谓的"东欧铁幕"。这对西欧各国形成了前所未有的地缘压力,促使其在紧张的地缘政治竞争中一边倒向美国阵营,进而推动了西方国家成立北约这一集体防御机制。而北约的形成又对苏联构成了重大的地缘安全威胁,由于担心美国通过北约向东欧施加政治影响力,因而,苏联于1955年同东欧国家成立了华沙条约组织,从而将北美与亚欧板块中心的对立态势广而化之,促成了全球地缘视角下"东西对抗"的尖锐局面。

(二)地缘整合:从大西洋转向太平洋

在相继赢得二战、冷战之后,美国在相当长一段时间内成了世界唯一的"超级大国",足可肆意妄为地切割、整合各个板块的地缘利益。相较于此前英国以大西洋为中心、以殖民体系为范本的地缘整合战略,美国的做法相对隐蔽、柔和,其以太平洋为中心,向亚欧板块延伸影响力。

一方面通过世界贸易组织、国际货币基金组织与世界银行确立美国主导下的全球经济格局,以市场竞争、要素流动、美元霸权为核心的国际分工体系由此形成,从而方便美国在经济上整合全球的资源禀赋、人力资本等优势,而不需要通过战争来获取各处地缘的利益,相较此前大西洋的整合方案,太平洋无疑要高明、互惠许多。

另一方面,美国旨在将全球亲美势力都纳入美国主导的军事联盟之内,在整合力度上,远远超过大西洋那种松散的宗主国-殖民地关系。在欧洲,历经五轮"北约东扩",自美国跨越大西洋,一直到俄罗斯西部边境,几乎不再有完全意义上的中立国家。在大洋洲,美、英撺掇澳大利亚,建起奥库斯联盟(AKUS),并屡屡怂恿加拿大、新西兰入伙。在南亚,又极力笼络印度,创设美日印澳四方安全对话(QUAD)。在东亚,美日韩三国军事合作不断深化,三边联合军演也从反导演练升级为情报共享框架,还不时拉拢菲律宾、越南等国,"亚洲小北约"呼之欲出。

从扩张方向上来看,英国偏重于经略欧洲与非洲的地缘空间,在中东至远东一带虽然保持了相当程度的活动,但影响力远不如欧洲、非洲。反观美国对外的地缘整合,是从亚欧板块的四个角落向中心蔓延、合围,在两面都能保持极强的存在感,并组织起旗鼓相当的"代理人组织"。结合两个整合中心的本土条件来看,由于英国本身就属于亚欧板块的"离岛",且在历史上就与欧洲大陆纠葛不断,到了近代也总是深入地参与到欧洲大陆事务之中,难以置身事外,所以无法使自身影响力如美国那般均匀播撒,而美国所处的地理位置决定其比英国更具有"光荣孤立"的天赋,而同时又能对亚欧板块施加向心合围的压力。

就地缘整合的效果而言,比之大西洋,美国在太平洋铺展开的地缘整合蓝图,在联系程度、控制力方面都有过之而无不及,并策动代理人战争模式更为高频地出现。一方面,美国对外地缘整合力度之强,使其羁縻控制的代理人足够可靠,能够成为美国撬动地缘格局变动的杠杆;另一方面,美国主导的经济全球化使各国血脉互通,这又要求对战争规模有所控制。毕竟,无边扩展的混乱局势将损害多方利益,而控制规模最好的方式自然就是代理人战争,以避免大国直接"下场"作战。

(三)多方扰动下的"利比亚模式"

随着国际地缘博弈的多极化趋势日益明朗,代理人战争已经成为当今世界上国际冲突的一个主要形式。而利比亚战争则是一个距今较近的典型案例。在这场战争中,北约开发了所谓的"利比亚模式",使自身得以顺利介入。这种模式是指一个国家或组织在战争中通过资助、训练和装备本国或其他国家的代理人来实现自己的利益。在利比亚战争中,利比亚反对派武装组织在北约各国的帮助下,成功推翻了当时的利比亚领导人卡扎菲,而北约则基于其对这场战争的扰动,积累了丰富的域外干涉经验,总结出一套多极化背景下的地缘操控模式。

"利比亚模式"的好处在于可以在不承担直接军事行动的风险和成本的情况下,通过该国内部的反对派武装实现自己的利益。这样既可以减少己方人员伤亡和财务损失,也能够最大限度地避免直接干涉所带来的国际矛盾和外交压力。

从北约的行动来看,这种介入方式具有以下特点:一是以空袭和无人机压制为主,避免直接地面作战,降低己方人员伤亡和财政开支。自 2011 年 3 月至 10 月期间,北约对利比亚的军事行动共出动军机超过 26 000 架次,摧毁超过 5 900 个军事目标[①]。二是通过海外流亡政府和反对派组织搭建临时政府,实现政权更迭,避

---

① 王家棣:《"阿拉伯之春"再思考》,天大研究院网,2012 年 1 月 5 日,https://tiandainstitute.org/2012/01/05/阿拉伯之春再思考/。

免了直接出兵和长期驻军的风险。三是派遣特种部队协助反对派组织,提供情报支持,实现了精准打击。四是利用联合国授权干预的名义,得到了国际社会的广泛支持,避免被视为侵略者的风险。这种模式对于改变国际社会对于军事干预的认知和态度起到了重要作用,使西方国家更倾向于采用这种策略来解决复杂的国际冲突。

当然,代理人战争也有着不容忽视的代价。首先,代理人往往是难以绝对控制的,他们很可能会在战争结束后、队伍壮大后变得不听使唤,甚至反噬旧主。其次,代理人战争容易导致地区动荡和冲突加剧,因为支持不同代理人的国家之间可能会发生争端和冲突。最后,代理人战争会破坏战争当事国的形象和声誉,因为支持代理人的行为可能被视为干涉别国内政,违反国际法和国际道义。

2011年,利比亚开始出现反政府示威,要求卡扎菲下台和进行民主变革。这些示威引发了政府军的武力镇压,导致武装反抗和内战的爆发。反对卡扎菲的势力组成"全国过渡委员会",旨在推翻卡扎菲的独裁统治和建立民主政体。联合国安理会通过决议,授权成员国在利比亚设置禁飞区。

在此期间,反对派在西部发起进攻,夺取了首都的黎波里。穆阿迈尔·卡扎菲最终在苏尔特被杀,随后"全国过渡委员会"宣告全国解放。然而,利比亚在随后陷入了军阀割据和第二次内战的泥潭中。

因此,虽然反对卡扎菲的势力最终获胜,但利比亚随后陷入了内战和政治混乱。这场战争的结果是利比亚境内的一系列问题和后果,包括社会和政治不稳定、恐怖主义和极端主义活动、贩毒和人口走私等问题的加剧,以及难民潮的形成。内战结束后,利比亚陷入治理困境。班加西等地宣布自治,表明利比亚政治分裂和治理困难的局面。此外,利比亚的军火库被抢劫,武器流向了周边国家和恐怖分子,导致地区安全形势恶化。战乱也严重影响了利比亚的经济发展,国内的石油生产和出口减少,人民的生活水平下降。

利比亚内战对民众和国家造成了巨大的伤害和破坏。西方国家干预利比亚内战,虽然成功地使利比亚"城头变幻大王旗",但不可避免地破坏了利比亚国内自然的平衡生态,而各怀鬼胎的域外大国也难以协调各方的核心利益,最终使得"利比亚模式"成为颠覆政权、制造混乱的标准范式,但却无法在混乱之后建立起有序、稳定的政治架构,因而也使得域外大国控制地缘的努力收效甚微。

四、跳不出的地缘竞争：混合战争

（一）地缘冲突的低烈度化趋势

政治格局的多极化，势必引发地缘影响力的多元化，使得任何一国的对外干涉行动，都尽量遵循"影响最小化"原则，哪怕要动用武装力量，也得尽量采取"微创手术"式打击，避免引发国际舆论的广泛谴责。而在技术上，如此行为的门槛也在不断降低，随着特种部队和信息战的崛起，以及不断发展的无人机技术，现代战争已经充分结合了特种战、攻心战和斩首战等"不动声色"的招数。在利比亚战争中，这三种战争方式被相互融合，共同构成了北约介入利比亚内战的重要策略。

特种战，是以小规模精锐部队为核心的战斗形式，包括反恐特战、侦察狙击、海空突击等多种战斗方式。在利比亚战争中，北约特种部队充当了重要角色。例如，英国的 SAS（英国陆军特种空勤团）、美国的海豹突击队和 Delta Force（美国陆军第1 特种部队 D 作战分遣队）等精锐部队都派遣了大量特种作战人员进入利比亚，协助反对派进行战斗。这些特种部队主要执行情报搜集、打击要害目标、营救人质、支援空中打击等任务。例如在特种部队的帮助下，北约获得了有关卡扎菲政权部队和领导人的准确情报，这些情报对于指导北约的战略和战术决策至关重要。此外，特种部队还协助建立了情报网络，以收集来自叛军、局外人士和情报员的情报。再如利比亚的地面战场，北约特种部队派遣了小规模团队执行任务，摧毁敌方通信和雷达站点，破坏敌方供应线，干扰敌方运输和通信等，多点瓦解卡扎菲政权的军事能力。

攻心战，是通过利用心理学原理、宣传和媒体手段等方式，影响敌方的思想、信念和情感，达到战争目的的一种战争方式。在利比亚战争中，北约通过宣传、舆论攻势等方式，试图在利比亚国内营造反对卡扎菲政权的氛围，并让国际社会支持北约干涉利比亚的合法性。例如，北约通过官方渠道发布了大量反卡扎菲的消息和视频，利用社交媒体扩大了反卡扎菲的声音，形成了对利比亚政府军的妖魔化塑造，把利比亚政府描绘成一个残暴、专制、违反人权的政权，并且声称该政权威胁到了全球的和平与安全。这对于加强反对派的士气和激发国际社会的同情起到了重要作用。同时，北约成员国对反对派进行了宣传支持，把他们塑造成民主、自由的代表，加强了对反对派的支持。北约还采用了心理战和网络战的手段。释放虚假信息、宣传海报等,通过社交媒体和电视广播等渠道,向利比亚政府和军队施加压力;在网络上利用各种手段,通过黑客攻击、恶意软件等方式对利比亚政府进行网络攻击和干扰,进一步将利比亚局势搅成一锅浑水。更重要的是,北约成员国利用各种情报手段,包括卫星侦察、无人机侦察、特种部队侦察等,收集、分析、利用有关利比亚政府和军队的情报,为反对派的战争决策提供依据和参考。

斩首战,是一种以极少的代价,尽可能迅速地消灭敌方领导人和关键人物,以达到战争目的的战争方式。在利比亚战争中,斩首战的目标主要是卡扎菲和他的高层军政官员。在北约支持下,反对派利用特种部队提供的情报,通过导弹、炮击等方式,对卡扎菲及其家族成员进行了多次斩首行动,政府军的指挥能力和士气受到严重打击。从理论上讲,斩首战还可以通过精确打击,减少平民伤亡,避免不必要的人员伤亡和财产损失,从而在一定程度上避免战争扩大化。但实际当北约发起斩首战时,平民却成了其中的受害者。此外,利比亚斩首战也对全球安全格局产生了重大的影响。利比亚斩首战的胜利鼓舞了一些国家和地区的反对派武装和恐怖组织,使得他们认为斩首战是一种有效的战争策略。这些组织借鉴利比亚的经验,试图在其他地区也进行斩首战,导致全球范围内的恐怖主义威胁加剧。

从事后综合来看,这种"三位一体"的融合战争模式与完美相去甚远。北约对利比亚反对派的支持没有达到预期的效果。反对派在推翻卡扎菲政权后并没有能够有效地管理国家,利比亚陷入了混乱和内战,与其说成为西方国家的地缘杠杆,不如说是坠入了阿富汗性质的地缘失序之中。

(二)"盟军行动":没有前线与后方

就传统战场而言,前线与后方是泾渭分明的两个军事职能区域,其地缘价值在战术层面上存有较大区别。然而,战争科技的进步正在抹平二者之间的分野。科索沃战争是 1999 年 3 月 24 日至 6 月 10 日,北约对南斯拉夫实行的空袭和军事行动,宣称了为了制止南斯拉夫政府对科索沃阿尔巴尼亚族的镇压行为。而盟军行动(Combined Joint Task Force)则是北约军队的行动代号,代表了一种新型的军事打击模式,在科索沃战争中,它由可快速响应的多国部队执行。其核心要义在于令不同国家、不同军种、不同特种部队之间实现无缝连接,培养出极高的协同作战能力和战斗力,实现了"快速部署、高度协同、共同行动"的军事目标。

首先,盟军行动通过各种信息技术手段突破地域限制,成功地打破了传统战争中"前线"和"后方"之间的界限，实现了"没有前线和后方"的战争模式，以及不同军队、不同部队之间的实时信息共享和指挥控制。在科索沃战争中，盟军行动的指挥官可以在战争现场、远程作战指挥中心和国外指挥中心随时切换，实现了真正的无缝指挥控制。在传统战争中，"前线"通常指的是战斗部队所在的地区，是战争的核心区域，而"后方"则是指离战斗区域较远的区域，是战斗部队的补给和后勤支援基地。在传统战争中，这两个区域是分离的，前线部队通常需要等待后方的补给和支援才能继续战斗，这样就会浪费很多时间和资源。而在盟军行动中，盟军成功地打破了这种界限，使得前线和后方能够实现无缝连接，从而在最短的时间内快速地完成任务。

其次，盟军行动具有很高的协同作战能力，通过共享信息、资源和作战经验，实现了各部队之间的紧密配合和协调。在科索沃战争中，盟军行动可以实现联合作战、跨军种作战和跨领域作战，不同军种和部队之间可以快速实现互补和衔接。盟军一是将空中力量运用到了极致，利用了空中加油、空降兵和直升机等现代化武器和技术，实现了"横跨前线"的支援。二是通过在前线区域部署轻型空降部队和空地支援火力，建立了一条强大的通信网络，这使得他们能够更快地响应和适应战场上的变化。三是运用了现代化的战斗技术，例如利用GPS和卫星通信技术进行定位和通信，以更好地协调各部队之间的行动。

再者，盟军行动具有快速响应能力，可以迅速地对各种紧急情况作出反应。在科索沃战争中，盟军行动可以在最短的时间内结束战争。仅仅78天内，科索沃冲突便以盟军胜利结束。相比之下，波黑战争持续了整整三年时间。例如，美军使用的"精确制导武器"（precision-guided munitions）能够精确地打击目标，从而避免了对平民和非军事目标的误伤。此外，盟军还利用了先进的情报技术和无人机，使得盟军能够更好地掌握战场的情况和敌方的动向，从而更好地部署兵力，做出更加明智的决策。所有这些现代化武器和技术的运用，使得盟军能够更加有效地打击敌方，迅速获得了胜利。

最后，盟军行动能最大化"输出"的同时提升了武装力量的"容错率"。在科索沃战争中，北约方面的军事伤亡是有限的。对这次战役的研究报告指出，南斯拉夫的防空部队可能向北约的飞机发射了多达700枚导弹，而B—1轰炸机机组人员在最初的 50 次任务中,至少有 20 枚地对空导弹射向他们。① 在整个针对南斯拉夫的战争期间,据报道,北约对敌方坦克进行了 181 次打击,对装甲车进行了 317 次打击,对其他军用车辆进行了 800 次打击,对火炮和迫击炮进行了 857 次打击,总共出动了 38 000 架次,在冲突开始时每天出动 200 架次,在冲突结束时超过 1 000 架次。②

在科索沃战争中,盟军还采取了一系列措施,以保证其行动的成功。例如,他们利用无人机和飞机进行了精确打击,避免了对平民和基础设施的误伤。此外,盟军还通过提供人道主义援助,与当地民众建立联系,以获取情报和获得支持。成功还得益于盟军对联合作战的协调和合作,成员国之间建立了完善的情报共享和协调机制,以确保各部队之间的合作和协调,使得盟军能够在没有前线和后方的情况下,更加高效地执行任务。

总之,科索沃战争中的盟军行动很好地诠释了"没有前线与后方"的全方位战争,展示了现代战争中多领域联合作战的威力。盟军通过建立强大的通信网络、使用现代化的战斗技术和对于联合作战的协调和合作,证明了高度机动性、灵活性和快速反应能力等技能点在现代战争中的重要性,而地缘纵深失去了牢靠的安全性,使得无论前线还是后方,都必须调整自身的攻防部署策略,采取更均衡的战术配置,这势必深刻地塑造未来地缘政治竞争的整体态势。

(三)体系对抗:未能超越地缘的战争

冷战结束后,战争形式出现了重大变化。传统战争形式逐渐被混合战争所取代,且往往表现为:以非军事手段实现地缘政治目标。这导致国与国之间的地缘博弈不再是一种实战形式,而是衍生出了一种非常规的战争样式,其边界模糊、变化迅速。这就是所谓的混合战争,其发展与冷战后的政治、经济、科技和文化变革密切相关。这体现了战争形式的多样化、复杂化,呈现为多种力量在不同层面的组合博弈。混合战争包括了许多非军事手段,其中最常见的有间谍战、经济战和舆论战。这些手段的使用,既能有效地降低战争风险和成本,也能帮助实现战争目标。

首先,现代战争确实在某种程度上超越了传统地缘战略思维的限制。随着科技的发展,网络、情报和经济等非军事手段在战争中发挥着越来越重要的作用。大国之间的竞争不再仅仅局限于军事力量的对抗,而是围绕着信息、技术、经济等方面的

---

① 《北约轰炸南斯拉夫》,海智迅信息网,2023 年 4 月 7 日,http://www.fstts.cn/news/show/135755/。

② Edelstein R B D M. NATO's Air War for Kosovo:A Strategic and Operational Assessment by Benjamin S. Lambeth. Political Science Quarterly,2001,118(1):159—160。

角逐展开。这种变化使得战争涉及的领域更加广泛，国与国之间的较量，似乎总能呈现为全方位、立体式的"总体战"，比拼的是两国体系的内力。美国和伊朗之间的间谍战就凸显出科技对地缘冲突的赋能，2007年，美国中央情报局（CIA）和以色列军情局（Mossad）对伊朗核设施进行了一次秘密行动，使用"震网"（Stuxnet）病毒，破坏了伊朗核设施的正常运转。2012年，《纽约时报》报道，美国官员承认这个病毒是由美国国家安全局在以色列协助下研发，以"奥林匹克网络攻击行动"为计划代号，旨在阻止伊朗发展核武。此外还可以通过制裁、抵制、限制进出口等经济手段，对敌对国家实施打击，或是以跨国公司收购、合并的方式"鲸吞"他国利益。

　　然而，尽管战争形式发生了变化，地缘因素仍然是策动战争的主要根源。尽管地缘战争的规模可能在某种程度上变小，但冲突的导火索仍然根植于国家之间的地缘利益和竞争，美国对伊朗实施的网络间谍战，看似针对其发展核武的雄心，但实则还是着眼于地缘政治利益上的考量，毕竟，美国与伊朗都将中东地区视为自己的核心利益所在，前者旨在以此维系"石油美元霸权"，后者则致力于勾连中东什叶派国家"抱团取暖"，因而都试图在该地区构建起以己方为主导的地缘政治生态。虽然现阶段，大国之间可能更加注重非军事手段的竞争，但这些手段仍然是服务于地缘利益的工具，而地缘利益仍然是战争的动因。战争仍然是国家之间体系的碰撞，只是形式更加均衡化，不再是传统意义上那种单纯的军事力量交锋。

　　此外，现代战争的变化也意味着战争的影响范围更广泛。传统的地缘战争往往局限于特定地理区域，而现代战争很容易波及全球范围。信息和通信技术的普及，使得消息传播更加迅速和广泛，国际社会对战争事件的关注度也大大提高。而由于全球化的程度不断加深，国家之间的利益交织和相互依存程度增加，在贸易、投资、能源和资源等领域织就了层层叠叠的利益网络。因而，一场地缘冲突可能牵涉到多个领域和国家，所以哪怕"强龙"压得服"地头蛇"，也必须充分考虑到第三方的利益关切，从而避免引发更大范围的冲突和不可控的后果。

　　综上所述，虽然现代地缘政治竞争在形式上与过往的地缘战争有所区别，但实质上，战争的导火索仍旧发端于地缘利益。所以，战争的形式变得更加多样化，归根到底是地缘战争在形态上的迭代与创新，凸显出多个领域协同作战的聚合效果，因而一国体系化作战的能力便是最核心的制胜参数，而为了适应这一竞争形式的变化趋势，混合战争方才成为大国地缘博弈的不二之选。

第七章　从战争"后视镜"看国家战略

从地缘视角看,强大统一的俄罗斯一直都是欧洲人的"梦魇",几百年的"恐俄症"让一部分欧洲人不放弃任何一个削弱俄罗斯的机会,甚至没有机会也要制造机会。苏联解体结束了美苏冷战对峙局面。布热津斯基在《大棋局》一书中指出:"乌克兰是欧亚棋盘上的一个重要地带,它作为一个独立国家存在有助于改变俄罗斯,因此它是个地缘政治支轴国家。没有乌克兰,俄罗斯就不再是个欧亚帝国。"2023年2月24日,俄罗斯对乌克兰开启"特别军事行动",迄今演变成了俄罗斯与美西方之间的战争。表面上是俄乌冲突,本质上则是美国、北约对俄罗斯长期战略挤压导致的"地壳断裂"。俄乌战争把原本持观望态度的欧洲逼进美国羽翼之下,给美国提供了重塑跨大西洋关系、强化北约地位的机会。但对俄罗斯来说,强硬与坚定源自其面临的极其严峻的国内外形势带来的巨大压力,在乌克兰问题上无法后退,更不能妥协,因为后退的终点也许就是坠入悬崖深渊。

一、两个预判与俄乌战场回顾

(一)2019 年预判美国搅局之战

2019 年 7 月福卡智库预判美国下场战争,其中搅局之战的主角就给了乌克兰。不仅是因为乌克兰的地缘位置,当时预判关键是美国找乌克兰作为代理人,是其最愿意开打的战争。

其一,可以直指俄罗斯心脏。当乌克兰成为无缓冲的直接前线,俄罗斯就失去了乌克兰 1 000 多公里的战略纵深,枪炮将直接顶到俄罗斯的家门口,坦克就可以畅通无阻地开到俄罗斯的重要城市,一旦北约发动突然袭击,俄罗斯就会因为失去反应时间而损失惨重。

其二,利用难得的历史机会隔断俄乌之间的最后经络。毕竟打断骨头连着筋,俄乌曾保持了长达 300 多年的兄弟结盟。无论是俄罗斯人、乌克兰人,他们有着共同的祖先——东欧草原上的东斯拉夫人,并建立了基辅罗斯,对俄罗斯人来说,基辅是他们民族的发源地。对于国土大面积是冻原和密林的俄国来说,乌克兰曾作为粮食生产基地供养了帝国的膨胀。不过,苏联在斯大林农业集体化运动的背景下,在乌克兰地区强行推动公有化,导致乌克兰在 1933 年出现大面积的饥荒,这也构成乌克兰难以忘却的记忆。布热津斯基在《大棋局》一书中指出,只有拥有乌克兰,俄罗斯才可能成为其梦想中的"欧亚帝国",而失去了乌克兰的俄罗斯,则最多成为一个亚洲帝国。因此,被挑起的俄乌战争将毁灭残存的最后一点血脉之情。

图 7—1　布热津斯基的《大棋局》一书

其三,在欧俄中间打入楔子,仅仅利诱乌克兰的战事就会让欧俄从和解走向争执。经过此前多年拉锯,欧俄充分认识到彼此之间共同的战略利益,自 2008 年开始在关系上取得突破,俄罗斯和法国甚至进行大型军事装备合作,2008 年 8 月俄罗斯对格鲁吉亚动武,欧盟都一直保持较为中立的态度。也就是从那时起,北约的军事同盟关系陷入了半瘫痪状态。为了激活北约,利用欧盟对俄罗斯的高油气依赖度,破坏俄欧油气合作成了美国离间抓手。实际上,美国战略上一直在寻找离间俄欧关系的契机。如今,乌克兰在经历了"颜色革命"和战争后,已成为美国打入欧俄之间的一个楔子。再加上 2019 年 8 月美国和俄罗斯先后退出《中导条约》,欧洲可能成为美俄中短程导弹的竞技场。而这都将达到美国离间欧俄关系的目的。

其四,美国最佳的预期是让整个欧盟成为代理人战争的主角,退而求其次是让乌克兰成为炮灰。冷战时期,苏联成功地利用朝鲜战争和越南战争这些典型的代理人战争不断消耗美国,从而导致苏美战略地位在 20 世纪 70 年代出现美消苏长的有利态势。如今,由于克里米亚和乌东危机,俄罗斯和乌克兰别无选择地进入了长期对抗状态。在此背景下,美国找到撬动东欧地缘板块,不对称消耗俄罗斯的"杠杆",通过渲染俄罗斯威胁,美国成功地强化了北约职能,把整个欧洲都紧紧地绑在了对抗、制裁俄罗斯的"战车"上。同时,鉴于克里米亚和乌东部问题短期之内无解,美国还可以一直通过军事和经济援助,包括国际货币基金组织批准对乌克兰 400 亿美元的信贷计划,美国在刻赤海峡事件之后向乌克兰海军额外拨款 1 000 万美元,以巩固乌克兰海军的能力等,借助乌克兰政府这个代理人,将其牢牢地钉在这个伤口上,不断消耗俄罗斯。

以上"一石四鸟"可达到搅局之效,将断了俄乌血脉之情,还将拖累欧洲一体化。由于欧盟目前的"历史使命"是急迫地夯实底部——巩固欧盟,毕竟英国脱欧也有损欧盟元气,慢慢消化因苏联解体后战略挤压俄罗斯的巨大空间。更何况,经过上千年的战乱,欧洲在统一的基督教文明之下依然是邦国林立。在没有俄罗斯主动大举进攻条件前提下,欧盟断不会充当战争代理人。同时,俄罗斯的国家转型远未结束,经济结构严重偏态,在国际市场需求严重不足的情况下,难以主动出击收复失去了的帝国版图。

因此,2019 年福卡智库就预判,这场"搅局之战"涉及欧亚大陆若干个国家,战争后果极为严重,一旦难以收场,那就将直接进入"第三次世界大战"。面对战争前景,美欧会仔细掂量,特别是欧洲已经经历了两次惨烈的世界大战,但这并不意味着俄乌之战不会小范围开打。作为"战斗民族"俄罗斯囿于自身经济问题不会主动点燃战争,战争的主动方或集中在美乌,在美乌之间挑起战争可能性又相对集中在乌方——亲西方的政治势力。对于俄罗斯而言,已退无可退,只能勇往直前,承受命运的安排。但对于乌克兰主场而言,或将承受生灵涂炭的下场,甚至沦为代理人战争的炮灰。这一预测基本在三年后兑现。

(二)2021年预测白乌新战场

2021年12月福卡智库对2022年的战事预判在白乌(白俄罗斯或乌克兰)新战场。因为从2014年俄罗斯收回克里米亚开始,俄乌关系就一直处于紧张状态,乌克兰的两任总统也一直以"硬怼"俄罗斯为荣,甚至不惜主动挑起战事:一方面向国内民众有个交代,另一方面向美欧献媚输诚,换取加入北约的"入场券"。而2021年白俄同盟化更是为俄欧矛盾火上浇油,普京支持白俄,但欧盟、北约试图暗中颠覆白俄,波兰甚至主动要求美国把核武器部署在其境内,以威慑俄白,卢卡申科则针锋相对地请求俄罗斯把核武器部署在白俄境内……乌克兰、白俄罗斯在这一时点上因俄欧矛盾激化而被一步步推到"战场"上,在俄欧中间近乎强行划出一片战区——既不是欧盟领地,也不是俄罗斯领土,在"第三方的国土"上便于"代理人战争"的开打。起码从地缘角度上看,没有比这更理想的战场了。

其一,三十年来北约东扩对俄罗斯形成的压力需要一个空间集中释放,俄罗斯不会再让步。据俄罗斯媒体报道,在2021年欧安组织外长会议上,俄罗斯外长说:"战略稳定的构架正在快速被摧毁,北约拒绝考虑我们缓和紧张局势和防止危险事件发生的提议。相反,北约的军事基础设施正在接近俄罗斯边境。军事对抗的噩梦情景正在回归。"北约东扩直接影响俄罗斯的安全。任何国家都不应以牺牲他国的安全为代价来加强自己的安全。俄罗斯在无数次被北约、欧盟欺骗之后,非常清楚乌克兰的意义。当初两德统一前,北约秘书长、德国总理等一再向戈尔巴乔夫保证,北约在德国统一后不会扩张,更不会东扩。结果,在随后的三十年里,北约就没停止过东扩的步伐,一步步逼近俄罗斯的家门口。所以,当2014年俄罗斯兵不血刃地收回克里米亚,普京在杜马演说时强调:"我们一次又一次地被欺骗,别人在我们背后替我们做决定,留给我们的都是既成事实。"

其二,感到紧张的白俄罗斯全面倒向俄罗斯,刺激欧盟对它"下死手"。2021年底白俄政府不但与俄罗斯签署俄白"一体化"法令文件,引发"俄白合并""再造苏联"的猜想。另一方面,白俄罗斯在过境难民、国内政变以及欧洲能源等敏感问题上态度强硬,这种旗帜鲜明的表态背后是其对欧盟、北约颠覆性、破坏性行动的深深恐惧。白俄罗斯回旋的空间已然逼仄,很显然倒向俄国尚能保证家国周全。这也就决定了北约不会因在此开战而犹豫不决。

其三,连续丢城失地、饱尝挫败的乌克兰退无可退,除了硬顶之外别无选择。2014年克里米亚被俄罗斯收回之后,时任总统波罗申科在美国、北约、欧盟及其代理人的鼓动、胁迫下向克里米亚发动军事行动,结果被打得丢盔弃甲、一败涂地,大量部队被包围投降,几乎失去所有的重型武器,在普京同意下,投降士兵只能携带冲锋枪回到乌克兰。

沙利文在一次答记者问时说:"拜登总统看着普京总统的眼睛说,美国将会做2014年想做而没做的事。"当年是美欧对俄进行了多轮的经济制裁,奥巴马一度考虑动用北约武装力量进行威胁,结果被德法等国打了回票。拜登此言意在警告普京,但身经百战的普京早已练就"金刚不坏之身",泽连斯基没有退路,普京何尝不是如此?

(三)2022年春天基辅"闪电战"失败

不管是2019年预判美国会利用乌克兰开启搅局之战,还是2021年底预判2022年新战场在白俄罗斯或乌克兰地区,福卡智库的预判都兑现了。2022年2月俄罗斯以"特别军事行动"出兵乌克兰,试图以闪电战来"解决"乌克兰。之所以选择基辅,显然是想一击制胜,最短时间内摧毁乌军抵抗中枢,在外部势力来不及反应前赢得战争。基于这一宗旨,俄军统帅在前期布置上煞费苦心:

一是在避免打草惊蛇的前提下,完成军事力量的集结,为其后的"雷霆一击"打掩护。早在2021年3月,杀招就已埋下,俄军大量常规武装开赴俄乌边境。这一部署包含三重目的:一是在明面上恫吓,实则瞒天过海;二是温水煮青蛙,通过常态化施加压力以麻痹对手;三是引蛇出洞,观察北约诸国的动向与态度。由此,俄军把刀架上乌克兰的脖颈,并诱导乌方及其潜在盟友相信,这一"引颈就戮"的姿势是安全、无害的。

二是"声东击西",掩盖真实意图。开战前三天,普京公开承认顿涅茨克与卢甘斯克人民共和国,并派遣军队展开维和任务,在顿巴斯方向使劲折腾,诱使乌军产生误判。

三是贯彻超高水平的保密原则,这是俄军得以最大限度掩藏己方意图的关键。

围绕特别军事行动做准备工作的俄总参官员,许多都不知道自己究竟在为何种目标服务。在乌军情报系统看来,东部顿巴斯、南部克里米亚同样危如累卵,在"战争迷雾"笼罩下,哪里都有成为主攻方向的潜质。

然而,战略最忌过犹不及。为了骗过北约的卫星耳目,俄军假戏真做,有意在部署中放任"破绽"的存在。

一是在次要方向配置过多进攻轴线,分散了兵力。美国战略与国际问题研究中心(CSIS)原先预测,普京会选北、东、南三条路线中的一条发起进攻。但没想到三路都被纳入规划,极大地分散了兵力。根据凤凰网数据,自基辅西面而来的俄军有3.5万人,东面是4.5万人。但对百万级人口的城市,这点兵力是远远不够的。

二是基辅北部有着大片的后勤"烂地",补给难度堪称"地狱级"。从白俄罗斯到基辅,车队需要穿越第聂伯河浸染成的大沼泽与切尔诺贝利核废区,基于正常思维,俄军犯不上从这"南下"给自己找罪受。

三是官兵处于"松弛"状态,战术准备极不充分。统帅真实意图密不透风,既没让下属心领神会,也没有为战争做充足准备。要么是以突然袭击的方式下令,第一支向基辅进军的部队,前一日还在欢庆佳节,行动当天才接到命令:向乌克兰出发,在18小时内到达基辅。要么是以演习为借口出击。俄第31空突旅原本的任务是参与演习,但"当直升机起飞的时候,有个军官过来说,计划改变了,我们不飞训练场,改去突袭在基辅的机场"。仓促的行动指令,要求一线部队在缺乏弹药、地图、粮食、通信以及思想动员的情况下投入作战,"强人所难"势必削弱单兵战术能力的发挥。

纯粹从战役计划的角度,俄军最高统帅之所以容忍这些"破绽",原因只可能是其认定:乌军不堪一击,俄军不会遭遇激烈抵抗。一切都会如"布拉格之春"、苏联对阿明的斩首行动那样手到擒来。因此,俄地面部队与其说是被派去进攻,不如说是奔着"接收"去的,只要能应付占领后的治安战就行。俄军把胜算都压在闪击得手这一点,开启了一场战略豪赌。

北约方面,在短暂困惑后,很快意识到俄"所图不小",迅速向乌克兰发出警告。最开始,北约也浑浑噩噩,误以为俄军翻着《明斯克协议》的"老皇历"前来施压,不太可能发生大规模军事入侵。这些误判当然归功于俄方的伪装。但天下没有不透风的墙,北约渐渐"回过味来"。美国总统拜登于2022年1月19日宣称:"俄军正计划且意图在接下来数周或数日攻击乌克兰。我们认为他们的目标会放在首都基辅。"

然而,在俄战略欺骗的组合拳下,乌军还是误判了主攻方向。纵然真相喂到嘴边,乌情报部门还是顽固地相信,即便战争爆发,俄军也会以消灭顿巴斯地区的重兵集团为主要目标。至于基辅正面的俄军,仅被认为是实施牵制的佯攻部队。基于误判,乌战场调度极为失策:焦急地往顿巴斯"大饺子"里添馅。开战当天,多家俄媒报道称,乌军坦克旅、机械化旅、摩托化步兵旅等部队正在向乌东部停火线附近集结,造成俄军真正的目标(基辅)周围守备空虚。不过,乌军战术能力较 2014 年已有长足进步,这是俄军没能打探清楚的。尤其是乌军多年来对防空导弹综合体的建设,成为前期阻滞俄军闪击的重要屏障。

战争发起后,担任主攻的北线俄军,由两条支线协同运动、联合发起"钳形攻势"。其一从白俄罗斯戈梅利出发,沿第聂伯河西岸进攻基辅;其二从俄罗斯布良斯克出发,经切尔尼戈夫、苏梅,沿第聂伯河东岸包围基辅。基辅北部地理环境之恶劣,人所共见。所以,俄军闪击的"命门"就在于后勤。为此,夺取并控制基辅西北 20 公里处的安东诺夫机场,架设一条"空中补给线",成为俄军加注砝码的制胜点。若打通"空中走廊",俄军便可向基辅近郊迅速投送大批武装力量。

行动之初,俄军凭先发优势打得乌克兰措手不及,空降只遭遇零星抵抗,干净利落地占领机场。可表面顺利的背后,是闪击战在许多方面都很"拉胯"。首先,空天军远程打击精度堪忧。根据英国皇家联合军种研究所(RUSI)数据,在最初 48 小时内,只有 10% 的移动防空阵地被击中,远不足以瘫痪乌军防空系统,可观的空中优势也就无从谈起。虽占得机场,却难以阻止乌空军对机场的破坏。其次,俄军缺乏主动性与战术灵活性。空天军很少提供有意义的支援,尤其动态打击缺乏效率,炮击要么太迟,要么不足以摧毁目标;而空降兵也因行动仓促,缺乏临机应变的处置。眼见拖拉机占位跑道,他们竟作壁上观。

对乌军而言,机场争夺战暴露诸多危险。这首先归咎于决策者对袭击警告置若罔闻。美中情局局长威廉·伯恩斯早已将"俄军目标是安东诺夫机场"告知乌克兰,但乌军不以为意,只派少量民兵驻防,面对从天而降的俄军精锐,顿时作鸟兽散。其次,大方向误判的同时,局部重点也搞错了。战前最挑动乌军神经的是基辅水电站,于是将总统行动旅、国家警察部队、国民警卫队都部署于此,但这手布防完全扑空。说到底,乌军没料到俄军如此自信,早已视基辅为囊中之物,没必要摧毁即将属于自己的基建。

尽管如此，乌军虽然预判总在错，但思想调整很快。机场一被占，便当机立断进行压制。一是调用火箭炮、空中打击对机场实施火力覆盖，防止俄装甲车、火炮等重武器落地。二是以"毒刺"等肩扛式导弹实施"低空猎杀"，击落3架直升机。三是由第四快速反应旅将大卡车、拖拉机开上跑道，强行占位。最终，成功逼退20架运输机，并抢在俄军地面增援赶到前，将机场跑道摧毁。由此，俄军在机场争夺战中失利，闪击步调大大放缓，以战略欺骗取得的先发优势迅速消退，天平开始向乌军倾斜。

机场被毁，闪击便难以为继，俄军泥足深陷于三大弊病，且都没有很好地调整过来。首先是后勤压力，在进攻基辅前，俄军静止了两天等待补给。此后半个月，虽然在基辅西面攻克了布查、伊尔平，东面也占据博布罗维察，但俄军身后就像被绳拽着，每每因燃料短缺而迟滞了攻势。其次是战术层面的混乱，仓促而战的副作用很多，一方面是营级战术群的中层指挥对上级意图无法心领神会，友邻缺乏协调，进军路线常常"撞车"，补给车队在40英里的狭窄公路上缓慢爬行；另一方面是无线电传输没来得及交换密钥，俄军只能以报话机等民用通信线路沟通，一举一动都被乌军实时监听。最后是决策反应迟缓、犹豫。俄军在2022年3月中旬已经黔驴技穷，转入守势。闪电战拖到这个时间点，已全然丧失其突然袭击的锋芒。俄军竟还不做撤退打算，在城郊虚耗光阴。如果早些将基辅集群调往顿巴斯，那在泥泞季到来前，东线取得突破的赢面会更大。

所谓"狮子搏兔，犹尽全力"，俄军战前未能料敌从宽、过分托大，虽一时得逞，但为了晃过对手，反把自己弄闪了腰，最终只能不甘地"瘫软"于基辅城下。而乌军前期误判虽然也很失策，但得益于长期战术能力的建设与临时应对得当，才勉强化险为夷。

（四）从哈尔科夫到马里乌波尔的攻防拉锯战

从基辅战役的利弊得失，能大致收拢出一条脉络，即乌克兰对俄罗斯以基辅为目标的闪击计划感到出乎意料，俄罗斯也惊讶于乌克兰表现出来的战斗素养和战术准备。换言之，双方都没有按照对方设想的轨迹运动。从结果来看，基辅战役后，俄军虽奇袭受挫，但仍强撑积极、主动的攻势，统帅们"毕其功于一役"的想法还在，针对后勤不足的教训，俄军战略方向、阵线、目标均以"背靠本土"为原则进行回调。从基辅撤离的同时,俄国防部公布的第二阶段目标为"集中精力解放顿巴斯"。于是2022 年 4、5 月战场重心被摆回到双方总参推演过无数次的位置——乌东地区。

俄军要摆"口袋阵",就务必在顿巴斯侧后翼取得包抄支点。在北部,目标锁定为乌东第一大城市哈尔科夫,在南部,则以港口城市马里乌波尔为最佳。由此,俄军就能将克里米亚、顿涅茨克、哈尔科夫连成一片,借助三地间的陆上交通网调动兵力、物力,顿巴斯乌军势必插翅难逃;相应地,对乌军而言,若能长久维持其侧后翼"阵脚"稳如泰山,便可迅速组织反包围或多点突破。总之,谁能赢得这两点的"劫争",谁就能在乌东"贪吃蛇游戏"中占尽先机。

哈尔科夫方向,俄军的战争模式有别于基辅,采取更符合其战术传统与体系特点的火力战。毕竟,苏系军队历来就有"大炮兵传统",面对"龟壳",尤其要发扬火力见长优势。这首先得益于优渥的攻坚装备储量,尤其是炮管数与弹药量。根据沃罗德米尔·达琴科(Volodymyr Dacenko)统计,战前俄军炮弹库存量为 1 500 万发,即便忽略新生产份额,以每月消耗 150 万发的上限为基准,火力全开的情况下,俄军的炮弹供应最少可以支撑 10 个月;炮管损耗也完全扛得住,光投入战斗的就有 3 000套,库存还有 12 000 套,根据标准损耗率与动员潜力计算,起码可以维持 23.4 个月。其次,炮火也能弥补俄军营级战术群"血条薄"的劣势,节约有生力量。根据RUSI 披露,在顿巴斯激战中,俄军部署了超过 1 100 门身管火炮,约 80 到 90 门组成一个炮兵群,对 3 到 4 个营级战术群进行炮火支援,作为地面推进的"清道夫",避免拿宝贵的合同兵"蹚雷"。

然而,无论怎样的"大炮兵",仍需合理配置资源方可取胜。倚重炮管、弹药上的优势,确实能强化部队的杀伤、摧毁能力,但无法保证对重要支点的占领。从战役后续来看,俄军仍是"后继乏力":

其一,步炮协同存在较大脱节,迷信"范弗里特弹药量"①并不足以取胜。步炮协同的战术效果不仅取决于火力,更关键的是地面力量的跟进效率。但事实上,俄军在火力、机动、突击三个环节频频"掉链子"。突击梯队的战斗方式通常是由坦克与

---

① 范弗里特弹药量是朝鲜战争的历史名词,意指不计成本地投入庞大的弹药量进行密集轰炸和炮击,对敌实施强力压制和毁灭性的打击,意在迅速高效地歼灭敌有生力量,使其难以组织有效的防御,最大限度地减少己方人员的伤亡。1951 年 8 月 18 日 6 时,美第 2 师师长拉夫纳少将以师的全部火力(中轻炮 7 个营共 126门和中重迫击炮 72 门)一齐开始攻击 983 高地。在 9 天的战斗中所消耗的弹药仅炮弹就约有 36 万发,相当 1门炮发射了 2 860 发(平均一门炮 1 天 320 发),美军的弹药量是平常五倍,这就是所谓的范弗里特弹药量。

下车步兵交替掩护、侦察，而俄军缺乏具备主动性与技术性的高素质步兵，在下车后没法以战术动作高效抢占有利地形，导致装甲兵对战场态势的感知半径受限。美国国际战略研究中心（CSIS）就曾指出，俄罗斯机械化部队很容易就被乌军诱入市区、运河公路网和林地，随后由无情的反坦克火力表示"欢迎"。对此，俄军只能谨小慎微，以饱和打击方式慢慢"磨"。随着兵力进一步集结，顿巴斯民兵武装成为更好的"沙包"，他们比正规军更适应战场——已浸淫硝烟8年之久，正好拿来"以身犯险"，用以试探乌军隐藏阵地，发现后立即通报，施以远程火力打击，再由瓦格纳雇佣兵等精锐一拥而上夺得阵地，为防乌军火力报复，第一时间会将精锐撤出，仅留顿巴斯民兵看守。此外，俄军在战术上不得不迁就被指为"拉胯"的单兵素养，将高价值单位低能化。如因步兵协同能力差，便果断放弃了坦克的天职——突袭，仅将其作为最大射程仅2公里的"间瞄火力点"。

其二，战略定力欠佳，目标取舍三心二意。根据战争研究所（ISW）战场评估，一方面，在最初的半个月内，俄军常态化地维持火炮、导弹、空袭的远程火力打击，但迟迟没有集中起足够数量（最多时有23个营级战术群）的地面部队，似乎意图止于牵制；而另一方面却摆足了攻城略地的架势，多次向哈尔科夫市内发起空降、偷袭，又似乎将要一鼓而下。总体上，俄军对哈尔科夫的攻势缺少"定性"，或许是为了策动、响应整体战局，其战术呈现强烈的摇摆性。不仅乌军摸不清底细，就连俄军统帅自己也未必知道下一步的计划，这从"乱打一气"的空降作战中便可窥得一二。

其三，俄军兵力不足，向内无法构建稳定的包围圈，向外又不能阻滞敌军增援，始终没有孤立哈尔科夫。仗既然打到了合围、消耗的地步，取胜的抓手便在于：攻占支点、阻敌增援。俄军用了半个月，证明前一手暂时没法奏效，进攻轴线可谓稀稀拉拉，对哈尔科夫施加的压力很有限；而在后一手上，俄军也是"有心无力"。一方面，精确制导炸弹大量消耗在了基辅方向，暂时没有余力折断乌军自西向东的铁路交通线；另一方面，俄国空天军在基辅已经领教了乌军防空系统的威力，没有地面部队的掩护，不敢深入乌克兰腹心空域，自然也就无法在乌军运兵线上"做文章"。

然而，乌军对哈尔科夫的解围、反击绝称不上迅猛，一直拉扯到5月中旬才解除威胁，这主要受制于装备、弹药的紧缺。根据英国皇家联合军种研究所（RUSI）披露，北约前期提供的军事援助大多是"花架子"，缺乏配套的整合支持，象征性色彩居多。而当战争进入白热化，西方武器经不起快速消耗。到战争的第二个月，乌军就已经耗尽了战前的武器库存。还是 RUSI 的数据,在顿巴斯战场,俄军炮兵每天发射约 20 000 发炮弹,有时峰值发射率甚至超过 32 000 发,而乌军火力每天很少能超过 6 000 发。2022 年 5 月到 6 月期间,俄军在火力方面有着 12∶1 的压倒性优势,乌军则缺乏反制手段。所以,ISW 在 2022 年 3 月 3 日就认为,俄军对哈尔科夫的意图已从占领转为牵制,而这更多是出于全局态势的考虑。现实要求俄军统帅们从善如流,识趣地放弃硬骨头,以便在其他方向形成强力攻势,这就比在基辅白白浪费一个月的"死心眼"计划要明智得多。

马里乌波尔方向的战斗,与哈尔科夫战役几乎同时开始、同时结束。虽然成功迫降了守军,但之于俄军,这场胜利来得并不轻松。战争开始仅八天,俄军就切断了沃尔诺瓦哈到马里乌波尔的补给线。如此"美丽"的开局,令谁也想象不到,俄军攻克马里乌波尔竟然耗费了 82 天之久。不得不说,乌军的防御表现可圈可点。

一是在地面上,马里乌波尔凑齐了"地利""人和"。乌军完全依托苏联时期的准军事化工事——亚速钢铁厂与伊利奇冶金厂,以及发达的地下通道展开防守。直到俄军几乎夷平了厂区的地面设施,地下设施依然支撑乌军继续负隅顽抗;从守军实力来看,富有实战经验的"亚速营"起到中流砥柱的作用,从战斗意志到单兵装备,再到诸兵种技战术合成,都比寻常乌军强劲得多。

二是在天空中,竭力架设"空中走廊"对守军进行后勤支援。利用俄军防空能力相对不足的老短板,乌军对马里乌波尔执行了多次空中补给,带去大批医疗物资、武器弹药。当然,"不抛弃不放弃"也是有代价的,乌军向马里乌波尔派出的运输机编队有多架被击落。

三是在太空中,乌军信息化作战能力得到"星链"加持,使用战场加密卫星互联网勾连一切。由于乌东南部电信服务基本瘫痪,乌军在亚速钢铁厂防御时,全靠"星链"与后方总部联络与传递情报。守军战术协同也都依赖"星链"实时沟通,从而降低了俄军对城内电力、通信等基础设施实施打击的负面影响。除强化战场指挥和管理外,"星链"也成为乌军发动人民战争的重要渠道。乌克兰政府鼓励民众"实时报点",即用"手机—星链"渠道将俄军动向上传至 e-Enemy 平台。截至 2022 年 4 月 28 日,已有 26.7 万名民众提交数据,平均每天收到 2 000 条俄军位置等信息。

经历此战,俄军收获也蔚为可观。据《兵工科技》统计,此战俄军共歼灭乌军 2 万多人,毁缴各型坦克、装甲车辆 200 多辆,极大地提振自基辅失利后衰颓的士气。

图片来源:百度图片。

图7—2 困守亚速钢铁厂地下工事的守军,仰望久违的阳光

马里乌波尔之战在如下三点上有别于哈尔科夫之战:

一是在绝对的进攻力量上,俄军首次形成了绝对优势的兵力、物力。第一阶段投入进攻的部队与乌军人数相仿,且缺乏重武器支持,而乌军还配备主战坦克、装甲车以及重型火炮,所以俄军最初"碰了一鼻子灰"。后来不断积蓄兵力,方才具备攻城拔寨的能力;装备上不断加码,不仅地面配备240毫米口径"郁金香"自行迫击炮,还能随时调动海空力量投射白磷弹、温压弹、钻地弹。俄空天军也在马里乌波尔上空频繁出动战略轰炸机,黑海舰队则从南面海域向城内目标进行远程打击。

二是吸取格罗兹尼巷战①"翻车"的惨痛教训,俄军将"巷战专家"车臣武装着重部署于此。早在开战之初,车臣便派了1万名士兵参加战斗,其中有部分就部署在马里乌波尔的东部——"亚速营"据守的防线,正是车臣士兵带头杀入港口区,将"亚

---

① 格罗兹尼巷战是越战以后最残酷最血腥的巷战。俄罗斯军队与车臣非法武装从1994年开始,先后在车臣首府格罗兹尼爆发两次较大规模的巷战。第一次巷战发生在1995年,第二次巷战发生在1999年12月25日至2000年2月。

速营"防区撕开了缺口,为分割包围创造有利条件。

三是对后勤线路与战术要点的持续维护。此前,俄军两次都败在后续力量的"不济",但在马里乌波尔,固定区域占领的优先级提得很高。尤其注重对后勤的反袭扰作战,并利用大量无人机替代人力侦察,提前消灭在后方组织破坏的乌军小分队,同时,将有生力量用在对固定阵线的维持上。因此,整个攻城战中,俄军基本上是"稳扎稳打",无论后勤补给,还是前沿阵地,都没出现遭到反击就"吐出"阵地的情况。

(五)赫尔松反击与巴赫穆特绞肉机

哈尔科夫之战和马里乌波尔之战是俄乌战场趋于相持的两大标志性战役,此后的三个月内,战线基本维持不变,双方都在暗自蓄积"战略势能"。在挺过最初三个月的惶恐与被动后,乌军在西方帮助下,积累了有利决战的条件,将调虎离山、闪电战等一系列策略战术,与"海马斯"等新式武器所衍生出的新效能相结合,在赫尔松、哈尔科夫取得了"两面开花"的空前胜利。相对地,堪称军事灾难级别的战场表现,促使俄军痛定思痛,在打法、战略上逐渐回归理性、回调预期,采取了更保守、稳妥的消耗战打法及人事安排,导致俄军在巴赫穆特的堑壕、巷战推进中显得"滴水不漏"。

赫尔松—哈尔科夫反击战中,乌军策划堪称教科书式的典范,其不容忽视的亮点在于将两个战场"盘活"了,聚合出"呼吸相通"的全局协同优势。这也就是为什么两地战事相隔超过1 000公里,却仍能被视作一个整体进行评估的原因。反观俄军,在对马里乌波尔、哈尔科夫的攻势中,几乎罕有跨战场策应的意图,"左脚踩右脚"的现象倒是很严重——俄军对马里乌波尔的强攻,反倒帮乌军下定决心收缩兵力,使哈尔科夫方向的俄军更难突破。

以俄军此前的进攻战例为参照,观察乌军的战略反攻计划,可以管窥出俄乌两军在立意上的差别,乌军方面尤其突出两大特性:

首先是战略态势的策略性。乌军在筹谋阶段效仿俄军最初的欺诈策略,对其防御部署进行"拉扯"。乌克兰南方战区最先大张旗鼓地炒作"赫尔松大反攻",俄军果然中了调虎离山之计。根据 ISW 研究员斯特帕连科观察,乌军的"诡计"使"俄国东部军区重新部署至南部轴心"。一时间,俄军的乌东阵线门户洞开,乌军占据了"一边倒"的兵力优势,根据半岛电视台消息,在哈尔科夫东北部的反击中,乌军对俄军形成 8∶1 的数量差距。

其次是战术打法的务实性。乌军地面推进完全循着"闪电战"的逻辑展开,实用主义态度既是这一战术的内在要求,也是乌军有别于俄军初期闪击基辅的亮点所在。一方面,以敌后特种作战弥补战术轰炸能力的不足。"闪电战"的要义包括以空袭破坏敌方指挥系统及后勤运输网,而乌军则代之以"幽灵行动"达到异曲同工之妙。一是紧扣俄军指挥链"搞破袭"。乌军"海妖"特种部队屡建奇功,潜入敌营俘获了多名俄军军官,打乱其指挥链的正常运转。二是对俄军后勤线路进行专项"整治"。如对克里米亚大桥的汽车炸弹袭击,此举虽正当性存疑,但从结果看,几乎获取了与战术轰炸相当的效果。另一方面,机动兵力在前线推进中直插要害。当敌人退入居民点,乌军并不与之纠缠,果断迂回到公路沿线,长驱直入其后勤补给中枢,造成俄军"雪崩"式溃败。同样用"闪电战"路数,乌军远比俄军要干脆利落得多。

原先,乌军主要配备 NLAW、"标枪"等便携式反坦克导弹,而后逐渐实装 M142"海马斯"多管火箭炮,火力打击的射程、精度均有极大提升,再配合 TB2 无人机进行对地侦察,能够及时发现并定点摧毁俄军后方指挥部、运输节点及通信设施,装备上的"鸟枪换炮"赋予了乌军更丰富的战术灵活性。

其一是从手段到目标的简洁性。此前俄军推进极度依赖饱和打击,这就类似以堆叠加法计算的方式求解乘法问题,往往事倍功半。而凭着先进武器,乌军只费"四两"功力,便能拨动"千斤"目标。最成功的案例,是乌军对安东诺夫斯基大桥的"关闭"。事实上,"海马斯"造成的损害仍在可承受范围内。但乌军创造性地开发出了"千蜂蜇"战术,即发挥"海马斯"系统高精度的优势,将弹着点控制在桥梁表面的狭小区域内,通过炸出密集性的深坑(露出桥体钢筋的深度),以使大桥的交通职能"瘫痪"。

其二是"不战而屈人之兵"的审慎性。有别于俄军在马里乌波尔的"拙打",乌军在攻城拔寨中,善于营造"围三阙一"的压迫感。尽管"海马斯"系统切断了所有从克里米亚通往赫尔松的桥梁,但乌军主力也迟迟没有发起总攻。这就是充分考虑到歼灭的难度,乌军决策层对大概率发生的巷战抱有谨慎态度,并不想如俄军那样,在城市攻坚中耗损大批有生力量。遂以"海马斯"遮断俄军后勤节点的方式,迫使其知难而退。

其三是火力对攻中的灵巧性。在得到"海马斯"系统的加持后,乌军模仿蒙古弓骑兵的"放风筝"战术,在火力对射中稳居上风。根据多家美国媒体报道,"海马斯"

系统不光射程远,还具备"快打快撤"的高机动能力。于是,乌军炮战就表现为一边"放风筝",一边"打了就跑",与俄军炮兵拉开距离,找到合适机会就发动精确集群打击,一旦俄军向前逼近,乌军就继续转进后退,等到俄军锁定目标,往往已寻不见"仇家"的身影。

反攻进行得如此顺利,乌军背后自然也有高人指点。根据俄媒消息,乌军这次获得了美国、英国方面的情报协助,甚至还传出美军顾问亲临指导的消息。同时,北约各国加大军援力度,给予乌军长期火力支持。其提供的火炮,全部采用北约制式155毫米口径弹药,该型储备量极为充裕。由此,乌军火力将不再被北约及自身弹药产能所限制。但同时,北约也有意"隐身",不希望与俄军发生直接冲突,因而部分地遏制了乌军的反击能力。典型就是美国对援乌"海马斯"系统的射程进行限制,以防止乌军"头昏脑热",对俄国境内目标进行打击,造成局势失控。

面对乌军反扑,俄军对此显然缺乏预估,应对也较为仓促。首先是俄军在临场应变上的迟钝性。

其次是俄军对阵地"多吃多占"的短视性。一方面,在进攻区域的规划上"摊大饼"。缺乏对占领区域进行维持的后备力量。对乌东地区的"蚕食",使其为数不多的军事资源摊薄在漫长的阵线上,侧翼几乎处处"漏风",并持续低估乌军进行迂回的能力。另一方面,俄军大量调用顿巴斯地区的民兵武装"滥竽充数",囿于稀烂的战术素养,导致撤退"玩脱"成了溃退。车臣总统卡德罗夫对此就直言:"士兵没受过适当军事训练。"

再者是俄军撕破脸皮,对乌克兰基础设施"狂轰滥炸"。原本俄军对乌克兰基建罕有举动,毕竟其统帅视乌克兰为囊中之物,自当避免摧毁即将属于自家的水电交通设施。而此次反攻,令俄军近三个月的进展化为乌有,美梦破灭,俄军自然放开手脚,采取一切手段报复回去。

更关键的是,这一战将俄国逼到了墙角,局势紧迫,容不得普京继续吝惜动员成本。实际上,俄国官方对此显得很不情愿,直到2022年9月才宣布征召30万人。在扩充兵力方面,雇佣兵组织显得更果决、积极。根据英国国防部与BBC消息,自2022年7月以来,瓦格纳集团就热衷于鼓动囚犯报名参军,其创始人普里戈任告知囚徒"只需服务6个月就可以获得自由"。

这一系列调整推动俄乌战场进入拉锯战,其特点在于有限目标与无限消耗。前者体现于俄军的打法,将锋芒收敛了许多,一改"身怀利刃,杀心自起"的纵横心态。此前俄军规划大开大合,动辄要求部队进行纵深穿插、快速机动,而此时已然雄心不再,转而计较起一城一地的得失。2022年11月,俄军把赫尔松撤回的精锐及新动员兵力部署至巴赫穆特,其他方向则齐齐转入守势。后者则是描述双方对有限目标的不对称投入。两军每日伤亡以百、以千计,但战线进展却可以精确到米。

事实上,巴赫穆特本身战略价值有限。哪怕攻占此处,俄军也难以"百尺竿头更进一步"。可奈何"直播战争"模式延伸到交战的方方面面,小目标竟博得了与体量不相符合的关注度,从而附着上特殊的宣传价值。对俄军来说,巴赫穆特足以成为先前失败的"遮羞布",将其作为"特别军事行动一周年的重要胜利"。同样,乌军也拒绝北约提出的撤退建议,虽说"敌进我退"无伤大雅,但乌军意在将此地包装为马里乌波尔之后的又一个"英雄城市"。

具体到巴赫穆特的作战中,俄军整体表现算是不骄不躁。一是在战役思想上不再过分强调短期突击成效,采取类似"结硬寨,打呆仗"的推进方式,比过去要耐心得多。瓦格纳推进缓慢不假,但得益于其优秀的野战工事修筑能力,在攻取阵地后,会迅速着手构建反坦克壕沟、斜线阵地等防御工事,从而提升对阵线、据点的消化能力,所以极少有被乌军反攻夺回的情况。

二是在打法上充分发挥火力优势,在巷战、堑壕战以及炮战中消灭乌军有生力量。首先,俄军大量使用雇佣军作为短兵相接的"耗材"。当乌军有着无人机、星链及高精度火炮构成的高效察打体系,若俄军投入正规军,既不得以施展其战术素养,也难以避免"无谓的牺牲"。权衡取舍下,自然是发挥"贼配军"们的低价值优势更划算。其次,维持长时间、大规模的炮火打击进行围点打援。这与此前为推进而承担的"清道夫"职能不同,俄军在巴赫穆特的炮战旨在消磨敌方有生力量。而该地又邻近俄军补给地,补充弹药更便捷,在确认乌军死守巴赫穆特的决心后,俄军很乐于见到乌军增援此处。

三是在指挥上"火线换将",力求如臂使指地调动各派力量。2023年1月,俄军总参谋长格拉西莫夫取代了苏罗维金,成为在乌俄军的总指挥。这一人事调整,反映俄军在组织思想上的变化,即从收拢败局到重新协调各个"山头"的力量。

在如此调整下,俄军不计一切代价是要拿下巴赫穆特。而乌克兰因为"巴赫穆特是顿巴斯的门户,一旦拿下来,斯拉维扬斯克有可能就坚守不住",泽连斯基做出坚守巴赫穆特绝不撤退的决定后,大批乌军部队于此死守。据俄瓦格纳雇佣兵集团报告,乌军在巴赫穆特总共集结了 11 个旅,外加雇佣兵、独立营、亚速团、特种作战部队联合分遣队,总计 27 个单位,保守估计在两万人以上。俄罗斯主攻的则是瓦格纳雇佣兵集团,还有一些刚被动员过来的新兵,双方投入的总兵力高达数万人。双方都决定不惜一切代价守住这座被打烂的城市。虽然巴赫穆特的地形、防御工事对乌军防守有利,背靠乌克兰大后方,但这个战区的背后就是 30 多公里的波帕斯纳铁路枢纽,让俄罗斯有后勤补给线,两者都倾注巨大兵力,让巴赫穆特成了 21 世纪名副其实的再一个"凡尔登"——俄乌战争中最大的战场"绞肉机"。

二、为何是乌克兰?——地缘宿命与真实底牌

(一)地缘决定乌克兰是"战略缓冲区"

苏联的解体、冷战的结束使乌克兰的地缘政治地位发生巨大变化,其作为欧亚大陆上独立国家的出现,改变了欧亚大陆的地缘政治结构,也影响着欧亚大陆的地缘战略格局,从而成为大国博弈的"主场"之一。

从陆上而言,乌克兰是欧洲除俄罗斯外领土面积最大的国家,东西跨度约 1 316 公里,过乌克兰向西几百公里就是欧洲强国之一的德国,同时乌克兰还与俄罗斯的仇敌波兰接壤,因此,无论乌克兰作为当年苏联西南边陲的行政区,还是作为一个独立的欧洲国家,其都是俄罗斯与欧洲之间最重要的战略缓冲带。

就海上而言,乌克兰南濒亚速海和黑海,隔海与土耳其相望,刻赤海峡是亚速海通往黑海的重要海上通道,土耳其海峡又是黑海进入地中海的通道,进而进入印度洋。而俄罗斯所拥有的黑海沿岸领土海岸线相对平直,没有形成天然良港的地形条件。要想控制黑海,克里米亚是必须获得的战略要地。

乌克兰处于俄罗斯与北约地缘政治的交叉点。伴随苏联解体,俄罗斯和乌克兰成了最大的继承国,乌克兰甚至分得了 1 200 多枚核武器,立马变成世界第三大拥核国。尽管华约不复存在,但北约却趁势东扩,其并不仅仅是某一个国际组织在单一领域的扩展过程,而是包含着北约作为一个军事安全组织在欧洲地区的国家边界扩展,而且通过防御性战略武器系统——反导系统——的部署,又带动了相当规模的常规武装力量部署。北约已正式接纳 13 个原苏东国家,成员一路飙升到 29 个,

乌克兰则是北约东扩的重要对象。

作为俄罗斯与美欧势力范围之间的桥梁国家乌克兰,不断受到双方力量的来回拉扯,一边是北约极力拉拢其入伙,将乌克兰视为遏制俄罗斯的安全屏障;另一边是普京警告其别挑战俄底线,欲将乌克兰打造为阻止北约东进的前哨。由于俄罗斯与美欧争夺的升级,迫使乌克兰选边站队,乌克兰内部在"向东走"与"向西走"问题上产生了分歧,一边是波罗申科政府通过《宪法修正案》,将加入北约列入宪法;另一边是克里米亚已加入俄罗斯,顿涅茨克、哈尔科夫等乌克兰东部地区和城市也要求加入俄罗斯,最终撕裂了国家。由此而言,乌克兰之战基本上仍是二战以后及冷战后的遗产争夺之战。

(二)乌克兰是欧洲政治经济的战略平衡点

美国战略家布热津斯基在其著作《大棋局》中指出,乌克兰是重要的地缘政治支轴国家,必将沦为权力角逐的决胜场。且不说,乌克兰坐落在天主教与东正教文明的交界处,其西部大多数居民为天主教徒,东部大部分居民信奉东正教,文明断裂带为大国插手提供了可能。仅从地理位置看,乌克兰属于欧洲大陆岛的"心脏地带",它位于欧洲东部,东连俄罗斯,南接黑海,北与白俄罗斯毗邻,西与波兰、斯洛伐克、匈牙利、罗马尼亚和摩尔多瓦诸国相连。

如此的地缘位置使得乌克兰成为欧洲联盟与独联体特别是与俄罗斯地缘政治的交叉点:

第一,能源上,捏住了乌克兰就捏住了欧洲命门。乌克兰掌握着亚速海的绝大部分海岸线,且是欧亚大陆的物流枢纽。首都基辅是全国航空、公路、铁路运输中心,内河总通航里程达1 672公里,主要通航河流包括第聂伯河、德涅斯特河、多瑙河、杰斯纳河等,主要港口有别尔迪扬斯克、德德涅斯罗夫、伊利乔夫斯克、敖德萨、顿涅茨克等。欧洲国家能源短缺,其最大的遗憾是未能修建西欧南北走廊,将大西洋欧洲国家与地中海欧洲国家连接起来,实现能源供应的多元化。在此背景下,坐拥物流枢纽优势、交通系统齐全的乌克兰就成为欧洲能源输送的生命线。对于俄罗斯来说,尽量将乌克兰控制在手掌心——从俄出发,由乌克兰向西,可经斯洛伐克、捷克到达德、法两国,向南可经罗马尼亚进入巴尔干半岛,借密布于乌克兰的油气管道,俄罗斯每年能从能源贸易中获取巨额利益。对于美国来说,尽量破坏俄欧能源通道,离间俄欧能源贸易——搞乱乌克兰,并制定能源应急计划,说白了是为欧洲寻找能源替代，制衡俄罗斯，确保欧洲继续跟随美国，维持石油美元体系。美国策划乌克兰内乱之后，俄罗斯启动绕过乌克兰、直接经波罗的海海底通到德国的北溪 2 号天然气管道项目。欧洲或凭此缓和天然气紧张局面，但在能源上将更加依赖俄罗斯；美国绝对不愿看到俄欧合作挤压自身的能源出口，所以制裁、阻挠该项目；乌克兰因此损失超 10 亿欧元的"过路费"，总统泽连斯基将其视为"打击乌克兰的地缘政治武器"。

第二，经贸上，笼络住乌克兰就抢占了经济贸易的比较优势。乌克兰有着"欧洲粮仓"的美誉，作为世界上第三大粮食出口国，农业产值占其国内生产总值的 20%，除谷物生产外，还盛产甜菜、亚麻、向日葵、马铃薯、水果等。乌克兰工业体系也较为完整，重工业在工业中占据主要地位。此外，煤、铁、锰等资源丰富，顿巴斯煤田和克里沃罗格铁矿世界著名。而欧盟国家普遍资源匮乏，与乌克兰内置着互补式经贸模式。乌克兰在农工领域连续多年最大的欧盟合作伙伴为荷兰、波兰、德国、西班牙和意大利。其出口商品中最受欢迎的是玉米、菜籽、小麦、豆类、肉和禽，关乎欧洲国计民生的经济命脉，包括粮食安全。反过来，欧盟国家也加强对乌克兰经济的渗透。欧盟在乌克兰总贸易额中的比例持续增长，试图建立欧盟与乌克兰的自贸区。俄罗斯自然不满于此，因为在其眼里，俄乌才是"相互支持的产业体系"，所以在俄乌未开战前，俄罗斯力劝乌克兰加入俄白哈关税联盟，争夺乌克兰第一大贸易伙伴地位，谋求俄乌"统一经济体系"的发展。因此，伴随 WTO 退潮，地缘经济冲突上升，恰好夹在中间的乌克兰被"东西"拉扯，增加各自的筹码。

第三，政治上，乌克兰既是北约反俄也是俄罗斯施展战略的桥头堡。北约在冷战结束之后建构欧洲安全秩序，准许前苏联加盟国爱沙尼亚、拉脱维亚、立陶宛等加入北约，并在波兰与罗马尼亚部署陆基型导弹拦截系统。若格鲁吉亚与乌克兰再加入北约，西方盟国及美军可直接与俄罗斯接壤，俄罗斯的战略前沿将被迫向后收缩上千公里。2008 年格鲁吉亚总统下令对南奥塞梯民兵和当地俄驻军发动进攻，普京宣布承认南奥塞梯独立，并且命令俄军歼灭进入南奥塞梯的格鲁吉亚军队，阻止了格鲁吉亚加入北约的进程。如今，拉拢乌克兰加入北约，实质上是北约牵制俄罗斯的又一次地缘政治扩张。普京几乎复制了当年的行动，承认顿涅茨克和卢甘斯克共和国独立，派军提供安全保障，并发起特别军事行动，以阻止乌克兰加入北约。今天的俄罗斯逐渐收拾旧山河,狠狠反击北约,反倒让北约在俄罗斯反击下出现激烈内讧,对外宣扬"欧洲发生武装冲突的风险是真实存在的",从而在安全上更加依赖美国。

第四,安全上,乌克兰是欧洲的接榫与屏障。乌克兰领土面积居欧洲第二,综合实力在独联体内仅次于俄罗斯,可以称为欧洲大国,尤其是其与欧盟接壤的战略位置,使其成为欧洲安全的重要屏障,可以说是"欧洲之门",是西方维持防务安全的物理堡垒与心理防线。随着乌东紧张局势升级,欧洲面临的地缘政治风险上升,欧洲经济特别是欧元都将面临冲击。一旦乌克兰发生武装冲突,多达 300 万—500 万的乌克兰难民将涌向欧洲,欧洲的安全环境将急转直下,乌克兰的未来具有超越该国命运的重要性。鉴此,美国要在欧洲搞事,乌克兰就是这个"事"。美国借机渲染"俄乌冲突",制造欧洲的共同不安全感,向欧洲出售军火,来继续抓住欧洲事务的主导权,削弱欧洲战略自主的势头。

综上可见,乌克兰不仅是能源、经贸竞争的发力点,而且是政治攻守和安全保卫的防线;不仅是欧洲经济的战略平衡点,更是欧洲政治的战略平衡点。既然是平衡点,意味着只要捏住这个"地缘要冲",就可以牵动整个欧洲大棋盘,也意味着各相关国家都想插足。

(三)都怪美国主导的全球化与"政治正确"?

关于俄乌战争,表面看是在国家主义盛行的当口,国际地缘政治危机又一次卷土重来。美国对俄罗斯的极限施压和长期拉欧打俄的战略让俄乌地缘政治危机甚嚣尘上,不断触及俄罗斯的底线,致使被"欺负到家门口"的俄罗斯不得不亮明自身立场予以反击。在普京看来,北约东扩是断不可接受的,更要防止乌克兰加入北约重新染指克里米亚,于是才选择"先发制人",俄乌战争由此爆发。

但实际上,乌战的根源在于美国主导的全球化与根植已久的"政治正确"。

一方面源自上一轮 WTO 所谓的"市场经济"已愈发偏态。在 WTO 框架下,美国主导的贸易规则已成为发展中国家经济增长和产业跃迁的最大阻力,类似乌克兰这样处于地缘缓冲带的东欧国家由于处于国际产业链分工底端,在内有经济危机、外有势力裹挟和资本剥削的环境下势必难以获得生存和发展空间。1991 年独立时,作为"欧洲粮仓"的乌克兰,在独联体中经济仅次于俄罗斯,拥有高度发达的工业体系和经济架构。30 年来,乌克兰经济形势变化巨大,国内生产总值不断经历大幅上涨又迅速回落的起伏(见图7-3)。2020年乌克兰国内生产总值为1 560亿美元,不到俄罗斯的1/10,2018年被国际货币基金组织(IMF)认证为"欧洲最穷国家"。国弱民穷的乌克兰试图倚靠欧盟和北约,看似抓住了"救命稻草",却被美国利用成了战争的牺牲品。

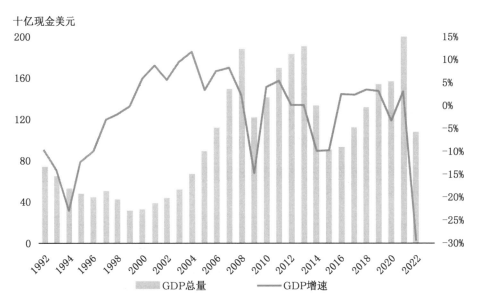

数据来源:世界银行、乌克兰国家统计局。

图7-3 1992—2022年乌克兰GDP变化情况

另一方面源自美国长期的"挟'政治正确'以令诸侯"。为输出意识形态,美国多年来精心布局,将美国"价值观"、西式民主模式、自由市场经济制度和政治观念不断推销给东欧国家,打着"政治正确"旗帜和"人道主义"的幌子干涉东欧国家内政、催生"颜色革命"和亲美政权。白俄罗斯、乌克兰、格鲁吉亚等国家均遭受"政治正确"裹挟上演多次"颜色革命",其结果就是政党恶斗、族群对立、社会撕裂愈演愈烈。早年的乌克兰一度是世界粮仓,其工业特别是军工等领域都十分强大,但在美国的教唆下全面倒向西方、自毁工业、主动销毁核武器。乌克兰独立后,由于乌克兰东、西部地区历史的发展道路不同,东、西部地区的人民在精神上分别亲俄罗斯和亲欧洲。在对外政策取向上,东部地区亲俄罗斯,西部地区亲西方。克里米亚事件后,反俄成为"政治正确",泽连斯基在国家安全战略中将俄罗斯定位为侵略国,秉承"政治正确",一上任就呼吁西方国家制裁俄罗斯,挑衅俄罗斯底线。

可以说,植根于"政治正确"框架下的"自由民主"让乌克兰彻底迷失方向,误判局势、误信美国,使其沦为战争的"棋子"。与此同时,欧盟、澳大利亚、日本等基于盟友关系站队美国,以一种"政治正确"的姿态塑造敌我标识、维系战线统一。加之脸书、推特、YouTube、Ins 等舆论平台推波助澜,给国际舆论带上"政治正确"的"滤镜",加剧了俄乌局势的恶化。

(四)乌战的真底牌——去 WTO 的逆流

俄乌战争爆发的真底牌离不开其所在的国际背景,若将历史拉长,危机的种子早就埋在全球化的历程中。2008 年金融危机后,贸易保护主义和逆全球化思潮抬头。衡量全球化程度比较权威的是瑞士联邦苏黎世理工学院经济研究所简·斯特姆(Jan Sturm)教授及其团队设计发布的 KOF 全球化指数,由经济全球化、社会全球化和政治全球化 3 个一级指标加权平均得到,分值越高代表全球化水平越高。如图 7—4 所示,从 1970—2020 年数据看,2007 年之后全球化进程慢了下来,其中经济全球化基本横盘。

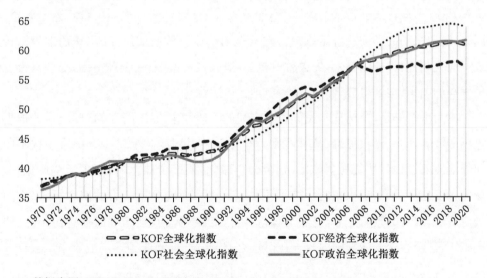

数据来源:KOF Swiss Economic Institute。

图 7—4　1970—2020 年 KOF 全球化指数情况图

法国国际展望与信息研究中心(CEPII)将全球进口额占全球 GDP 之比,作为衡量全球化情况的指标。据粤开证券研究所研究显示,1840 年第一次鸦片战争爆发,中国被动融入世界,全球化进程加速,全球进口额/全球 GDP 从 1842 年的低点

5.4％一路上升到一战前(1913年)的高点15.6％。从第一次世界大战到大萧条,再到第二次世界大战,全球化都出现显著退潮,1945年全球进口额占GDP之比只有3.7％。二战结束后,跨国企业加快推动全球经济一体化。之后非常重要的两个时间点是中国改革开放和冷战结束。全球进口额/全球GDP虽然有阶段性的回落和震荡,但从1946年开始整体渐进爬坡,2008年到达历史高点26.3％,此后在2018年震荡下滑到23.1％,相当于回到2004年水平。以此观之,2008年是全球化的顶峰,从2009年到2020年,世界都处在逆全球化过程中,尤其是2020年爆发新冠疫情,让全球化断崖式下跌。

自资本、劳动力等要素开始在世界范围内自由流动,在市场经济规则的操盘下,全球化在度过"蜜月期"后,潜藏的暗礁逐渐凸显。人们渐渐发现,由西方主导的全球化并非利益中性的。全球化伊始,由发达国家及其政治精英进行主导,广大发展中国家从中获益不多。但发达国家中对利益安排进行主导的是跨国公司和代表资本的利益集团,这意味着发达国家的相当一部分普通民众也不能从全球化中获益。也就是说,全球化能够带来繁荣,却不能带来公平,世界贸易这块压舱石愈是厚重,国家、阶层之间的平衡就愈难维持。尤其是因产业转移而被抛弃的"铁锈地带",传统产业衰落,新产业跟不上,失去就业机会,拉大贫富差距;在全球范围,那些具有竞争优势的国家、地区得势,而一些国家、地区被边缘化。

更为重要的是,全球化与民族国家之间的天然悖论决定了国家之间充斥着形形色色的零和博弈、霸权思维、丛林法则。全球化的过程实际上是一个国家主权不断向外让渡的过程。从贸易全球化,到金融全球化、要素全球化,再到生活全球化,全球化程度越高,国家主权越弱。结果便是国际关系成为国家实力的博弈场,以实力决定优势,以实力判断是非,以实力谋取实惠。某些大国、强国可以任意对小国、弱国施压,甚至直接干涉别国内政。在伊拉克、利比亚、叙利亚等多场战争中,美、英等国为实现其利益和战略目标,甚至可以抛开联合国决议,直接进行武力打击。"新干涉主义"和"单边主义"泛滥,正是西方国家在全球化进程中依仗实力、无视道义以谋求主导权的明显表现。

在这种失衡之下,被边缘化的国家往往矛盾横生,而当霸权国家感受到来自新兴国家的威胁时,也会退回到保护主义的状态。如此一来,逆全球化的国家逻辑在全世界占据上风,淹没了全球化背后的商业逻辑。而当世界经济由市场主导变成国家主导,国际政治和经济领域的冲突常态化也就不足为奇了。基于此逻辑,当大国竞争被顶在杠头上,处于夹缝中的依附性小国只能成为冲突的"牺牲品"。

在俄乌战争中,大国权重凸显,大国之间对于生存空间与安全空间的争夺,成为后WTO时期地缘政治紧张和冲突的根本原因。对于乌克兰来说,对外经济依存成为其国家安全的软肋。乌克兰国内经济困难,处于债务违约及破产边缘,为外部操控提供可能,让经济危机演化成政治危机。

全球化越是显露出颓势,西方越是会想方设法抓紧所谓的"盟友",而这种"团伙化"只会加剧地缘政治紧张和冲突。长期以来,西方国家将所谓"盟友"关系作为其国际行动的重要手段。结盟也意味着必须遵从"盟主"的旨意,在获取"盟友"支持的同时也必须维护同盟的利益。时至今日,这种"盟友"关系已经成为全球地缘政治矛盾的最重要原因。苏联解体后,北约并未停止东扩步伐,不断挤压俄罗斯的地缘政治空间,从而导致乌克兰危机旷日持久无法解决,直到爆发战争。

三、被地缘束缚的国家战略

(一)乌克兰的反思:兵家必争之地

在俄乌战争爆发的初期,面对俄军的闪电战,乌克兰呈现出末日般的景象:俄军快速突进,俄空降兵甚至一度占据基辅机场;民众或仓皇外逃,或参与到抢劫的队伍中,致使部分城市社会秩序一度瓦解……欧美军事和情报机构根据俄乌两军在开战初期的表现预测,乌克兰将在短期内崩溃。

然而在俄乌战争一年多以来,乌军的表现却远超出世人的预期:不仅顶住了俄军的猛烈攻势,打破了国际上认为乌克兰会迅速崩溃瓦解的预期,并且在战略层面顽强抵抗,还能够在一定条件下展开局部反攻:在第一阶段突击基辅的俄军最终仓皇后撤,一路遗失了数以千计的各型装甲车辆;在第二阶段的顿巴斯地区,尽管马里乌波尔、北顿涅茨克、利西昌斯克等地先后被俄军攻占,但乌军在当地以寡敌众的顽强坚守同样不容忽视;至于2022年8—11月间发起的反攻行动,更是在赫尔松、哈尔科夫等地将俄军打了个措手不及,逼迫俄军不得不从红利曼、赫尔松右岸等要地后撤。在战术层面,化整为零、机动灵活的战术小组和特工人员,创造出一系列以小博大、以弱敌强的战例:反坦克小组在卫星导航、无人机的加持下,让俄军的钢铁洪流变成一堆堆废铜烂铁;特工深入敌后,完成了克里米亚大桥爆破等一系列破坏任务,让俄军焦头烂额,防不胜防。

尽管乌军在俄乌战争中的表现出人意料,但俄乌战争的高烈度对抗,对乌克兰来说依然是一场浩劫。

在军事方面,乌军在高层指挥上的短板依然突出:乌军的军事改革依然停留在针对中下层官兵的武器装备、军队组织等层面,远未深入高级指挥官层面,结果便是乌军虽有表现出色的中下层官兵,却在高层指挥的人海战术下屡屡成为俄军远程火力狂轰滥炸的活靶子,即便获胜也要付出惨痛的代价。据摩萨德 2023 年 1 月公布的俄乌战争双方损失数字,俄军在接近 1 年的时间内,以伤亡 6.2 万人的代价,杀伤乌军 39 万人,俄乌两军损失比接近 1∶6 之多。

在经济方面,乌克兰已是遍地焦土:自从俄军在 2022 年下半年加大对乌克兰基础设施的轰炸力度后,乌克兰大片地区已经无法全天供电、供水和供暖,而且俄乌战线上约 1 500 公里的村镇几乎全部化为废墟。据基辅方面估计,重建被冲突毁坏的基础设施将耗资 1 380 亿美元,而全面重建可能耗资 3 490 亿美元,耗时数十年之久(而乌克兰 2022 年财政预算收入仅约合 500 亿美元)。

在人口方面,规模惊人的人口流失已经是乌克兰不能承受之重:据俄罗斯《消息报》网站报道,联合国难民事务高级专员公署在 2023 年 1 月 31 日表示,自 2022 年 2 月俄乌冲突爆发以来,已经约有 804 万人从乌克兰进入欧洲国家避难,而乌克兰 2021 年的总人口规模,也不过是 4 379.3 万人而已。

在浩劫背后,更是乌克兰的地理地缘命中注定的无奈,也决定了在乌克兰 60 多万平方公里的土地上,和平稳定是非常态,动荡与战争才是常态。

就乌克兰自身来说,乌克兰处在欧洲和俄罗斯的夹缝当中,属于典型的"千乘之国,涉于大国之间",很容易沦为大国争霸的角力场。对周边如波兰等接受了天主教、新教的欧洲国家来说,乌克兰是扩张的垫脚石:在波兰历史上,对乌克兰、俄罗斯等东斯拉夫人聚居地发动远征,从来都是其实现国家野心的重要内容;对于"斯拉夫兄弟"俄罗斯来说,自从东斯拉夫人的文明中心从老一代的诺夫哥罗德、基辅等城市转向作为后起之秀的莫斯科、圣彼得堡之后,乌克兰便逐渐成了东斯拉夫文明的蛮荒边地(乌克兰一词本就是俄语中边境之意),是俄罗斯人同欧洲人、鞑靼人等异族、异教徒浴血厮杀的疆场,自俄乌合并以后,沙俄政府对当地的驻军、屯垦就不曾放松过。来自东西两侧的长期地缘挤压,为乌克兰的东西分裂留下了深刻的文化土壤:

西部以天主教徒为主,东部以东正教徒为主;西部流行乌克兰语,东部流行俄语;西部在历史上同神圣罗马帝国、波兰走得近,东部在历史上与金帐汗国、莫斯科公国、沙皇俄国联系多……历史不断向前,乌克兰东西之间的隔阂也越发厚实。

经过苏联时期,乌克兰东西部的分裂又从文化领域被进一步延伸到经济领域:苏联依托东部丰富的煤铁资源,将东乌克兰建成为苏联重要的重工业基地;而西乌克兰,则在产业结构上依然以农业为主。自苏联解体后,被西方"政治正确"深度洗脑的乌克兰精英们,将本国自苏联时代打下的工业基础以白菜价贱卖后,乌克兰便从一个"含着金钥匙出生"的工业国迅速堕落为农业国,乃至各类灰色产业、非法产业的聚集地;如此一番操作下来,不仅让乌克兰经济陷入了长期萧条(根据世界银行数据,其GDP规模按照2015年不变价美元计算,至今未能恢复到1989年的历史最高水平),也让东部工业区和西部农业区之间的裂痕急剧撕裂。西部农业区尚可以凭借同欧盟在产业上的互补性获得一定发展,东部工业区则在自由市场的冲击下迅速衰落:一边是私有化过程中惊人的资产流失,无法组织工业生产;一边又是欧美、中国工业制成品的大量涌入,本土工业制品在质量、性价比上无法与之竞争。乌克兰东西之间在经济上的"冰火两重天"的状况叠加上乌克兰国内乌克兰语居民同俄语居民以第聂伯河为界,东俄西乌的分布,加重了整个国家的撕裂程度。

于是,不管是什么历史阶段,也不管是什么国家战略,乌克兰都受困于它的地缘宿命。因为论地理位置,乌克兰处于陆海地缘连接线上,是海洋大国美国与陆地大国俄罗斯两类文明冲突的桥头堡。地缘政治学家麦金德在《历史的地理枢纽》一书中论述,在海洋文明(文明中心在20世纪从英国转移到美国)和陆地文明(以欧亚大陆为中心)之间,因为国家要不断成长而存在地缘政治冲突,最初英国试图从外部海洋上包围俄国,俄国则从大陆内部反击,二者主要冲突发生在"边缘地带",即西欧、中东、中亚、东南亚、印度等地。海洋文明的主要目标是控制"边缘地带",陆地文明则要打破这种控制,撕碎绞索,这就是俄国在中亚和远东扩张的原因。苏联解体时,美国及其盟友把"边缘地带"的边境东移,分割芬兰、波兰、南高加索等地,还有最关键的乌克兰。东连俄罗斯,西接波兰、斯洛伐克、匈牙利诸国的乌克兰,在海洋文明国家的地缘政治图景中,是构成"隔离带"的重要部分。只要用"隔离带"拦住,俄罗斯及欧亚区域就不能形成一个完整帝国。因此,才有了"谁控制了东欧就控制了心脏地带,谁控制了心脏地带就控制了全世界"。

图7-5　麦金德的《历史的地理枢纽》一书

　　一句话概括,乌克兰这个东欧国家正是俄罗斯这个陆权大国跨入欧洲、实施欧亚一体化的桥梁,缺少乌克兰的加入,欧亚大陆整合所带来的陆权崛起就将受阻,这就能够解释尤先科和季莫申科搞"橙色革命"、挑起基辅独立广场骚乱及背后西方的战略意图。然而,普京上台后,愈来愈重建俄罗斯地缘政治主权。根据地缘政治规律,没有乌克兰的俄罗斯就不是一极,这个公式从海洋文明或者陆地文明的角度理解都行。显然,俄罗斯从陆地文明的角度出发看,它是心脏地带的统治者,收回克里米亚、对乌克兰发起特别军事行动等皆为例证。乌克兰难以避免地成为地缘政治的冲突焦点。这片土地上,注定是一片长期充斥着"火与剑"的土地。而高烈度、高损耗的现代战争,远非人口规模、经济体量在国际上仅为中等水平的乌克兰所能承受,而作为外部助力的美西方不但不可能诚心诚意地帮助乌克兰,反而要榨干乌克兰在地缘、军事上的最后一点价值。对乌克兰这片土地和之上的人民来说,俄乌战争都是一场不可避免的悲剧。

（二）俄罗斯的反击：以攻为守

从地理位置看，俄罗斯正好处在欧亚大陆的中央地带。若按领土面积有 3/4 在亚洲，理应属于亚洲。但因俄罗斯的祖先斯拉夫人和其信仰的东正教发源于欧洲，莫斯科等重要城市都在欧洲板块内，因此，即便仅有国土的 1/4 在欧洲（相当于欧洲的 2/5），俄罗斯也算是欧洲国家，其政治和经济重心以及超过 3/4 的人口，都集中在乌拉尔山脉以西的欧洲部分。这便导致了俄罗斯不能确定自己到底属于西方还是东方，这从俄罗斯的国徽（一只威风凛凛的双头鹰，手握权杖和金球，虎视左右）可见一斑。人们习惯用"双头鹰"形容俄罗斯一面向西、一面向东的对外战略，这种东西兼顾正源于俄罗斯特殊的地缘环境。

横跨欧亚大陆的战略地位，加上辽阔的国土、丰富的资源，决定了俄罗斯必然被各个国家惦记。尤其是其大部分国土是平原地形，由德国和波兰所处的波德平原向东，一直延伸到欧亚交界的乌拉尔山脉，是一望无际的东欧平原，乌拉尔山脉以东则是西西伯利亚平原。除了南部的高加索山脉，在俄罗斯的核心区域周围再也找不到任何高大的山脉，一马平川，无险可守。从军事角度看，这种地形极其适合大兵团长驱直入的进攻作战，既然没有山川、高原这样的地形可以依托，那么抵御敌人入侵最好的办法，就是尽可能让它们远离己方的核心区域，换句话说，要加大防御纵深，用空间换时间。所以，俄国人索性就投入进攻，战术上以攻为守，战略上不断夺取土地扩展战略纵深。这已成俄罗斯传统的战略思想。

也正因这样的地缘束缚，对俄罗斯来说，今天的乌克兰如同当年导弹危机下的古巴，明知是风险重重、代价巨大的坑，也不得不跳。俄罗斯在欧洲地缘上本就缺乏高山、大河等天然阻挡，可依托的安全屏障严重不足，在历史上一直面临着外敌深入国境、长驱直入的巨大风险：

1812 年，与沙皇俄国划尼曼河而治的拿破仑帝国大举入侵，沙俄在兵力不足之际仓促应战，被迫以空间换时间，导致包括旧都莫斯科在内的大片领土一度沦陷，化作焦土；1941 年，纳粹德国发动的侵苏战争，更是一路接连拿下明斯克、基辅、斯摩棱斯克等重要城市，并一度兵临莫斯科、列宁格勒城下，最终苏联付出了牺牲军民 2 600 多万人的沉痛代价方才赢得卫国战争胜利。惨痛的历史教训，足以给包括普京在内的俄罗斯精英们带来锥心之痛，促使其在谋求缓冲带上不遗余力。

在现实中，自苏联解体以来，作为继承国的俄罗斯国力大衰，更有强烈动机在国境周边构建缓冲区：以美国为首的北约一边违背与苏联末代领导人戈尔巴乔夫的协定大肆东扩，将一个个前苏联卫星国或独联体国家吸纳为北约成员国；一边自 2004 年以来不断在中亚、东欧地区发起颜色革命，从乌克兰、格鲁吉亚到吉尔吉斯斯坦、亚美尼亚，在俄罗斯周边国家，一个个亲美领导人纷纷上位，在对外政策上改弦易辙。

说到底，普京执政的 20 年基本属于战略守势，遭遇北约东扩、欧盟东扩、独联体地区动荡、乌克兰危机等来自欧美咄咄逼人的进攻，俄罗斯屡陷孤立主义的漩涡，处于历史"谷底"——上一次还是一百年前苏联刚建国时期遭遇的西方围剿，因此，目前也可以称为是俄罗斯百年未有之大变局。

（三）欧洲恐俄梦魇：死结下无奈耗散

地缘特征让欧洲走在现代文明最前端。古老的欧罗巴也曾在罗马帝国时期一统江山，但高达八成的历史时间都在战乱与分裂中。欧洲面积仅 1 016 万平方公里，却有多达 58 个国家和地区，很大程度上与其地形破碎化相关。因为欧洲 1/3 以上是半岛和岛屿，仅半岛面积就占欧洲大陆 27%，这在世界各大洲是独一无二的。欧洲三面环海，被地中海、波罗的海、北海、黑海等海洋割裂。虽然西部山地和平原交错，东部以平原占绝对优势，但巴尔干山脉和阿尔卑斯山脉形成的天然屏障将无数地域分割开来，以致大一统的军事经济成本极高，难以统一就无法形成强大的地缘中心。

欧洲是世界七大洲中海拔最低的大洲，平均海拔仅为 340 米，低矮的乌拉尔山脉抵挡不住游牧民族的马蹄，只要越过乌拉尔山脉，理论上就可以长驱直入，直抵大西洋。再加上，欧洲外有中亚及东方民族的侵扰，给欧洲带来不同的宗教进而导致矛盾，内部又是教权高于王权，教廷就像一个离岸平衡手平衡着西欧各国，以免出现强权威胁教皇的局面，致使欧洲长时间的碎片化。破碎的地缘特征和恶劣的生存环境，让欧洲不适宜于农业文明，反而频频爆发大小战争。欧洲的版图是在战争的铁砧上锤出来的！这让欧洲难以出现像中国封建王朝的一统天下，却也孕育了比大陆文明更具有开放性，更敢于冒险、开拓、征服的海洋文明。

于是，欧洲被这样破碎化地缘束缚，在陆地上只能内斗不断，尤其边上还有一个面积如此之大的统一的俄罗斯在虎视眈眈，自然骨子里患上"恐俄症"，若斗不过"北极熊"，也就只能奔向海洋，向外拓展，发现"新大陆"。在欧洲，俄欧关系成了关键。

事实上,俄欧关系经历了由"热恋"到"分手",最后发展到对立的过程:

冷战结束之初,俄把西方视作"天然盟友",采取"回归欧洲"政策,以此换取西方的经济援助,渡过难关。而欧盟和北约推行"欧洲融合"战略,对俄采取了利诱与安抚的战略手段,试图把俄变为其旗下的合作小伙伴。总体上来看,2008 年以前的俄欧关系发展基本正常,2003 年还曾以"全面战略伙伴关系"为名被大加肯定和广泛传播,并以经济、安全、人文与科技、法律四个领域为引领,签署了一批内容广泛的协议。

孰料好景不长,两起标志性事件成为俄欧关系开始出现逆转的转折点:一是2008 年俄罗斯与格鲁吉亚之间的"五日战争",这是冷战后俄第一次对外使用武力行动,目的是"惩罚"格鲁吉亚积极寻求加入北约的企图;二是 2013 年底到 2014 年的乌克兰危机。这是俄罗斯针对欧盟、北约对俄围堵政策的一次全面战略反击。自此,俄欧矛盾频发,在军事对峙、网络安全、间谍案等问题上龃龉不断,一步步恶化,甚至走向互相实施制裁的对立状态。俄欧关系持续紧张,追根究底在于解不开的三大死结,其中最严重的就是地缘争夺的死结。

一是意识形态上的对立死结。苏联的社会主义与欧洲的资本主义本就处于意识形态的对立中。作为现代西方文明的发源地和传播者,欧盟一向把"自由、民主与人权"当成普世价值观,并以此为标尺,不仅公开对俄横加指责,丑化、贬低、"控诉"俄政府和包括普京在内的俄领导人是"专制""独裁"的代名词,还通过煽动俄反对派等方式直接干涉俄内政。一些欧盟成员国还对其境内的俄罗斯族群采取"意识形态歧视",以新教、天主教为主的西欧始终把信奉东正教的俄罗斯看作异类。俄国则在否定欧盟"自由世界"之说的同时,坚信俄罗斯具有高度自由,认为真正的民主和公民社会不能被"进口",自由仅当人实现其最大潜能时才能充分实现,为此国家须提供社会服务以扫除无知、疾病、贫困等障碍,进而引导人们实现自由。"民主自由"被简化为标签,成为俄欧划分意识形态阵营、彼此攻讦的、难以调和的症结。

二是历史与现实相互交织所结下的地缘争夺。从地理位置看,俄罗斯横跨亚欧大陆,自认为是"欧洲国家",有着长达 400 年的欧洲梦。但欧盟认为,13 世纪以来俄罗斯民族被蒙古人统治后改变了斯拉夫民族的特性,成为侵略性民族。再加上百余年来,芬兰、波罗的海三国、土耳其等俄罗斯周边国家,谁没被俄罗斯"战斗民族"揍过?就连二战时期横行世界的德国,也被苏联给打怕了。冷战时期,整个欧洲更是笼罩在苏联巨大的阴影之下。因而几百年来,欧洲对俄罗斯的疏远与恐惧渗透到了骨子里,"恐俄排俄"心理严重。从当代看,欧盟通过北约笼络住前华约组织成员,将它们变成北约对付俄罗斯的"马前卒",自此,北约东扩频频介入乌克兰、白俄罗斯乃至中亚等地区事务,直接干到了俄罗斯家门口。于是俄罗斯凭借其强大的军事能力迅速兼并了乌克兰的克里米亚——这件事对欧洲各国的刺激尤深,盖因它们大部分都是疆土有限的小国,因而从此更加视俄罗斯为最大的地缘威胁,双方的制裁与反制裁一步步全面展开。可以说,乌克兰危机后欧盟对俄罗斯的排斥和制裁彻底唤醒俄罗斯不要再做"欧洲梦",俄总统顾问苏尔科夫撰文写道:"俄罗斯通往欧洲的史诗般的旅行结束了,成为西方文明的一部分、与欧洲人民'好人家'结亲的多次无果尝试停止了。"自此,俄方的"单恋"也随即转变为被触碰底线后的反弹,重新审视欧洲。最终,一边是从过去到现在,欧洲始终视俄罗斯为主要安全威胁,一边是欧盟的冷酷让俄罗斯"欧洲梦"醒,双重作用叠加下,"结亲"变"结怨",俄欧地缘政治日益纠结缠绕在一起,成为一个谁也解不开的死结。

三是美国拉拢欧盟打造新阵营,成为俄欧政治冲突的"新结"。俄欧争端不仅是因为二者之间出现分歧而导致的,更深层次原因是无法忽视的美国因素。要知道,俄美关系一直处于对立面,美国将俄罗斯更多视为"眼中钉",对其提防和遏制。不同于特朗普时代对俄的"暧昧",拜登上台后直言"俄罗斯是美国最大的威胁,因为俄罗斯破坏了美国的安全和同盟关系",并号召以欧盟成员国为主的十多个小伙伴一起从东欧、中东以及远东方向对俄罗斯施压。对于欧盟而言,俄罗斯是其宿敌,加之欧盟摆脱不了对美国的依赖,因此也不可避免地受到美国的摆布,于是要呼吁各成员国把枪口一致对俄,但又因大国利益纠葛,要与俄罗斯进行正确的互动,因而在对俄态度上,欧盟有着两难的矛盾复杂心态。可以纠结,但没得选择。最终在美国的号召威慑下,从攻击俄价值观到进行联合军演,美欧构建了更具向心力的新阵营,向俄罗斯重拳出击。波兰、西班牙、罗马尼亚和波罗的海三国等成为美国加快北约东扩、提升对俄遏制力的"马前卒"。即便俄罗斯从中斡旋、释放善意,在美国步步紧逼下,俄欧关系也越闹越僵,难以"解扣"。

正是在三大死结下,俄欧关系跌至"冰点",一边是地处亚欧板块的俄罗斯在继提出欧亚经济联盟和"转向东方"后,还推进"大欧亚伙伴关系"战略。另一边是内部离散的欧盟时刻忌惮着统一的俄罗斯,选择与美国联手,试图用价值观意识形态去拉帮结派,以维持其辉煌地位,实则是留恋过往的帝国幻影。

20年来西方对俄罗斯施展十八般兵器,但始终未能突破俄罗斯国家统一、主权完整的底线,其实欧盟已经失去肢解俄罗斯的最佳"时间窗口"。而且假如真的爆发战争,也很难断定俄罗斯就一定会输、欧洲就一定会赢,实际是,乌战加速了欧盟的衰落。欧盟一边是难民问题积重难返,民粹主义崛起,加税政策导致的富人阶层出走;另一边是政党的可靠性、政治局势的稳定性早已大打折扣,长期被美国"牵着鼻子走"。乌战催生的新的几百万难民大军,以及跟随美国制裁俄罗斯所带来能源成本飞涨的代价,都将更快地窒息欧盟的整体活力。一定意义上来说,欧盟在事实上已经成为美国对冲俄罗斯的工具,欧盟的大量财力、人力被用于与俄罗斯的对抗上,北约东扩只是美国的单方面诉求,反将欧盟置于危险之中。同时,乌克兰也将成为欧洲地区不断发作的"溃疡面",不仅对欧盟各国发展造成延缓的作用,对欧洲一体化的深入发展也产生了阻碍。

(四)美国做局乌战:对俄欧"机关算尽"

从美国今天的地缘看,东西两大洋,南北无强敌,孤立在西半球,远离欧亚大陆历史上的战火,能源上天赋异禀,被很多人认为是最好的地理环境。尤其是美国西海岸面向太平洋,美国东海岸面向大西洋,为美国创造了独特的地缘战略优势。因为大洋是军事上的天然屏障,让美国不易受别国攻击,而大洋沿岸诸多港口又有利于发挥海权优势,这成为以后美国不受世界性大战干扰,反而能够大发战争财的地缘原因。换句话说:两次将人类文明发源地亚欧大陆打了个稀巴烂的世界大战,根本没美国什么事,却让美国借此机会崛起成为"世界老大"。

可以说,在海洋时代,坐拥两大洋是无比优越的地缘条件,美国被外敌入侵的威胁是比较小的。在美国周边,一个是跟美国交好的加拿大,一个是实力相差甚远的墨西哥,基本周边无强国可动摇美国对这两大洋的控制力,还有整个南美洲作为其资源原材料的提供基地。美国的地理位置确实得天独厚,但任何事情都具有两面性,"两洋"既可能是优势,隔离战火,保护美国,又可能是劣势,把美国孤立起来。美国地处北美洲,相对于亚非欧旧大陆来说,美国"孤悬海外",是一个孤悬于世界岛之外的特大号孤岛而已。一旦欧亚非联合,美国远离大陆就成了它的最大问题。其实,美国自从一战以来想要拼命谋求的不过是在亚欧大陆上岸罢了,一旦它上岸,就能向大陆中心区投送力量,这是美国霸权的基础。

因此,美国心心念念想着要阻止欧亚非大陆联合起来。比如,通过日韩和东南亚各国,制造冲突,干扰东亚一体化;在中东输出"美式民主",从中亚到东欧,防止亚欧联合。在欧洲,通过英国脱欧等,干扰欧洲一体化。对于俄乌战争,不少观点就认为,打压俄罗斯只是美国拱火这场俄乌冲突的幌子,美国最终的战略目的可能是借俄乌冲突引发"蝴蝶效应",最终打击欧洲,甚至迫使欧盟解散,让欧元消失。表面看来,这种猜测不无道理。毕竟,无论是出于经济利益还是稳固自身老大地位的考量,美国都有理由修理欧洲。

第一,从经济上来看,欧洲人勒紧裤腰带,美国的钱包却越来越鼓。得益于欧洲这个大买家需求激增,2022 年 1 月到 6 月,美国向欧洲出口了 390 亿立方米的液化天然气,占美国出口总量的 68%,让美国液化天然气出口量跃居世界首位。2022 年 7 月的数据显示,美国出口到欧洲的天然气价格已经暴涨到 12.76 美元每立方英尺,而去年同期为 7.23 美元,增长了 76.5%。美国能源公司只需要花费 6 000 万美元就可以将一艘液化天然气 LNG 运输船装满,除去运输成本和其他成本以外,每艘船可以让美国能源公司赚取 1.5 亿美元。德国副总理罗伯特·哈贝克控诉美国"趁火打劫"、大发"油气财";法国总统马克龙也抱怨美国卖的天然气太贵,直呼:"这可不是友谊的真谛!"

因为俄罗斯对欧洲的管输天然气出口降至 40 年来的低点,2022 年美国对欧洲液化天然气出口,同比增长了 141%,即每天增加了 40 亿立方英尺。2022 年,欧洲成为美国液化天然气出口主要目的地,占出口总量的 64%(68 亿立方英尺/天)。其中,法国、英国、西班牙和荷兰四个国家,合计占美国对欧洲液化天然气出口的 74%(50 亿立方英尺/天)。进一步而言,不仅欧洲的企业和资本因恐慌外逃到美国,欧洲各国也被迫走向"去工业化",美国却割起了盟友的韭菜,引诱欧洲制造业投入美国怀抱。数据显示,仅俄克拉何马州就已有 60 多家德国公司跟进投资。过去都说跟着老大有肉吃,如今成了跟着老大被当肉吃。

第二,与一个团结独立的欧洲相比,一个孱弱的欧洲才符合美国利益。欧洲这些年在欧盟的带领下,由经济一体化走向政治、军事、国防一体化,欧盟愈加独立,欧元不断升值,美国的影响力正在一点点地被挤出欧洲。德法两个大国经常和美国唱反调,帮美国说话的英国在欧洲又越来越没存在感,这让美国很是不满。2018年,马克龙在参加第一次世界大战结束百年纪念活动时,呼吁建立"欧洲军",而时任美国总统特朗普则立即发推文称,这是对美国的"侮辱"。为了能够继续深度介入欧洲事务,美国并不愿看到欧盟"战略自主"目标的深入推进。如今,俄乌冲突的爆发给了美国一个"千载难逢"的机会来重新强化对欧洲的影响力。

第三,彻底斩断欧盟与俄罗斯彼此之间的念想。俄罗斯在过去十年通过能源这个纽带,跟欧洲打得一片火热,让美国恐惧不安。而"北溪"天然气管道,是维系欧盟与俄罗斯之间念想的纽带,可现在纽带被袭击破坏了,欧盟(尤其是德法)出面协调俄乌战争的概率事实上也大大降低了。美国国务卿布林肯曾表态"'北溪'被炸是一个绝佳机会","可以一劳永逸地消除对俄罗斯能源的依赖,从而挫败普京将能源武器化的手段"。毕竟,一旦欧俄合体,意味着欧洲大陆将实现统一。俄罗斯不再是欧洲的假想敌,北约或将自我瓦解,美国的军事控制荡然无存。而拥有欧盟经济和俄罗斯武力的欧俄共同体,将彻底把美国赶下世界霸主的宝座,这是美国真正的心腹大患。

图片来源:环球网。

图7-6　2022年"北溪"天然气管道被炸后大量气体溢出海面

（五）谁的地缘噩梦：美国的战略肤浅

从导演俄乌战争走向，到炸北溪让俄欧分道扬镳，美国的战略目标似乎是一手剑指俄罗斯，一手挟制欧洲。美国在拉北约大旗的同时，绝不会忘记在背后捅盟友一刀。一个深谋远虑、有长远战略的美国有充分的理由进行这样大手笔的大布局。然而，近年来美国实际上已进入了"无战略时代"，即便有，也是短视的、肤浅的战略。

第一，以美国优先、功利主义为表现的战略短视。遥想当年杜鲁门还能通过马歇尔计划，从美国拿出大量资源扶持并控制西欧盟友，形成了以美国为核心的西方阵营；而后里根可以判断出美国必然能拖垮苏联，所以改变了以往与苏联共存的策略，不惜国力与苏联处处针锋相对，最终在十余年后拖垮苏联。近年来，美国的外交似乎已经失去战略思考能力，公开提倡"美国优先"，让这种短视暴露无遗。美国政治精英们总认为自己可以从危机中渔利，四处挑动矛盾。美国习惯了做一个几乎没有成本的拱火者，要的是实现自己眼前的利益，而被它拱到最前边的当地人民将遭遇什么，则不在其考虑范围内。

第二，以左右摇摆、被问题拖着走为表现的战略迷茫。特朗普时期，入群、退群肆意妄为，视国际条约如无物。而拜登甫一上任，先是撤销了多项之前的政策，后又胡子眉毛一把抓提出一系列新的施政议题，试图全方位覆盖美国国内热点话题。很显然，急于求成的拜登希望按照他的想法快速将美国拉回原有的轨道。但本质上，都是被问题拖着走，甚至以制造新问题的方式去掩盖旧问题。2022年7月底，美国《纽约邮报》报道称，由于纽约市面临严重的通货膨胀和犯罪问题，像午餐肉和金枪鱼罐头这样廉价的罐头食品都被商店装在塑料盒里锁起来以防止被偷。然而，即便拜登将通胀列为美国家庭面临的"头号挑战"，并介绍了政府的应对计划，但分析人士普遍认为该计划缺乏应对通胀的长期方案。欧洲太平洋资本公司首席经济学家彼得·希夫指出："直到现在，我们都只是嘴上说说，假装正在遏制通胀，就像我们假装通胀只是暂时现象一样。而在此之前，我们甚至假装通胀并不存在。"

第三，以非此即彼、零和博弈的终极思维为表现的战略肤浅。著名作家塞万提斯笔下的堂吉诃德在"行侠仗义"的途中，疯狂地寻找对手或敌人。没有敌人或对手，便要凭空臆想。因此，他甚至要去挑战一座风车。与堂吉诃德一样，美国也有着挥之不去的"敌人"情结。美国政治学者戴维·罗特科普夫曾表示，"冷战结束至今，美国一直在不屈不挠地寻找敌人。我所说的'寻找'不是指找到和击败他们。我的意思是,美国似乎从内心深处需要敌人。"近年来美国把"大国竞争"挂在嘴边上,但却无视为什么要竞争、围绕什么展开竞争等问题,而直接去争论如何取得胜利,陷入竞争执念。美国上次把考虑欠周的口号当成战略推行的结果,是打了一场持续20年的全球反恐战争。那场冲突让它至今难以脱身,且对美国的对外关系和国内自由产生了巨大的负面影响。如今,执着于大国竞争论调的美国正在制造又一场冷战的可怕对抗形势。

在这种以短期为主、无长远谋划的战略主导下,美国虽短期内不至于犯重大错误,毕竟当"西瓜"与"芝麻"同时摆在眼前,如何取舍一眼即知。正如在俄乌战争中,美国一手制裁俄罗斯,一手制衡欧盟,赚得盆满钵满。多年来,用战争摧毁债主、赖掉债务、掠夺资产、控制市场、推倒重来、巩固霸权的戏码屡次上演,无一不是美国短视、肤浅战略的产物。然而,真正的问题在于,当一个人的心思放到了捡芝麻上,他就永远失去了捡西瓜的可能性。利益至上的短期战略很可能让国家在长远发展上偏离正轨。美国资深战略家基辛格不止一次地警告美国不要真的把中国逼成自己的对手,然而他却在美国遭受网暴和排挤。因为政客们想的不再是未来十年美国的国运,而是自己能不能赢得下一场选举。

即便是眼前,基于这种肤浅战略的美国已经陷入了一种致命的悖论,美国对外宣称承担"老大"的责任,高举"政治正确"大旗;现实中却以"美国优先"为原则,用霸凌和蛮横攫取自身利益。"先天下之忧而忧,后天下之乐而乐"的"老大"责任和自大自私的"美国优先"成了难以兼得的鱼和熊掌。在这个悖论下,美国战略已有走进死胡同之势。事实上,大国之所以为大国,不在于它拉帮结派的能力有多强,也不在于它实现一己私利的能力有多强,而要看它维持国际和平的责任和能力。一个只顾一己私利、四处煽风点火、不断输出祸乱的国家,哪怕再强大,最终信誉破产、霸权终结的结局也是必然的。

在这个悖论下,美国正步入战略肤浅时代,背后恰恰是基辛格最担心的地缘噩梦。从地缘看,欧亚大陆作为世界岛,其稳定性将影响美国。两次世界大战都爆发在欧洲,才造就了美国的崛起。一旦欧亚大陆的中俄两强结合,对美国来说就是最大的梦魇。基辛格为此再三警告美国,一定要把中国和俄罗斯分开一个一个对付,不能在一起对付。如果中国与俄罗斯真正形成结盟,将是西方地缘政治最大的灾难,也是美国外交最大的失败。届时,夹在两大洋之间的美国将成为一个地缘政治孤岛,这样的美国将不得不效仿维多利亚时代的英国,却没有让世界其他地区分而治之的思维习惯(英国曾采用分而治之的态度对待欧洲大陆)。可惜,让基辛格最担心的事最终还是发生了!

第八章　地缘大变局:陆权挤压海权

　　地缘政治学自诞生以来,在不同时期呈现出不同的理论内涵与战略范式,唯一不变的是海权与陆权交替博弈的逻辑线。如今,历史的车轮从海权压制陆权驶向陆权挤压海权的新阶段,如果说此前对海洋的掌控和利用能够塑造国家权力,那么这一底层建筑一旦摇摆,所有基于其上建立的繁华与荣耀都将随即坍塌。当下正处在一个前所未有的混沌与焦灼相交织的新时期。穿透复杂的博弈态势、混沌的战略相持,是鲜明的地缘政治底层逻辑——一方面,地缘天然决定了国家禀赋与发展上限;另一方面,随着地缘政治学理论演化、超级工程的筹建,又一定程度上改变地缘、超越地缘。进而把世界带入从"海权压制陆权"向"陆权挤压海权"切换的关键阶段,旧格局被瓦解、新秩序未建立,在"青黄不接"的断层期,要做好全球政治震荡波折的准备。

一、"老地缘"回归

(一)地缘政治理论的演进

　　进入 21 世纪 10 年代,国际关系领域的辩论和研究迎来了一个"地缘政治的回归",地缘政治议题开始在国际政治当中频繁出现。地缘政治学已成为描述全球国家间和国家集团间战略关系(包括孤立、协作、对抗、竞争和结盟等)这一范畴的通俗术语。在一定程度上,地缘政治已变成了空间上的国家战略的代名词。

　　地理学和政治学交叉发端的伊始可追溯到德国地理学家拉采尔的"国家有机论"。受到达尔文进化论的启发,拉采尔将进化论中的"适者生存""物竞天择"等思想引入地缘政治理论研究中,第一次把地理环境与国家机体联系起来。在 1897 年提出"国家有机论",把国家比做生命有机体,强调地理环境决定人的生理、心理以及人类分布、社会现象及其发展进程。吸收了拉采尔的理论,首次提出"地缘政治学"一词,并首次将其作为一个学科提出的,是瑞典学者鲁道夫·契伦。契伦把地缘政治学定义为:"把国家作为地理的有机体或一个空间现象来认识的科学。"

在过去一百多年,地缘政治学在不同的历史阶段都在发生着变化,也不断改变着地缘政治理论本身。时至今日,公认语境所称的地缘政治更接近也更应该被称为地缘战略学。

地缘政治学体系化开端是美国海军军官阿尔弗雷德·赛耶·马汉所提出的"海权论"和英国人麦金德所提出的"陆权论"两个分支。

图 8-1 马汉的《海权对历史的影响》一书

马汉早年就学于美国海军军官的摇篮——安纳波利斯美国海军军官学校;1859年毕业后参与美国南北战争,在北军军舰上任职;之后的三十年间,马汉辗转多艘军舰,并担任舰长。1890年,马汉在多年积累的400多页阐述"海上力量"的笔记基础上,写就并出版了《海权对历史的影响(1660－1783)》一书。在书中,马汉通过引证葡萄牙、西班牙、荷兰和英国争夺海上霸权的事实,认为:谁能有效控制海洋和战略性海道和海峡而获得制海权,谁就能成为世界大国。马汉信奉"水路贸易总会比陆地运输更容易、便宜、安全、快捷",对"海权"做出阐释,即海权"不仅包括海上的军事力量,还包括和平时期的商业和航运",是"凭借海洋或通过海洋能够使一个民族成为伟大民族的一切东西"。换言之,海权涵盖海上军事力量、海上商业及航运力量、海上战略要地的控制力等。英美等国就是把海洋作为向外探索的起点,不仅有兴盛的海外贸易、靠海吃海形成的海洋产业、强大的海军,而且社会经济都围绕着海外开拓进行了重组,此种海权优势构成大国崛起的前提和基础,大国崛起后进一步发展和扩大海权,进而成就了世界霸主国家。

与之相对,麦金德于1904年在其论文《历史的地理枢纽》中提出"枢纽地带"的概念,认为欧亚大陆中心是世界政治的"枢纽地带"①。1919年麦金德在《民主的理想与现实》中对"心脏地带"概念进行了进一步阐述,正式提出"心脏地带"和"世界岛"概念,以"心脏地带"取代"枢纽地带"的概念,并拓宽了地理范围,与"世界岛"共同组成了"大陆心脏地带"的理论基础。麦金德认为,欧亚大陆和非洲是地球上的"世界岛",是世界政治经济核心,西半球则是"世界岛"之外的小岛,世界政治的附属地带,地处"世界岛"中心的欧亚大陆中部区域则是最重要的战略地带,麦金德称之为"心脏地带"(范围大致西起东欧,东至中西伯利亚和蒙古,南起小亚细亚、亚美尼亚、波斯和新疆、蒙古、西藏地区,北至北冰洋)。在此基础上,麦金德提出著名的三段警句:"谁统治了东欧,谁就能主宰心脏地带;谁统治心脏地带,谁就能主宰世界岛;谁统治世界岛,谁就能主宰全世界",并据此指导了其后的一些国家的地缘政治战略。②

在长期演变过程中,传统地缘政治理论逐渐形成了四大典型特征:

(1)英美本位。该理论多站在英国和美国的立场观察分析国际形势,为维护和

---

① ［英］哈尔福德·约翰·麦金德著,林尔蔚、陈江译:《历史的地理枢纽》,商务印书馆2008年版。

② 潘志平、胡红萍著:《中国大战略海权与陆权论析》,《新疆师范大学学报(哲学社会科学版)》2013年第34卷第2期。

扩大英美利益及权势建言献策。

(2)海陆二分。该理论把世界分为海权强国与陆权强国两大对立阵营。

(3)善恶主观界定。该理论将海权与陆权差异上升到意识形态与善恶对立的高度。同时却又为英美通往世界霸权划定排他性路径。即英美要牢牢把握自身的海上霸权,严厉防范和打压其他国家发展海权的行动。

(4)欧亚大陆中心。该理论认为,能够威胁英美世界霸权的强国或强国集团只可能在欧亚大陆崛起,这也是其潜在的威胁策源地,因此英美要时刻加强对欧亚大陆的影响与控制。[①]

(二)"边缘地带"与"心脏地带"权力倒错

传统地缘政治理论讲究"心脏地带"影响"边缘地带"的辐射模式,然而我们在随后的历史中看到的是"边缘地带"对"心脏地带"的渗透和影响,即"边缘地带"与"心脏地带"权力倒错。

事实上,传统地缘政治战略理论林林总总,从19世纪末到第一次世界大战前后逐渐成形,并在第二次世界大战期间,伴随各种思潮交互竞争达到高潮,也是地缘政治最兴盛的时期。二战结束之后,伴随冷战的开启,传统地缘政治理论反倒日渐式微。

20世纪40年代,美国地缘政治学家尼古拉斯·斯皮克曼继承了麦金德的"世界岛"概念(即陆权优于海权的概念),同时将美国视为"海岛"。但出于美国利益的考虑,他在其《和平地理学》一书中系统性提出了"边缘地带理论"。该理论对一战期间的海洋与陆地的"二分论"加以修改,提出海洋与陆地之间所存在的中间地带才是极具地缘政治战略价值的区域。作为"心脏地带"的欧亚大陆并非世界权力的中心,而位于"心脏地带"和海洋之间的"边缘地带"才是世界权力争夺的地缘政治战略重点地区。因此,斯皮克曼对麦金德的三段警句加以修改后提出自己"对立统一"的论断:"谁支配着边缘地带,谁就控制了欧亚大陆;谁支配着欧亚大陆,谁就掌握了世界的命运"。[②] 麦金德陆权论与斯皮克曼边缘地带论的核心差异如表8-1所示。

---

① 杜哲元著:《古典地缘政治理论的演变及认知误区》,系教育部人文社会科学研究青年基金项目"大变局下美国干涉我国西部边疆事务的手段与趋势研究"阶段性成果。

② 李义虎著:《地缘政治学:二分论及其超越》,北京大学出版社2007年版,第69页。

表 8—1　　　　　　　麦金德陆权论与斯皮克曼边缘地带论核心差异

提出者		理论要点	核心差异
麦金德	陆权论	谁统治心脏地带(欧亚大陆),谁就能主宰世界岛;谁统治世界岛,谁就能主宰全世界	1."心脏地带"是现代世界政治中权势竞争的首要发源地。承认边缘地区的重要性,但该地区重要性只在于其历来是海权与陆权争夺的焦点 2.揭示单一权势模式:海陆对抗
斯皮克曼	边缘地带理论	谁支配着边缘地带,谁就控制了欧亚大陆;谁支配着欧亚大陆,谁就掌握了世界的命运	1."边缘地带"并不是一个在海权与陆权间完全处于被动地位的区域,恰恰是现代世界政治中权势竞争的首要发源地 2.揭示两种权势对抗模式:一是海陆对抗;二是海洋国家与心脏地带国家联手,与一个边缘地区强国的对抗

　　边缘地带论提出后,对美国战略政策的制定产生过重要影响。杜勒斯、乔治·凯南的对苏遏制政策正是源于这个逻辑。为了遏制苏联成为欧亚大陆的霸权,美国以曾经战场上的对手——位于欧亚大陆边缘地带的日本与德国为核心战略支撑点,维系自身在欧亚大陆的权力。在欧洲,美国经济上通过"马歇尔计划"为被战争破坏的西欧各国提供包括金融、技术、设备等各种援助合计 130 多亿美元,竭力维持欧亚大陆大国间的力量均势,避免苏联在欧亚大陆一家独大;军事上联合英、法、德、加等盟国成立军事同盟北约,同苏联主导的"华约"在欧亚大陆西缘展开了长达半个世纪的对峙。在亚洲,美国先后与菲律宾、澳大利亚、新西兰、日本、韩国等国签署了双边和多边条约,并建立以美日安保同盟为核心的"三大岛链"军事部署,在东亚和东南亚形成了针对社会主义国家的战略包围圈。在中东,美国实施了所谓援助落后地区的"第四点计划"①,将埃及、伊拉克、沙特阿拉伯、约旦、黎巴嫩、伊朗、以色列等中东国家纳入控制范围;同时推动中央条约组织和"艾森豪威尔主义"②试图将苏联势力排挤出中东。

---

　　① 1949 年 1 月 20 日,杜鲁门在第二任总统就职演说中,提出了美国外交方面的四点主要行动原则。前三点内容都是美国在战后已经或正在推行的霸权措施,而第四点却是新提出来的,后来被称为"第四点计划",其内容为:技术援助不发达地区。

　　② 1957 年,美国总统艾森豪威尔向国会提出关于中东的特别咨文,并提交中东决议案。这一决议的基本原则,被称为"艾森豪威尔主义"。其主要内容是:由国会授权总统动用 2 亿美元给中东国家以经济和军事援助;总统有权应这些国家的请求提供武力援助,只要这些国家面临"国际共产主义控制的任何国家的武装侵略"。

（三）大国博弈重新聚焦世界岛"心脏地带"

1991年12月25日19时38分,印有镰刀铁锤的旗帜从克里姆林宫上空最后一次降下,惊心动魄的两极对抗戛然而止。欧亚大陆的"心脏地带"出现了巨大地缘政治真空,一些人认为地缘政治已经过时,曾任美国总统国家安全助理的布热津斯基却振聋发聩地警示:地缘政治仍是美国维护全球首要地位的关键因素,而最主要的"棋盘"仍在欧亚大陆。1993年出版的《失去控制:21世纪前夕的全球混乱》一书提出:"世界政治,无论从国际事务方面看,还是从国内社会情况看,完全可能发生剧变而失去控制,引起大规模的政治动荡和哲学上的混乱。"4年后《大棋局:美国的首要地位及其地缘战略》横空出世,为美国重新校准方向——以陆权国家与海权国家的对立为前提,以北约为"铁锤",以日美安保体系为"砧板","由海向陆"清除外围战场,进一步孤立、围剿欧亚大陆陆权大国。

与此同时,"星条旗"一路高歌猛进,欧洲(1999年科索沃战争)—中东(2001年阿富汗战争)—中亚(2003年伊拉克战争),"挟反恐战争以令天下",以打击恐怖主义之名,紧握"政治正确"的意识形态权杖,开启"新十字军东征"——创造各种条件、利用一切机会从"边缘地带"向"心脏地区"挤压,包围整个欧亚大陆。美国学者罗伯特·卡根在其《天堂与实力:世界新秩序下的美国与欧洲》一书中披露,"布什当选之前,美国的战略思想和五角大楼的策划者们一直在寻找下一个可能出现的挑战。其中之一便是伊拉克。在克林顿任期内,国会几乎全体一致通过了一项法案,支持对伊拉克反对派进行军事援助和财政援助。"有没有9·11,有没有恐怖分子都一样,花招可以不断翻新,借口可以冠冕堂皇,但实质就是进行地缘战略扩张。

冷战时的地缘争夺持续加码——在欧亚大陆西端,北约在苏联解体之后继续东扩,持续挤压、蚕食着俄罗斯的安全空间:昔日作为苏联卫星国的波兰、捷克,如今都成了北约成员国,而北约在乌克兰挑动颜色革命,扶持亲西方政府的举动,更是让孕育了俄罗斯民族的基辅罗斯旧地变成了敌国;在欧亚大陆东端,美国发起对华围堵,除了挑动台湾地区、巩固"美日韩军事同盟关系"等常规操作之外,自奥巴马时期以来,更是将亚太战略扩展为印太战略,在围堵中国的力度上进一步加码。

俄乌战争正式点破——地缘政治斗争重回欧亚大陆"心脏地带",它既是冷战的延续,也是新一轮地缘博弈的开始,预示着在今后几十年里,欧亚大陆及其核心与关键边缘地带将是大国竞争的焦点和重心所在。

二、地缘决定命运

(一)"三大命题"的地缘释意

1. 地缘命运之"我在哪儿"

时至今日,地缘政治的传统要素重要性(如国家、领土、边界、民族、资源和人口等)并没有消失,权力竞争和硬实力对抗的逻辑依然存在。

毫无疑问,传统地缘政治学的"空间性"正受到挑战,尤其是基建、超级工程的发展,正改变地缘、超越地缘:一方面,超级工程扩大了地缘空间的某一"权"的维度。中国逾17.7万公里的高速公路网、突破4万公里"八纵八横"的高铁网(截至2022年),使得中国的"交通"向各处特别是西南和西北方向有力地伸展。另一方面,超级工程又增加着地缘概念的"维"及与之相关的"权"。早期西方地缘政治里主要考虑的空间维度不过是海洋和陆地,由此引申出"海权说""陆权说"。但航空工业在二战前后的大发展,为地缘空间向上拉出了第三权——空权;而如今网络、电子、电磁等又进一步让地缘从物理空间概念衍生至虚拟空间概念。就此意义而言,似乎"我在哪儿"这个地缘之问不再重要。

但传统地缘政治学的基本逻辑并没有在国家间的战略互动中消失,大国竞争一直是地缘政治的主轴,国家之间的地缘政治竞争往往会导致军事冲突。虽然冷战后全球化的发展、科技的进步、非国家行为体影响力的上升、全球治理这些因素突出了"合作性",在一定程度上改变了地缘战略竞争的外在环境,但大国博弈烈度日益抬升,一下子戳破了皇帝新衣,让世人看到大国地缘政治竞争的真实面目。

2. 地缘命运之"我是谁"

地理就像民族、宗教、人种一样,在最大程度上决定了"我是谁"。平原地区的人们和山民不一样,大陆国家人们的心态也跟岛民不一样。地理还在一定程度上决定着语言、习俗的传播,构成广义文化的一部分。

有评判性观点认为,这种理论再发展、再丰富,也只是把对物质空间的分析综合运用在人类社会有机体(国家、民族等等)的彼此关系上,缺失了人文(道义、经济、政治、历史等)方面的考量。

殊不知,海盗基因天然内置在以美国为代表的西方民族的骨髓及其 DNA 之中。正所谓"什么样的地理环境产生什么样的文明",相较于中国以农耕文明为主——神州大地大江大河众多,土壤植被肥沃丰富,基于这样优越的自然资源环境,先人"日出而作,日落而息,凿井而饮,耕田而食",通过土地耕种的生产生活方式便实现了"小富即安",而这种生产生活方式又决定了先人诸如务实、和平、中庸等的思维方式、行为方式乃至文化趋向。作为欧美文明发源地的欧洲大陆则处临海、多山地、平原小的地理环境,狭小的耕地面积根本无法满足生活所需。资源有限且稀缺,生长环境的恶劣,让西方先民只好向大海讨生活——没有那么多温情脉脉,只有竞争和占有,不是你死就是我活,视优胜劣汰为天然法则。当对手弱小时,它是跨海劫掠的海盗;当对手强大时,它是从事海商贸易的商人。可以说,欧美海洋文明的本质就是外向扩张,通过暴力掠夺与发展贸易等方式来满足生存和发展的需要:

在14—15世纪,欧洲遇到了空前严重的危机,接连不断的饥荒、瘟疫和战争使整个欧洲经济和社会的发展几乎完全停滞,促使不少欧洲人冒险探索前往东方的航线。15世纪末,随着葡萄牙和西班牙进行海外探险和殖民,西方开启了大航海时代。西方国家海外探险的模式非常简单,就是国家直接雇用或者支持海盗(兼海商)海外探险,获得的利益大家按约定分配。哥伦布是意大利热那亚人,受雇于西班牙,为西班牙发现了美洲大陆;麦哲伦是葡萄牙人,受雇于西班牙,进行了环球航行。西方的探险家们向来既是海盗又是海商。只要发展停滞,生产过剩、消费不足,出现国内矛盾,他们想到的就是对外发动战争,只要赌一把,就可以继续靠抢劫、殖民掠夺来续命。从女王直接给海盗颁发"私掠许可证",抢劫西班牙的金银运输船,到今日美国利用美元—美债收割全球,稀释金融危机,皆是此逻辑的继承。

3. 地缘命运之"我能做什么"

事实上,各国战略与国策都带有明显的地缘烙印,毕竟地理环境是每一个国家都难以改变的,国家都有自己的所谓"地理宿命"。认清"地理宿命"不是要拿它当侵略工具或失败借口,而是要尽可能发挥地理优势,避免劣势。

正如英国著名国际关系专家蒂姆·马歇尔所说:"国家,就是地理的囚徒。"因为地理环境基本上决定了一个国家的"上限"。你无法要求像文莱这样的小岛国成为制造业大国,你也无法要求像蒙古那样的内陆国发展出强大的海军来争夺制海权,你更无法要求像新加坡大小的国家成为"全球军事力量"。地理地貌如同套在国家外面的一个牢笼。有边界就意味着在边界之外会受限,就会有突破边界的愿望,而各国拓展边界的意图又衍生了保护腹地的需要。最终,边界总会大致稳定在进攻和防守的平衡中。从历史上来看,当年荷兰面对英国强有力的海上竞争时,不得不闯过两翼受敌的英吉利海峡,漫长的贸易航线也暴露在对方炮口下。这充分体现了其地理上的弱点。而来自法国的陆上威胁,更让荷兰的处境雪上加霜。终于,荷兰人发现,自己陷入了英法两国的夹缝中间,其大国地位下降已经不可避免。由此可见,地理条件在历史进程中起着决定性作用,由此而引出的地缘政治更是决定国际关系的首要因素。

更神奇的是100多年前地缘政治大师对中国的"透视":依照麦金德的陆权论,中国处于世界岛的东端,位于欧亚大陆的边缘地带。中国陆上国境线2.28万公里,毗邻14个国家;海岸线1.80万公里,近海南北长、东西短,与6个国家隔海相望,外围环绕着两道岛链。基于这样的地理特征,1904年,英国历史地理学家哈·麦金德在《历史的地理枢纽》这篇文章的最后极富预见性地写道:"假如中国被日本组织起来去推翻俄罗斯帝国,并征服它的领土的话,那时就会因为他们面临海洋的优越地位和巨大的大陆资源加到一起——这是占有枢纽地区的俄国人现在还没有到手的有利条件……如果欧亚大陆两端的人流物流被铁路所吸引,海上运输日益萎缩,美国的海上优势将无用武之地,美国被孤立在美洲大陆,从此失去霸权地位。"在这篇文章发表时,世界枢纽地区由俄国统治,大清帝国正处于八国联军侵华后的危急关头。在这种情况下做出这样超越时空的判断,仅凭中国的陆海枢纽这样一个地缘优势就放言一百年后中国将成为世界级领袖国家。

(二)地壳断裂带中的"地缘噩梦"

地壳断裂带往往是战略要地。如波斯湾、马六甲海峡、南海以及阿富汗、土耳其、乌克兰等,这些区域就像诸葛亮在《隆中对》中对荆、益二州的地缘分析一样,"荆州北据汉、沔,利尽南海,东连吴会,西通巴、蜀,此用武之国,而其主不能守,此殆天所以资将军,将军岂有意乎?益州险塞,沃野千里,天府之土,高祖因之以成帝业"。谁能抵制住"揽它入怀"的冲动?陆路枢纽、海路航线都是兵家必争之地,这条法则古今皆然,只不过是争夺的热点不断转换而已。

由于地理位置的特殊性,这些国家的命运往往被大国关系、大国利益博弈所左右,其兴衰存在较大不确定性。地缘上它们往往处于两大强权或者两大洲的交界处,始终被不同强权的"磨盘"碾压,这就决定了即便不犯错都难保安泰,何况,再加上有些不识时务的"瞎折腾",悲剧早已注定。在与周边大国合作时,地缘政治前线国家或能"左右逢源";而在大国对抗时,则务必要走好"钢丝绳",一旦倾斜必坠深渊。

在不同板块的结合部,注定成为不同板块挤压碰撞的"牺牲品",沦为大国博弈的"棋眼"。俄乌战争本身就是欧亚大陆地缘政治意义上的"地壳断裂"的结果,表面上是俄乌冲突,本质上则是美国、北约对俄罗斯长期战略挤压导致的"地壳断裂",其结果就是地震,巨大的能量集中释放的效果是瞬间摧毁一切地表文明,而这恰恰就是美欧政客们最感兴趣的问题,强硬而令人生畏的俄罗斯一直就是欧洲人的梦魇。

更进一步而言,新地缘危机产生的"裂缝"早已超越以往地图上可见空间概念,出现圈层的新概念,战略焦点区域有至少三个圈层:第一圈层,以传统的紧张区域东亚、中东、中亚、东欧为主,北极则是新增的焦点区域,并将把中美俄欧等地球最强大的力量纠缠到一起,北极将成为新的最大变数区域;第二圈层则是北非、拉美,随着"一带一路"倡议的延伸以及这两个区域内在的社会演进、政治变局,这两个前殖民地板块,将再次成为大国竞争的"新猎场";第三圈层,太空、深海、基因、AI……这纯粹是大国博弈、混合战争的战场,在这个圈层里斗争的激烈程度要远超前两个,对此要有一定的想象力与忍受力。

(三)大陆的能量守恒与外围的扰动因子

美国地缘政治学家罗伯特·卡普兰在《地缘政治与新世界秩序》中写道,"在地缘政治上,过去永远不会死亡,现代世界并不存在。"不论是已出现的矛盾,抑或是以后产生的新的矛盾,地缘政治冲突一定是所有矛盾产生的最基本的来源。

被麦金德称为"世界岛"的欧亚大陆是绝对的地缘中心,而非洲、美洲、大洋洲等其他大洲以及亚欧大陆附近的边缘岛屿则在地缘上属于外围。外围国家为了维持自身的生存和发展,有强烈动机充当"扰动因子",去干预欧亚大陆的发展与整合。

16世纪以来的英国,凭借岛国孤悬海外,对欧洲大陆国家来说难攻易守的地缘优势充当欧洲大陆的"平衡手",在欧洲大陆不断借助欧陆次强打压欧陆首强:在西班牙王位继承战争中,借助法国打击统治西班牙和神圣罗马帝国的哈布斯堡王朝;在七年战争中,笼络普鲁士和沙皇俄国打击法国和奥地利;在法国大革命期间,多次组织"反法同盟",最终迫使法国疆界"退回到1789年之前";在克里米亚战争中,又联合法国和奥斯曼帝国一起,遏制了沙皇俄国向巴尔干半岛扩张的势头。在这一过程中,欧洲大陆各国纷纷元气大伤、各个猜忌不止,再没有哪一国有能力来威胁英国。在欧洲之外,则借助于海上优势在全世界范围内聚敛财富,从海盗式劫掠起家,逐步凭借对殖民地的征服和对海洋商路的控制,不断从全球各地聚敛财富。以印度为例,大英帝国通过对印度的征服和殖民,不断将印度的财富"从恒河吸出,再投入泰晤士河中"。据英国殖民印度的历史史料初步核算,英国 200 年从印度获得的财富可折合现价美元 54 万亿,相当于英国 2020 年 GDP 总量的近 20 倍。更在观念上大力普及"自由主义"之风以利英国:在思想文化领域上通过以《政府论》《国富论》等为代表的思想巨著,在全世界大兴自由资本主义之风,便利英国资本在坚船利炮的护卫下在全世界"自由"地进出以追逐利润。经过三个世纪的努力,终于使英国从偏居一隅的岛国变成了殖民地遍布全球的"日不落帝国",并且使得欧亚大陆成为英国的原料来源地以及商品和资本的输出场所,在经济发展上受制于英国。

无独有偶,自明治维新以来,日本也一度充当起了亚洲的"扰动因子",并使出浑身解数,加速东亚地区的碎片化,以便自身一一图之:在清王朝尚存时,一边利用甲午战争、八国联军侵华对清王朝进行军事打击和经济掠夺;另一边对革命党人在日本的反清活动予以资助和庇护,以使清朝统治进一步虚弱无力。到了民国时期,对于分裂、瓦解中国更是迫不及待,如间谍头目川岛浪速致电参谋本部时直言"中国本土既已成了中华民国,必然将来再次陷于大动乱中,不能不被分割"。于是,日本在汉族地区,利用当时军阀混战的局面扶植奉系军阀从事代理人战争,与英美扶持的直系军阀争夺华北及华东地区;在少数民族地区,则不断派出人员以教师、商人、技术人员等身份进入东北和内蒙古,在前清皇族和蒙古王爷当中推动"满蒙独立运动",最终于 20 世纪 30 年代先后建立起了伪满洲国和伪蒙疆自治政府。在这一过程中,日本收获了大量的财富,从一个闭关锁国的落后国家一跃而成为"远东新兴的帝国主义"。仅甲午战争便获得了台湾岛和两亿两白银(相当于当时日本政府 5 年的财政收入),至于从留日学生中发展亲日分子,更是不在话下;当时的中国则进一步积贫积弱,大片领土沦为日本的殖民地或势力范围。

到了 20 世纪,脱胎于英国,又借助两次世界大战飞黄腾达的美国更是将外围国家对中心的扰动做到了极致,以"山巅之城"的姿态傲视全球。在经济上,先凭借"西进运动"和"门罗主义"完成了资本的原始积累和对拉丁美洲政治、经济的控制,后又凭借美元的世界货币地位以及华尔街金融巨头,利用金融手段收割全世界;在军事和地缘政治上,通过两次世界大战,既避免了本土被战火蹂躏,又在参战过程中实现了军队规模的扩张和军事装备的迭代,并将军事、经济影响力从美洲投射回欧亚大陆。特别是通过"英美特殊关系"绑定了英国,通过对日本的占领和改造挟持了日本,完成了对英伦三岛、日本列岛等欧亚大陆外围岛屿的强力控制。此后又借助越南战争和阿富汗战争的机缘,通过组建"东南亚集体防务条约组织"等军事联盟和拉拢以沙特阿拉伯为代表的一众海湾产油国,实现了对欧亚大陆重要海上通道和能源产地的控制。在意识形态等无形领域,则通过主导组建了联合国、关贸总协定、国际货币基金组织以及世界银行等一系列全球性国际组织,将其作为宣扬自身"政治正确"的抓手,培育了从 CNN 到《纽约时报》在内的一大批知名媒体,固化了自身文化的影响力,以外围国家的身份成为全球的超级大国并延续至今。

三、地缘博弈的主轴线:海权与陆权

(一)海权时代的发展逻辑

当年的英国和日本在欧亚大陆两端呼风唤雨的时代,是一个海权在重要性上压倒陆权,世界经济的中心正稳居大西洋沿岸的时代。正是在这样的背景下,英国才可以凭借海上优势博弈欧陆,日本方能在英日同盟、美国资本的庇护和资助下在东亚大陆兴风作浪。

"海权"是通过海洋实力扩张并试图控制全世界的强权。从发展历程来看,人类世界最初的文明是以"陆权"为基础的,由于人类活动多集聚在陆地及近海区域,世界四大文明古国都分布在人口集聚的欧亚非大陆。但随着新航路的开辟,以及随之而来的海上贸易发展,航海技术、造船技术突破以及海军技战术的迭代,人类从长期以来的陆权时代进入了海权时代。海权时代的到来,为英、日、美的崛起创造了条件,使其将对外扩张的势能大量释放出来:

首先,海权的兴起,使得海洋贸易、海外殖民扩张的收益被急剧放大,控制了海洋便掌握了财富和权力,新航路开辟之后经济中心逐渐从地中海转向大西洋,大西洋航线中心的地理位置使得英国在对外殖民扩张中"近水楼台先得月"。其次,海权崛起之后,也让土耳其、波斯、印度次大陆诸国以及中国等一众古老的陆权大国与新机遇失之交臂,走向了衰败,不但为英、日的对外扩张扫清了障碍,甚至其本身也沦为英、日、美殖民、掠夺的对象。其结果便是在海权时代,英、日、美率先抓住历史机缘,实现了"反常态崛起"——作为长期以来相对于欧亚大陆的蛮荒之地,一个建立起殖民地、附属国遍布世界的"日不落帝国";一个矢志于"开拓万里波涛""布国威于四方",从贫弱的"莞尔岛国"蜕变为"远东新兴的帝国主义国家";一个一度坐稳世界一霸,更反过头来在军事、政治、经济乃至思想文化等领域对欧亚大陆施加影响。

(二)百年变局:陆权回归

只不过,时光轮转,到了 20 世纪中后期,就在美国对欧亚大陆的扰动发扬到极致时,欧亚大陆的中心地区也再度焕发了生机:

一方面,欧亚大陆传统的陆权大国再度兴起——西欧地区在完成战后重建后,于 1967 年组建了以法、德为核心的欧共体(之后又于 1993 年改称欧盟),在大飞机、汽车、精密机械等领域同美国展开了激烈竞争;同样位于欧洲大陆的苏联成长为超级大国,并且在全球范围内与美国就争夺世界霸权进行了角逐。

另一方面,世界经济中心开始从大西洋沿岸转向太平洋沿岸——自 20 世纪60—70 年代起,以"亚洲四小龙"为代表的一批东亚经济体,开始在出口导向型发展战略指引下,积极承接来自欧美、日本的产业转移,实现了经济的迅速发展,而占据东亚大陆大部分地区的中国,更是在改革开放之后加速了经济发展,早在 2011 年便在工业产值上超过美国成为世界第一大工业国,而今已成为仅次于美国的世界第二大经济体。

更何况,陆权大国开始注重在基建升级过程中推进区域整合、挖掘"内循环"的潜力,甚至欲把海权国家插在自己身上的"吸血管道"拔掉。基建领域,中国参与印度的电力、交通设施建设,中俄不仅在传统基建上(铁路、管道、光纤)加强合作,更在5G 商用、数据中心(信息、能源)等方面形成紧密联系的新产业链。经贸领域,中国是俄罗斯重要的能源和农产品出口国,同时,中国对俄出口汽车、家电、工程机械等保持快速增长;中国和伊朗也签署了长达 25 年的全面合作协议,中俄伊加速构建非美元结算体系,组成了一个隐形的"去美元化围墙"。航空航天领域,空客公司强化中欧产业链,其一半以上的零部件来自中国;中俄也正通过航空航天催生欧亚大陆经济圈的产业链核心,毕竟,航空工业具有产业链长、投资乘数效应大等特点,能够带动上下游众多产业协同发展。中俄对等出资成立中俄国际商用飞机公司,通过产业互联网,将两国航空航天的各要素、各环节重组,进而形成新的产业协作、资源配置和价值创造体系。陆权国家依靠交通、资源、产业等谋求战略纵深,并实现产业链的一体化、供应链的交错化和价值链的利益融合。

海权时代赋予美国的地缘优势正遭遇前所未有的挑战,核心原因在于陆权对海权的冲击。一个即将整合连接起来的欧亚非大陆，无论是面积、纵深、人口、资源、经济总量还是市场规模，都使美国感到了强大的压力：欧亚大陆中心地区再度崛起，势必会在地缘板块上的边缘地区形成强力挤压，使经济潜力上处于劣势地位的外围地区再度面临被边缘化的窘境。对美国这样由怀揣"美国梦"的移民所组建的国家，一旦被边缘化，就意味着社会收敛能力的下降，长此以往必将出现社会的撕裂和国家的衰败。要避免如此情形，美国迫切希望扰动中心地区，使欧亚大陆各个中心处于耗散、内斗的状态，一边保持美国针对各个单个中心的实力优势，另一方面又可以在各中心的内斗中"渔翁得利"。美国在现实政治上的一系列表现：从冷战时期组建北约，裹挟西欧国家对抗苏联，推动中美建交在亚太地区围堵苏联，再到当下美英联手挑拨欧俄关系，美日合谋围堵中国，正是基于如此考量，这也是外围地区扰动中心地区不变的思路。

作为海陆复合型国家，中国是"一陆一洋"，其中欧亚大陆是世界的地缘政治中心，地缘特征决定了"由陆向海"（从陆地看海洋）。冷战结束后，中国地缘政治安全的保障重心主要在东部沿海地区，但中国发展海权面临着诸多挑战。东部地区集中了国家众多的人口和工业生产基地，且东部沿海多优良港口，为远洋贸易提供了良好条件。然而，中国东部近海与太平洋及相邻海区之间的联系为岛屿、海峡所割断，呈现半封闭海区的特征，海权发展容易受到限制。基于中国的地缘政治特征，"一带一路"倡议下的"海上丝绸之路"和"陆上丝绸之路"体现了中国"海权""陆权"并重的发展思维。在海上，以重点港口为节点，形成海上运输大通道，从中国沿海港口过南海，延伸至欧洲和南太平洋地区，促进海上交流与合作。在陆上，以核心支点城市为依托，以自贸区等口岸经济为载体和平台，从中国西北、东北、西南方向连接欧亚大陆及中南半岛。这一倡议将在一定程度上改变中国主要以东部沿海开放为主的地理格局，中西部地区从以往观念下的"内陆地区"变成了对外开放的前沿，为其提供了"近水楼台先得月"的发展机遇。

（三）岛国的悲剧

当前海权与陆权地位交替之际，海权岛国在地缘上逐渐回归边缘的宿命。

对英、日来说，岛国逼仄的地缘环境对其国运可谓"成也萧何，败也萧何"。一方面，岛国同欧亚大陆相比，在大多数时期都处于相对落后的一方：英、日等岛国既与大陆隔海相望，远离文明中心，限制了欧亚大陆文明对当地的影响强度；又在土地面积和能够承担的人口规模上相对有限，难以自发孕育出高度发达的原生文明来——江户时期学者太宰春台对中华文化大加赞誉，声称"中华圣人之道行于我国，天下万事皆学中华，我国人始知礼仪，悟人伦之道，弃禽兽之行"的背后，反映出的正是岛国有识之士对大陆先进文明的向往以及岛国相对大陆在文明上的蒙昧。

然而，另一方面，岛国逼仄的地缘环境又赋予了岛国巨大的对外扩张势能：岛国相对有限的土地面积和资源存量，使得岛国稍有人口增长，人口、资源、环境之间的矛盾便会迅速激化，促使岛国有强烈动机去发动对外扩张以占据土地、掠夺财富。以日本为例，在19世纪后半叶，随着工业革命、医学革命的推进，在半个世纪以内，人口迅速从3 000多万人增长到了5 000多万人，在当时的日本精英们看来，加速对外侵略扩张，用土地和资源增量来对冲人口压力便成了规避"马尔萨斯陷阱"的不二法门。也因此，英、日天然对外有一种本能倾向——相较于大陆型国家普遍希望维系和平稳定的睦邻关系兑换良好的经济发展环境，岛国往往试图在硝烟四起中隔岸观火、火中取栗。

只可惜，在海权时代英、日风光崛起的背后，也内置着岛国无奈的国运：英、日作为岛国，体量毕竟有限，即便在扩张之后，在面对欧亚大陆时在总体实力上依然不具备压倒性优势，一旦欧亚大陆上有诸如19世纪晚期的德国或20世纪的苏联等强国崛起时，英、日在国运上依然要面临事关生死存亡的考验。加之，英、日对欧亚大陆的殖民、扩张过程中树立了大量对手，令自身地缘环境进一步恶化：在欧洲，尽管英国在对外扩张中先后遭遇并战胜了西班牙、荷兰、法国、沙俄等一系列强敌，却也让自身在欧洲难以找到可靠的盟国；在亚洲，日本在东亚和东南亚的侵略扩张，更成为当地一致反抗的对象。最终英、日不约而同地陷入"地缘环境促使扩张，扩张后地缘环境进一步恶化"的恶性循环之中，在扩张受挫后纷纷被打回原形：在两次世界大战中惨胜的英国，在付出巨大人员伤亡和财产损失后，再也无力维持其殖民帝国，各殖民地、附属国和自治领要么走向独立，要么改弦易辙，倒向美、苏等新兴大国，甚至本土的分离风险也浮现出来；作为二战战败国的日本，其苦心建立的"大东亚共荣圈"更是在世界反法西斯力量的打击下灰飞烟灭，在势力范围上几乎重新回到了明治维新之前。

更令英、日"屋漏偏逢连夜雨"的是，随着高速公路、高速铁路以及管道运输等交通运输技术的发展，陆运的效率正在逐渐赶超海运，进而为陆权国家与海陆复合型国家通过陆路对外投射经济、军事力量提供了助力,陆权与海权之间的消长开始加速。而随着陆权的再度崛起,更使得英、日等岛国在地缘上的无奈被进一步凸显:

一方面,促使英、日实施对外扩张的势能依然存在:英、日等岛国资源紧张的状况并没等得到有效缓解。以日本为例,根据联合国贸发会议数据计算,在2016—2021年间,日本在食品和燃料这两类商品的年均进口额分别占到了10.04%和20.17%(中国分别为6.52%和14.14%,美国更是仅为6.22%和7.71%)。而英、日有限的国内市场需要外部市场来消化其巨大产能,近在咫尺的欧亚大陆无疑是英、日的首选出口市场。据联合国贸发会议统计,英国2021年468.78万亿美元的对外出口额中,对欧盟的出口额便高达206.22万亿美元,占总出口额的44%;至于日本,在经贸领域更是早已同中国深度绑定:中国早在2008年起便在大多数时期保持为日本的第一大贸易伙伴国。至于索尼、丰田、松下、夏普、优衣库等日本企业更是纷纷在中国开枝散叶。生存、发展的需要,依然在促使英、日将自身的影响力投射到欧亚大陆,用新的方式对欧亚大陆进行扩张。

另一方面,英、日在海权时代对外扩张的有利条件却被不断递减,在海权与陆权交替的时代,再难以成为新时代的弄潮儿:首先体现在军事上,英、日等岛国以往干预欧亚大陆时所倚仗的军事优势不复以往。即便在海军实力这一英、日岛国传统的优势领域,根据"全球火力"(Global Firepower)统计,截至2022年5月,英、日海军总舰船数也不过230艘(其中日本155艘,英国75艘),而远无法同美(484艘)、中(777艘)、俄(605艘)等陆权大国或海陆复合型大国相提并论,再难有实力来利用军事手段大规模干预欧亚大陆形势。更重要的是,随着海权与陆权的此消彼长,带来了陆权国家和海陆复合型国家的壮大,进一步削弱了英、日等岛国相对于欧亚大陆的实力对比。欧亚大陆上的经济规模排名靠前的几大国家中,中国、德国、印度、法国、韩国与俄罗斯,据世界银行统计,2021年GDP总额高达32.57万亿美元,便已经相当于同年日本(5.1万亿美元)的6.39倍和英国(3.11万亿美元)的10.47倍,如果上述国家以基建、产业、经贸等为抓手完成整合后,增长能量还将进一步释放,远非英、日所能撼动。

除了以上两点,陆权的崛起,也对各国对外交往的手段提出了新的要求,陆上经贸活动对于基础设施建设、产业园区建设乃至人员往来等活动在规模和水平上提出了更高的要求,需要各国在经济、政治、文化上建立起紧密的联系,进而结成输赢共担的利益共同体,而英、日等岛国长期以来所擅长的"均势外交""光荣孤立"乃至侵略扩张之类的对外交往套路显然与建设利益共同体的要求格格不入。

英、日两国在这种既有动机对外扩张,又缺乏实力实施扩张的境况下,只得在自身与欧亚大陆之外另寻强大外力以为后援。对英、日两国来说,美国既身为超级大国,又同自身关系密切,更与中、俄等欧亚强国存在竞争关系,正好可以充当两国的后援。而对美国来说,其虽然是一个海陆复合型国家,但地处美洲大陆,与欧亚大陆隔海相望的地理位置决定着美国在对欧亚大陆施加影响时,仍然要倚仗海权的作用。因此在海权与陆权的消长过程中,欧亚大陆在陆权崛起的背景下发展与整合的加速也足以对美国形成强烈冲击,使得美国乐于将英、日这两个欧亚大陆的边缘岛国当作棋子,用于对冲欧亚大陆的崛起。一边是陆权崛起之下欧亚大陆的复兴,一边是海权相对衰落之际美国对英、日两国的有意利用,在两边的共同作用下,将英、日两个岛国顶在了杠头上,让两国寻求对外扩张的势能与美国扰动欧亚大陆的意图合二为一,结果便是英、日两国以美国"小跟班"的角色,充当起了欧亚大陆的扰动因子。

英国是面向欧洲大陆的扰动因子,将"英美特殊关系"作为英国外交的重要内容并不断付诸实践,成为美国对外交往中坚定的追随者:自海湾战争以来,英国在对外政策上对美国可谓亦步亦趋,几乎参与了所有美国发起的对外军事行动,在最近爆发的俄乌战争也不例外:英国在 2022 年 2 月 24 日开战当天,外交国务大臣詹姆斯·克莱弗利便高调宣布要对俄罗斯采取"有史以来规模最大、最严厉的制裁"并为乌克兰提供了大量军事援助,让俄乌战争成为持续撕裂俄罗斯与欧盟的伤口。英国国防部表示,截至 2022 年 7 月 23 日,"已有 6 900 件 NLAW 反坦克导弹、'标枪'反坦克导弹、'硫磺石'导弹和其他反坦克武器,以及 16 000 发炮弹、6 辆装有'星光'防空导弹发射器的'风暴'导弹发射车和数百枚导弹被送往乌克兰"。在欧洲之外,英国还在"五眼联盟"、奥库斯(AUKUS)等框架下参与对中国的战略围堵。

日本则是亚洲板块的扰动因子,一边追随美国:例如日本自 2012 年安倍晋三再次当选首相后,在外交政策上改弦易辙,转为追随美国,在强化日美安保体制的同时,积极参与组建印太同盟,并在台海、南海问题上不断拱火;在安倍晋三卸任之后,日本仍旧追随美国,在俄乌战争爆发后冒着能源供给受阻的风险参与对俄罗斯的经济制裁。一边在追随的过程中谋求"独立自主",扩大本国的对外影响力:安倍晋三在其第二任期内,投入了大量资源与精力用于建立一个经济、外交上实现全面正常

图片来源:百度百科。

图 8—2 "标枪"反坦克导弹

化的"强大日本"。在日本国内,推动宪法修订以谋求"制定自主宪法";在国际场合,开展"俯瞰地球仪的外交",利用特朗普高举"美国优先"大旗,大搞单边主义的机会,先后达成了《全面与进步跨太平洋伙伴关系协定》(CPTPP)和《日欧经济伙伴关系协定》,开创了日本在二战以来首次由本国主导完成外交经济协议的先河。

由此,在美国支持和怂恿下,英日两国既在地理上两面夹击,又在行动上相互联动,形成共同对欧亚大陆进行扰动的局面。然而,英、日在美国支持和怂恿下扰动欧亚大陆的举动,大概率只会加速国内的耗散:英国脱欧,固然在财政政策、难民政策等方面摆脱了对欧洲大陆的责任,却也失去了享受欧洲开放市场带来的发展机遇,在经济上未见起色。伦敦政治经济学院经济绩效研究中心和决议基金会 2022 年 6 月发布的报告称:英国脱欧之后,"到这个十年结束时将不如过去富有,生产力也将下降,实际工资预计将下降 1.8%,每个工人每年的收入将减少 470 英镑,劳动生产率下降 1.3%"。日本加速倒向美国,也无法避免在半导体、电子产品、机器人等传统优势产业竞争力的下滑,避免不了经济的长期低迷,更治愈不了民众苦闷的心灵。更何况,英、日两国心心念念引以为后援的美国,也在政党极化、社会撕裂,国际影响力下滑的内外交困中走向相对衰落。最终结果,便是英国和日本即便引入美国作为后援,也依然难以避免自身沦为欧亚大陆的边缘的宿命。

四、百年变局、百国博弈

(一)百年变局新趋向

美国学者莫德尔斯基借助过去 500 年的历史经验发现,国际政治格局每过 100 至 120 年左右就会发生重构。1494 年以来国际政治经历了 5 轮周期,平均长度约 109 年。照此推算,当前正处于这一轮政治周期的尾部阶段,这是旧的国际政治体系逐渐走向衰落的阶段,也是军事冲突容易发生的阶段。

抛开历史不谈,仅从当下的世界格局来看,从地缘冲突到国家对峙,国际力量此消彼长,不稳定性、不确定性更加突出,也让大变局不断向纵深发展。

第一,世界版图发生的深刻变化前所未有,新兴经济体和发展中国家在世界政治经济中占据越来越大的份额,世界地缘板块重心加快"自西向东"位移。近年来,西方世界的内部危机越来越大:占领华尔街运动、欧债危机、难民危机、英国脱欧、民粹主义崛起、美国大选闹剧……与之相对的是,非西方国家正以前所未有的势头呈现出独立自主式崛起。俄罗斯在顶住西方国家上万次制裁之后,加速推进俄罗斯"东向"政策与欧亚经济联盟的整合。印度在 2022 年底连续接棒联合国安理会轮值主席国、G20 轮值主席国,面临全球大国影响力提升的巨大机遇。2022 年底卡塔尔世界杯、中国—阿拉伯国家峰会、中国—海湾阿拉伯国家合作委员会峰会,将阿拉伯世界的全球影响力抬升到了空前高度。2022 年是非盟成立 20 周年,非盟"联合自强,自主发展"的发展战略更加坚定。按国际货币基金组织的估算,过去 40 年间,新兴国家和发展中国家国内生产总值全球占比从 24% 增加到 2021 年的超过 40%。按市场汇率换算,新兴国家和发展中国家过去 20 年来对世界经济增长贡献率高达 80%,成为世界经济增长的重要引擎。

第二,全球化与区域化此消彼长。从新冠疫情到大国对峙、地缘冲突,进一步实质性地加剧了过去几十年来商品贸易全球化格局的逆流。与之相对的是地区合作受到更大关注,地区意识和地区认同愈加强烈。2022 年 1 月,《区域全面经济伙伴关系协定》(RCEP)生效,历史上首个非欧美国家参与和主导的全球最大自贸区形成。继东盟、拉美经济一体化之后,非洲、中东、中亚经济整合势头也逐渐兴盛。2022 年底非洲开发银行、非盟等机构联合发布的《非洲工业化指数》报告显示,37 个非洲国家的工业化进程在过去 11 年间取得积极进展,非洲大陆自贸区的进程进一步提速。2022 年,中亚五国签署《中亚国家在多边形式下互动的构想》《中亚"绿色议程"区域方案》《2022—2024 年区域合作发展路线图》等文件,展现了中亚经济一体化的强烈意愿。2022 年底举行的第 31 届阿拉伯国家联盟首脑理事会也声明承诺,努力实现阿拉伯国家经济一体化,以全面激活大阿拉伯自贸区,为成立阿拉伯关税同盟做准备。

第三,国家主义思潮的回归与高涨。从历史上看,国家主义思潮总与大的时代变革相伴而生。当旧的世界秩序不能包容新生的力量,而且所处时代世界秩序日益走向衰落时,国家主义思潮就会应运而生。从新冠疫情到地缘战争,世界各国对国家保护和国内安全的关切,使得国家主义思潮的回归成为必然趋势。"国家安全"成为头等大事,这一方面让国家越发追求产品链、产业链安全、可控,但另一方面,国家主义思潮也在无形中放大了国家间的竞争。例如,一些国家借"国家安全"之名,谋垄断竞争之实。由于在数字技术领域处于劣势,欧盟启动了名为"数字主权"的项目,试图通过法律监管开拓数字经济领域,利用其庞大的统一市场保护隐私权和数据共享权。美国以"国家安全""数据安全"为借口,四处兜售所谓"清洁网络"计划,企图组建所谓"清洁国家联盟",极力打压在 5G 等领域具有竞争力的他国企业。

以上种种变局,加大了国家冲突、板块碰撞的可能性。当下世界各地发生的诸多重要事件,都能在这些重大变局中获得投射。旧的权力结构被打破,新的均衡点还在探索中,政治安全、经济金融、地缘博弈等可能都会更加突出,大国兴衰的"持久战"将进入拉锯状态。

(二)新变量重塑博弈逻辑

1. 政治影响力:美国走下灯塔

美国在内忧外患中"每况愈下"。具体而言,其一,在军事方面穷兵黩武,逼近了自身所能负荷的极限,以至于在事实上已然形成了一种"赤字竞赛"的缠斗模式。据美国《国会山报》(The Hill)消息,从 2022 年 1 月到 2023 年 1 月之间,美国已向乌克兰提供大约 775 亿美元军事援助,不间断地为俄乌战争"拱火";据美国国会预算办公室最新发布的报告显示,2023 财年前 6 个月,联邦财政预算赤字将达到 1.1 万亿美元,比 2022 年同期赤字高出 4 300 亿美元。

其二,在经济方面金融化程度不断加深,结果登高必跌重。随着美国市场经济发展进入最高阶段，金融陷入自身演化规律：充当实物经济的一般等价物（价值尺度）—虚拟经济的一般等价物（通过炒作概念充当价值尺度）—金融衍生品，进而彻底脱离实体经济进入自娱自乐的"黑洞"阶段。与此同时，美国的利率政策陷入"两头堵"，如果不加息，那么通货膨胀将迅速高企，这等于在全球范围内挖美元信用的"祖坟"，而由货币霸权引致的铸币税，美国自然是割舍不下的，加息降通胀是其"全球收割"体系的必然，然而分寸的拿捏难度很高，一旦货币收缩过猛，极易触发其高度泡沫化的金融业发生连锁反应，每一个"硅谷银行"都有可能是多米诺骨牌的第一张。因此，美联储在刺激总需求的同时必须稳定通胀率，势必采取债务货币化的方式，在短期内纾解财政压力、增加流动性，但在长期反而会加重债务暴雷的破坏力，并削弱美元的国际地位。

其三，民主、自由、人权理念遭到全球批判而呈现出前所未有的"去神话化"。以政治民主化、经济私有化、社会自由化为核心逻辑的西方话语，起源于近代资产阶级革命时期，主导世界主流思潮 200 多年。但随着美国国力的相对衰落以及 21 世纪以来伊拉克战争、阿富汗战争、国际金融危机、"阿拉伯之春"、叙利亚难民危机、俄乌冲突等诸多事件的冲击，"美国例外主义论""民主优越论"的神话显然已被打破。剑桥大学《2020 年全球民主满意度报告》显示，全球民主正处于一种萎靡不振的状态，100 多个国家对西方的所谓"民主"表示不满，并随着时间的推移不满度还在增加，并在全球范围内达到空前高度。美国自诩的"世界民主灯塔"形象遭到前所未有的批评与质疑。

2. 金融资本的扩张与战争危机——"原罪"搅乱世界

如果说近代以来的世界被资本所主导，那么其历程发生了从工业资本到金融资本的转化。金融资本具有更容易扩张的属性，自然也加强了对世界的影响，成为推动世界格局演进的一个重要力量。二战之后，西方国家的产业资本大量向后发国家转移，用资本化的方式占有后发国家的资源、人力等要素，并以低价格形成收益；在这个阶段，西方国家用资本输出的方式比过去用坚船利炮的战争方式获得的收益更大，资本化的收益返还到先发国家，促使先发国家金融资本推动金融全球化。后发国家在接受产业转移的同时，也接受了资本与劳动之间的直接对抗性冲突，而先发工业化国家内部的阶级对抗则得到缓和。

可以说，在金融资本发展历程中，它们成为全球化的最大受益者。金融资本凭借自己的全球网络,追逐着最高利润,并在全球范围内快速流动。在这个过程中,它们追逐高额利润的行为带来世界各国不同的发展,或助推某些发展中国家快速增长,或抛弃一些发展中国家,使它们陷入长期停滞。例如,2013 年 10 月 31 日,以美联储为核心的美国、欧盟、瑞士、英国、加拿大和日本等主要发达经济体的央行,宣布达成长期、无限、多边货币互换协议,构建核心国之间的流动性互换协作网络,这标志着,在金融资本利益与地缘军事战略操作协同的大趋势下,美、日等国为了推动其严重的金融危机向全球转嫁,进行了稳定核心国家金融市场的制度变革。在此基础上,金融资本核心国积极推动吸纳服从其地缘战略的国家,形成具有鲜明地缘政治背景的新贸易同盟。这些新贸易同盟的核心机制是解除非核心国家的金融与货币主权,以方便核心国家的金融资本在境内外自由流动获取收益,并控制非核心国的实体资产。不仅如此,在金融资本全球化阶段,金融霸权国家要驱动全球金融的流动性,回流到它的资本市场获利,就需要在资本剩余地区不断制造局部冲突或热战,形成高风险,以高风险驱使金融资本回流。可以说,只要一个地方产生了足够的资本剩余,它就会成为局部冲突爆发的"火山口"。金融资本在全球化时代的逐利行为造成国际关系动荡,使世界许多国家希望获得稳定的国际秩序变成泡影。

3. 互联网超越传统地缘——重构政治生态

信息技术的进阶推动着互联网赋能各行各业,创造出新产品、新业态、新模式,所以,互联网之变叫"变革",进而刮起摧枯拉朽的飓风。首先,互联网纷纷讨伐资本和民主政治。自由市场和民主政治的极端、弊端被照射在互联网聚光灯下,单是 2008 年金融危机就掀起反资本、反建制热潮,连西方自由民主的拥趸弗朗西斯·福山也在美国杂志《外交》上撰写了《美国正在腐朽中》一文。当下的互联网又在追踪新冠疫情之下自由主义国家的政府无能、社会对立,政治正确不断受到侵蚀。其次,互联网颠覆范式。互联网的"残忍"在于,"产品"要和时间做朋友,但没有任何一款"产品"能永垂不朽,它与固化的普世模式是天敌。最后,互联网内生的经济、政治模式乃自由市场和民主政治所不能及。移动互联网催生出在线旅行、微商、在线教育等新产业,创造出网约车司机、电子数据分析师、视觉系统运维员等新职业,这些平民经济构成市场垄断的克星;互联网的无接触、数字化,一定程度上缓解市场经济的碳排放。

网络已经不只是通信的渠道,而是财富、信息、权力的容器,可以毫不夸张地说,地缘政治正在迅速迭代到了网权时代。网络民主、网络政治的诉求和指向正从物质利益向公民权利扩展,从具体事务向公共制度领域扩展,还有信息技术带动的民粹主义,都对代议制民主和精英政治产生挤压。互联网持续裂变,已经构成西方经济、政治模式的威胁。网权的几大铁律,比如说摩尔定律、吉尔德定律、梅特卡夫定律、瓦里安定律[①]等都指出了网权空间加速膨胀的趋势。既有的地缘观念与不断蔓延膨胀的网权空间形成了巨大的裂痕,这可能是互联网时代地缘政治的内在逻辑与悖论所在。

4. 科技创新与国际格局重塑

科技竞争是国家间竞争的高级形态与必然趋势,正成为大国政治经济竞争的主流范式和最根本的博弈筹码。如果说过去是领土、人口、自然禀赋等资源要素竞争,那么随着世界经济发展的阶段转换,尤其是大国之间发展阶段差异的消弭,使得大国之间的竞争领域与形态发生了实质性变化。正如迈克尔·波特在《国家竞争优势》一书中提出的,国家需要升级不利的生产要素以提升其竞争力,而技术可以改变不利的生产要素,谁掌握了更先进的科技,谁就拥有了更高效的生产工具,谁就能获得更多的资源和安全感,进而成为世界经济的领头羊、世界政治的主导力量。[②]

首先,科技创新深刻改变国家经济发展方式。经济学家康德拉季耶夫、熊彼特等人发现,技术发明的峰值会让经济进入扩张的新阶段,他们称之为创新浪潮或创新长波(waves of innovation)。当今全球经济虽因多种因素的叠加效应而总体处于持续低迷状态,但科技创新特别是数字技术对经济活动的全方位嵌入,却在驱动以"互联网＋""智能＋"为特征的经济数字化转型。数字经济发展速度之快、辐射范围之广、影响程度之深前所未有。2021年,全球47个主要国家数字经济增加值规模已达38.1万亿美元。可以说,当今世界已进入以数字经济为主导的新发展时期。

其次,科技创新深刻改变国际分工,重构国际竞争主题。科技创新特别是数字技术的进步,使得企业组织形态向平台化、分散化和普惠化方向发展,以生产环节分工为显著特征的"柔性生产"模式,逐步取代长期存在的以"行业间分工"为显著特征的"刚性生产"模式,企业内部和企业间的互动方式发生重大改变,并在很大程度上改变了各国在经济领域的互动方式。日新月异的科技创新正在重塑全球分工体系和竞争格局,

---

① 摩尔定律:集成电路上可以容纳的晶体管数目在大约每经过18个月到24个月便会增加一倍。
吉尔德定律:在未来25年,主干网的带宽每6个月增长一倍。
梅特卡夫定律:一个网络的价值同它的用户数量的平方成正比。
瓦里安定律:免费的数字构件和高价值的数字产品相结合可以促使组合式创新呈现爆炸式增长。
② [美]迈克尔·波特著,李明轩、邱如美译:《国家竞争优劣》,中信出版社2007年版,第225页。

全球价值链重构已成为广受关注的重大议题。在全球价值链时代,国家权力的表现不再是传统的"控制权",而是"主导权"。因此,各国在经济领域的竞争重点围绕全球价值链展开,而科技创新能力又直接影响各国在全球价值链上的地位。

再次,科技重新定义国家安全。当前,新安全议题不断涌现,安全观念持续更新。作为一种基本价值,安全概念经历了从纵向到横向的拓展过程。科技发展通常会催生新的安全议题,从而改变安全的内涵和外延。例如,核技术的发明和使用、人类对外层空间的探索和利用,先后催生核安全问题、外空安全问题。数字技术的广泛应用,则使网络安全、数据安全等问题受到广泛关注。在此背景下,国家维护自身安全方式发生重要变化,军事科技研发投入大幅增加。科技发展水平决定着国家维护自身安全的手段和能力。科技创新既提供了维护国家安全的新手段、新方式,也使国家安全面临新问题、新挑战。数字技术的广泛应用,已使物理空间的安全问题与数字空间的安全问题加速融合。深度发掘数字技术潜力,提升维护综合安全的统筹能力,成为维护国家安全的重要选项。为此,各国都在持续加大安全维护特别是军事科技研发的投入。总之,如何应对世界格局重塑大趋势,在全球竞争特别是科技竞争中掌握主动权,已成为世界各国的重大课题。

(三)战争是既往大国博弈的重要手段

战争是人类文明永恒的话题:瑞士计算中心曾经用电子计算机进行过85万次运转计算,计算结果显示,从公元前3200年到公元1964年这5 164年中,世界上共发生过14 513次战争。从某种意义上说,人类历史就是一部战争史,正如毛泽东主席在《贺新郎·读史》中所写:"人世难逢开口笑,上疆场彼此弯弓月。流遍了,郊原血。"但若细细观察世界历史,便能发现从伊比利亚半岛的葡萄牙和西班牙的殖民扩张与相互冲突,到荷兰崛起及其对西班牙统治的反抗,到群雄混战的"三十年战争",再到英国、法国、德国、俄罗斯、美国等诸大国之间长达数百年的反复较量,以及20世纪的一战、二战及美苏冷战,战争似乎总是大国崛起历程中如影随形的宿命,直到如今,大国博弈始终未曾停歇。

"修昔底德陷阱"(即当一个崛起的大国与既有的统治霸主竞争时,双方面临的危险多数以战争告终)几乎被视为国际关系的"铁律"。从靠着"无敌舰队"纵横大西洋的西班牙,到号称"海上马车夫"的荷兰,再到号称"日不落帝国"的英国,一个个新崛起的大国不断挑战着原有大国的霸主地位,最终引发战争。除了"陷阱论","大国必战论"在一些西方学者中也较为流行,最典型的来自约翰·米尔斯海默(John Mearsheimer),他认为,引发紧张状态甚至步入战争风险的大国政治的悲剧无法避免[1];权力转移理论则认为,既有国际政治体系中的崛起国在权力增长至接近守成国,并且不满于国际秩序时会挑起战争,或者守成国在面对不利的权力对比变化时,会通过预防性战争抑制衰退,因此,守成国和崛起国之间权力的交替很难以和平的方式进行;与之相似,霸权稳定论也认为,衰落中的霸权国发动防御性战争是历史上世界政治体系变革的基本机制。

纵观一战、二战实践,世界大战的爆发基本上沿着"新兴国家力量壮大—向老牌国家争取国际市场权益—内部独裁政权寄望于战争转移矛盾—外有联盟撺掇战争—战争爆发"的逻辑展开。以二战为例,一战后的 20 年间,资本主义各国经济政治力量发展极不平衡,德国工业突出,经济实力明显增长,由此急欲改变凡尔赛体系对其"不能发展军备、不能拓展殖民地"限制的现状,纳粹党迎合了极端民族主义情绪迅速上位,法西斯专政确立,继而纠集意、日,组成三国同盟,全面大战点燃。可见,战争已成为大国博弈的重要手段。

(四)为何而战?

说起战争不得不说的是美国的亨廷顿,从 1968 年《社会变动中的政治秩序》到 1993 年《文明的冲突》,再到 1996 年《文明的冲突与世界秩序的重建》,其对战争与冲突的学术造诣颇深,并把战争归结于文明的冲突。原人类四大文明(古中国、埃及、巴比伦、印度)仅存中华文明,亨廷顿重新定义了当下八种文明(西方、中华、伊斯兰、日本、印度、斯拉夫、拉丁美洲、非洲),而正因文明在生存空间上有交互才出现了冲突。尤其是冷战后的世界,文化(文明表现的载体)既是统一的力量,又是分裂的力量。人民被意识形态所分离,却又被文化所统一,如东德与西德、韩国与朝鲜;社会被意识形态所统一,却又被文明所肢解,或如苏联、南斯拉夫那样分崩离析,或像苏丹那样长期被内战所困,最终也走向分裂。文化的共性和差异足以影响国家的利益、对抗和联合,而引发战争的导火索就来自那些不同文明的集团和国家之间的冲突。这就产生了"中心文明"与"边缘文明",在"文明中心论"的传播下,出现了文化的格式化。于是日耳曼民族在种族优越论的自我膨胀下陷入万劫不复的战争癫狂。

---

① 约翰·米尔斯海默著,王义桅、唐晓松译,《大国政治的悲剧》,上海人民出版社 2014 年版,第 436—440 页。

同样,美国人自认为是上帝的臣民,克林顿叫嚣"千年帝国",就连奥巴马都力争世界第一,意图用美国文明去征服、收编其他文明。显然,所谓"文明冲突"的背景依然是冷战后"历史的终结",美国中心论的潜意识而已。但现实是冷战结束时的和谐错觉很快被大量的"种族清洗"、国家间的联盟和冲突新模式所驱散。文明是相对的,文明间的冲突是不文明的,地球已进入人类纪,但人类远没有进入文明时代(即共同的价值观、行为准则),文明还远未能引领人类社会。

此外,还有一说将战争归结于偶然,这多发生于古时或独裁统治下的非理性行为期。甚至有专家认为,若没有希特勒的癫狂,二战都不会发生,这也难怪德国军事学家克劳塞维茨:"战争是充满偶然性的领域。"但偶然的背后恰恰是必然的存在。若非德国一战后的丧权辱国、经济颓废而动荡,又内置了日耳曼民族高傲的优越性,战争岂会被一个"疯子"点燃?加之,被包围的地缘危机和诡异的政治均衡——美国崛起已让英法难以容忍其"后院起火",全面的世界大战爆发也就成了必然。2009年约翰逊等美国专家就通过近 55 000 次局部冲突分析发现其幂律分布,即冲突概率大都反比于死亡人数的 2.5 次方。虽说战争靠数据模型推演因存在假设等而颇受争议,但不可否认,战争是偶然性与必然性最精彩的演绎,军事技术与利益格局往往又是背后的政治推手。正在衰落的强大遇到正在崛起的弱小,往往会诱发前者发动战争。这是利益使然,尤其在军事技术不同的断层带极易爆发战争。当年腐朽不堪的清朝,内有义和团揭竿而起,外有八国联军侵华,体现的正是冷热兵器的交锋。爆发战争是迟早的,偶然因素也只不过是给战争爆发制造了时间、地点以及借口罢了。

但不得不承认的是,表面看战争脱离掌控,变幻莫测,但其实,所有的变化背后都有一定的共性与不变,即战争的地缘根本。无论什么时代的大国,都是占据一定空间的人类的组织,也就是说,大国具有非常鲜明的空间属性。基辛格就曾论道,战争源于旧秩序的坍塌、新力量的崛起,因为丛林原则主宰下的有限资源争夺战中,一国崛起必然伴随周边的塌陷及更广阔范围内的"地理地貌"改变。一直到 18 世纪,对领土的控制都是欧洲国家的核心关切,不论是哈布斯堡王朝对系统性霸权的追逐,还是路易十四扩张法国领土的企图,都展示了一个持续存在的以领土为中心的安全体系。除去王室之间的继承,改变领土占领情况必然需要诉诸战争手段。战争造成大量财政支出,但通过战争获得的新领土及其之上的资源是巨大的回报,而更主要的收益是对安全形势的改观、国家权力地位的维护。

图片来源:百度百科。

图8-3 基辛格

大国之间基于地缘的争夺从来没有平息过。冷战时期,美苏两国争霸的地盘分布,剔除意识形态因素,大致仍是以地缘为依托划分的势力范围。冷战后美欧在东欧地区的扩张、美俄在中东地区的较量、俄罗斯在其周边独联体国家的政策,无不深受地缘政治思维的主导。地缘政治事实上仍是各大国制定对外战略和外交政策的重要依据。冷战后,美国挤压俄罗斯地缘空间的逻辑是:其一,美国对俄罗斯是在惩罚冷战中的对手,原则是赢者通吃,俄罗斯作为冷战的失败方必须放弃所有传统势力范围。其二,俄罗斯是美国主导的单边国际秩序的质疑者,试图突破除了美国之外的大国不得有势力范围的界限。可以说,作为思想和理论的地缘学说与地缘逻辑,从诞生起就与大国对外战略和国际博弈是一对连体儿,指导着国家间的博弈行为和大国关系走向。

在战争的背后,地缘这只主导之"手"一直在或直接或间接地影响着战争。美国学者索尔·科恩曾提出地缘政治战略模型,认为世界可看作是海洋贸易区加欧亚大陆区两个地缘战略区。眼下,地缘政治已成为世界各国制订国防外交、战略布局等政策的一项重要依据。地缘政治学说突出了地理和政治之间的关系,把自然地理、人文地理作为国家政治政策制定的背景,将地缘政治的涵盖范围推广到列强争夺世界或地区优势、权力的斗争之上,最为常见的便是国家间竞争,特别是全球性竞争的典型情况。而当矛盾冲突不可调和之时自然就引发了"千人千面"、大大小小的战争,我们若是想要从国家高度深入了解战争背后各异的前因后果,离不开地缘的视角。

五、大变局下的混沌与焦灼

(一)跨国组织上演"变形记"

当海权与陆权面临权力的百年轮替,自然搅动一池春水,带来地缘政治格局的动荡调整。自 2022 年以来,各类跨国组织上演"变形记"即为其中突出表现之一。

一边是亚信组织和欧盟争相在亚欧大陆的交界地带投射影响力;另一边则是上合组织和北约的争相扩容。一边是围绕 WTO、联合国体制机制改革的呼声迭起;另一边则是"可持续关键矿产联盟""芯片四方联盟"等战略产业领域新建跨国组织层出不穷。

在跨国组织纷纷"变形"的背后,是时代潮流的逆转,在经历了冷战结束后长达 20 多年的全球化之后,整个世界又开始进入去全球化时代,国家主义、地缘政治再度兴起:

一方面,民族主义、国家主义再度兴起成为世界范围内的总体基调,促使各国从拥抱世界转向本国优先:最典型的便是上一轮经济全球化的"带头大哥"美国,自冷战之后在自由市场经济的道路上越走越远,不仅无法去除自由市场经济下周期性经济危机的病灶,更将自由市场经济推向了金融化的最高阶段,让本国实体制造业不断迁到国外,产业空心化程度不断加剧。一边是与华尔街巨头、硅谷大佬们日进斗金,身价倍增同步,另一边是传统制造业集聚地随着产业凋敝而成为"铁锈地带",《乡下人的悲歌》式的悲剧不断上演,最终令民粹情绪喷薄而出。不但于 2016 年将高举"美国优先"的特朗普选进了白宫,更逐步发展为"MAGA"(让美国再次伟大)运动,促使美国加紧对其他国家,甚至本国盟友的收割来度过危机——对欧洲则利用俄乌战争大肆敛取欧洲的财富与工业产能,对广大发展中国家则启动新一轮美元周期大量收割财富,将美国的经济危机进一步转嫁给全世界。

另一方面,对大多数国家来说,在聚焦于本国优先的同时,又由于自身实力有限,独木难支,不得不与其他国家根据自身利益抱团取暖,结成形形色色的跨国组织作为对外进行对抗、博弈的工具。一是,既有资源型国家通过加强彼此间合作以提高对外的议价能力:如欧佩克组织,在俄乌战争爆发后,硬是顶住了美国总统拜登的压力,在石油产量上拒绝扩大产能;受此启发,阿根廷、玻利维亚和智利也开始推动建立一个锂矿行业的欧佩克,从而像欧佩克设定生产规模以影响油价一般,影响国际锂价。二是,"涉乎大国之间"的中小国家通过对外统一口径来提升"统战价值":如东盟,即便是在军事、政治上同美国往来最为密切的菲律宾、新加坡等国,在面对美国几次三番地拉拢时,其政、军、学界依然有大批人士坚持"同时与中美双方保持友好关系",拒绝在中美之间选边站队。

然而,在一个国家主义兴起、本国利益优先的时代,注定了在形形色色的跨国组织内部"军合力不齐,踟蹰而雁行",各个成员国在参与跨国组织的各项活动时,一刻也没有放弃打本国的小算盘,为此不惜牺牲跨国组织的集体利益,在跨国组织内部不是蓄意拱火就是两面三刀:例如欧盟内部那些身处地缘夹缝之中的一众中东欧国家,以及同时身兼上合组织和印太同盟的印度,一个在俄乌战争期间煽风点火,对乌克兰的军援力度不遗余力,并不惜将整个欧盟拖下水;另一个则在中美之间两面撕咬,既对中国大兴贸易保护主义,又在俄乌战争期间拒绝追随美国。无论哪一方面,都闪烁着政客们精明的"理性"。

这些单个国家的个体理性所形成的合力,造就的却是集体非理性的结果。国际社会前所未有的大分裂,将十余年前《世界是平的》所描绘的理想蓝图撕得粉碎:一边是跨国组织在面对自己的对手时针尖对麦芒,在俄乌战争、北约东扩等一系列事件中撕裂着整个国际社会;而在另一边,则是跨国组织内部纷扰不断,不断有成员国跳出来制造事端,考验着跨国组织自身的团结与稳定。在为国际社会增添不安定因素的同时,也分裂了自身所在的跨国组织。这样的大分裂,也让各国从以 WTO 为代表的开放合作,转变为经济、科技、政治、军事乃至思想观念等领域的全方位激烈对抗:

在经济和科技上,集中体现为美国对华发起的贸易战、科技战不断加码,且至今尚无停止的迹象:贸易战从加征关税演变成了鼓励中美经济脱钩的《战略竞争法案》;科技战从打压单个中国高科技企业演化为在芯片等关键零部件上构建"小院高墙",实现对华高新产业的全面代差,并且在贸易战、科技战的同时,迫使其他国家承受重大经济损失,在中美之间选边站队,一如东南亚谚语所言:"大象打架,小草遭殃。"

在政治和军事上,则意味着雅尔塔体系的"鲸爆":尽管成立于二战后期的雅尔塔体系本身早已随着苏联解体而死亡,然而雅尔塔体系下积压的各类领土矛盾、民族矛盾却在雅尔塔体系死亡三十余年内未能得到妥善处理,现如今纷纷激化,让雅尔塔体系的遗骸如巨鲸肿胀的尸体般炸裂,引来漫天血雨——从高加索的纳卡、中亚的费尔干纳、乌克兰的顿巴斯等地莫不如此。

在思想观念上,则预示着"和平发展""人类命运共同体"等理念也将面临严峻挑战:对部分笃信"勇敢者持宝剑,懦弱者扛锄头"的国家来说,利用战争打击对手、加速国际资本回流才是发家致富的不二法门,怎会热衷于通过辛劳的和平建设来创造增量?对那些坚信"一些人比另一些人更加平等"的政客来说,又怎会将他人的命运放在心上?

对全人类而言,国际社会的大分裂从来都是不祥之兆:在国家主义甚嚣尘上、跨国组织结盟色彩加重的趋势下,依靠组织的力量把原本国家间、区域间的冲突放大到世界范围,迫使更多国家参与其中的结果便是一场偶然性事件被迅速发酵,最终演变为世界性的大冲突,并且冲突中只要第一张多米诺骨牌倒下,就会变成无解的死局,直到一方被彻底击败为止。

历史经验反复证明这样的结论。最典型的便是一战:19 世纪末 20 世纪初,在英国主导下的全球化逐渐式微、各国国家主义兴起背景下形成的同盟国和协约国两大阵营,让萨拉热窝暗杀事件这种偶然事件不断升级,最终让同盟国、协约国两大军事集团全部深陷其中,酿成了人类历史上的第一次世界大战。奥匈帝国必须向塞尔维亚宣战,以维护斐迪南王储被暗杀的国家体面并趁机将巴尔干半岛收入囊中;俄罗斯必须向奥匈帝国宣战,否则巴尔干半岛上的"斯拉夫兄弟"便会落入异族之手;德国必须向俄罗斯宣战,否则作为德国东部屏障的奥匈帝国就会被打垮;英法必须向德国宣战,否则俄罗斯就会在德国和奥匈帝国的夹击下走向失败……对两大联盟中的任何成员国来说,任何退缩都不可接受,只能硬着头皮争相显示强硬,最终在血流成河之下两败俱伤。轻则如英法,元气大伤,重则如奥匈帝国,从此四分五裂。

而在这个全球化再度退潮，国家主义再度兴起，跨国组织的联盟化和对外斗争的尖锐化的时代回首一战，很难不让人联想到电影《让子弹飞》中那句著名的台词——"彼时彼刻，恰如此时此刻"！

（二）世界进入战略迷失期

历史车轮滚滚向前，时代潮流浩浩荡荡。只有透过变乱交织的表象，摸清世界发展的本质和规律，才能精准预判国际社会未来发展。世界正在遭遇"四大新变化"的强力挑战：

首先，国际形势的脆弱程度已经超过预期。尽管被有意"漠视"，但俄罗斯领导人却不止一次地发出核战威胁。伊朗、朝鲜都在加速"有核化、多核化"进度，韩国、日本也在努力争取承接美国战略核武器的部署计划，就连澳大利亚都期望通过购买美国核潜艇扭转"无核国家"的形象。

其次，一些国际社会新玩家开始加入游戏并提出自己的要求。这一变化增加了国际政治博弈的复杂度与冲突性。因为，新势力的崛起不仅意味着老帝国的衰败，而且还象征着重新制定游戏规则、划分势力范围势在必行。目前，一批新崛起的区域强国开始在国际政治舞台崭露头角并发出不一样的声音，如印度在俄乌战争的特立独行的立场，印尼在 G20 峰会上令人惊诧的、不屈从美国的独立姿态，哈萨克斯坦对中美俄复杂关系表现出来的高度自主的态度，巴西对调停俄乌战争、维护世界秩序的自信，土耳其极力显示出具有担当欧亚大陆政治经济"新枢纽"责任的能力，就连波兰、沙特这样的国家都开始展示出"独树一帜"的"国际范"，不肯再听"老大"的话。在"旧秩序"未完全退场时，这批玩家带来的将会是"大革命"，这也是形势复杂混沌的主要原因之一。很明显，这股新势力只会越来越强大、要求越来越高，其颠覆性也就会水涨船高，带来的大变局恐怕还没被传统大国的政治人物们仔细评估过。有一点是确定的，那就是他们不会安于现状、甘当顺民，推波助澜、火中取栗可能是其最佳选项。

再次，一些老的国际组织、势力集团因应新形势进行了重新组合，形成一股新势力参与世界政经大博弈。最典型的如亚信组织，这个以往名不见经传的区域性组织在俄乌战争爆发后，因地缘价值而使身价倍增，成为大国竞相争取的对象，一定程度上获得了"国际政治的投票权"；传统的欧佩克也因俄乌战争引发的石油供给问题而获得"新生"，组织的自主性在提升，结构与格局的再整合也在加速，以至于开始跟俄罗斯合作、跟中国投怀送抱而对美国要求"增产"的指令置若罔闻;非洲峰会也开始引起美欧的高度重视,无论是封堵"一带一路"倡议推进,还是意图对其"再殖民化",拉住、控制非洲的战略也摆到美欧政治人物的行动日程上……它们的"重生"对国际形势的演化而言就是增加了复杂度与不确定性。

最后,科技带来的颠覆与冲击出乎意料,成为影响国际形势的重要变量。除了俄乌战争中让人眼花缭乱的新技术、新武器、新模式显示出的对传统战争模式的颠覆性、革命性冲击,更多地体现在金融货币市场的交易方式、制造业的无人化、AI 场景应用等引发的前所未有的变革上。可以说人类社会正在经历一场文明迭代的"优胜劣汰",凡是没有创新能力、版本升级能力与适应能力的国家、民族、组织、企业可能会遭遇"灭顶之灾"。而且是概莫能外,也就是在科技新文明浪潮中所有国家都处在一条起跑线上,都有可能实现逆转,也都有可能意外沦陷。比如 2023 年一度火热的 ChatGPT,就是人工智能的峥嵘初露,ChatGPT 虽然是科技进步的象征,但如果在处理生产和分配这两个最基本的政经问题上得不到妥善解决,那么 AI 的进步和突破只会为人类社会带来更多不公平和矛盾。2022 年末爆仓破产的数字资产衍生品交易所 FTX,这个据称拥有超过 100 万名用户、全球第二大的加密货币平台在不到三年半的时间里就灰飞烟灭,最值得注意的是诸如红杉资本、淡马锡、贝莱德、老虎环球、软银集团、加拿大安大略教师退休基金等在内的国际顶级投资机构都曾因投资 FTX 而集体踩雷、损失惨重。这也让人们不再对科技创新的结果那么自信,理所应当地认定它一定会推动人类社会的进步。

研究历史往往会发现一些惊人的相似之处,比较今昔很容易发现,目前类似一战二战之间的那二十多年的状态:一方面新势力不断崛起,希望制定新秩序与规则;一方面传统大国不甘心退出历史舞台,还要继续挣扎;历史积累的矛盾不断引爆新战争,中东、中亚、巴尔干、朝鲜半岛等都在酝酿新的战争风险;最后,也是最值得警惕的两个现象,一是从英法德等老欧洲大陆逐渐蔓延开来的大罢工潮,大游行反对的对象也开始从不满通货膨胀、低工资转向抵制移民、难民与宗教矛盾,这一切像极了希特勒上台前的欧洲社会。二是在全球范围内随处可见的贫富的极端两极分化,而这历来是制造社会动荡、推动社会革命的经济基础……因此,摆在政治人物面前的严峻考验是如何尊重规律与常识,在历史与现实的"变与不变"中寻找到均衡。这很难但也许是一把破解复杂的"钥匙"。

(三)通过战争来调整催生最大的战略误判

当权力此消彼长打破原有平衡格局,往往通过战争来调整秩序、抵达新的平衡。在今后一段时间内,国际舞台上将呈现出如此局面——世界加速分裂,世界大战"离散"登场:一边是随着中美两国在经贸、科技等领域全面竞争与博弈,不约而同地加紧国际"统战",以各自主导的北约、上合等国际组织为抓手,在组织建设上,不断完善其职能、扩大其体量、突出其联盟色彩。另一边则是中东欧各国、土耳其、印度等国家,或利用所在的跨国组织狐假虎威,煽风点火,或利用其身兼多个跨国组织成员国的身份反复横跳,让国家之间、跨国组织之间的矛盾不断升级。而以上两种做法,到最后却是殊途同归——跨国组织之间、个别国家和跨国组织之间、跨国组织内部成员国之间的对立和不信任感不断扩散,让整个世界陷入进一步分裂当中。与此同时,在当初雅尔塔体系下积累了大量矛盾的一系列"危险地带",不但会如同俄乌、纳卡一般成为相关国家出血的伤口,还有可能在中东、巴尔干半岛等地爆发出新的武装冲突,让世界大战以离散的形式登场。

问题是,战争一旦开打,就不以任何一方意志为转移,或由此催生最大的战略误判。毕竟包括懦夫在内的任何人都可以发动战争,但要结束战争却要得到胜利者的同意,因此参战方深陷其中、身不由己。更何况,在战争过程中,偶然性不可避免,从一开始,就有着可能性、或然性、好运气和坏运气的相互作用,来回穿梭于织锦的全部经纬。在所有人类活动中,战争最像打牌赌博。当年奥斯曼帝国一百余年间屡攻东罗马帝国不下,直到 15 世纪中叶,奥斯曼的一名士兵意外发现东罗马帝国首都君士坦丁堡城上的一个门没有关,借此蜂拥而入、一举攻灭。此后君士坦丁堡成了伊斯坦布尔,奥斯曼帝国西进欧洲腹地,控制了里海、地中海、印度洋几乎所有的航路。也因此让失去了航路的西方国家不得不另寻海路,进而开启了地理大发现时代。这种身不由己与偶然性是内生的,并不因战争性质正义、目标伟大、愿望良好而发生变化,摆在任何大国博弈中亦然。

(四)地缘战争背景下:实力是横坐标、和解是纵坐标

当下,世界秩序动荡调整,板块挤压、局部的地缘冲突仍然难以避免。而决定地缘战争态势、走向的坐标轴如下:

其一,实力是横坐标。一方面,一国实力决定话语权,国际秩序历来由强者主导。"弱国无外交"的历史教训引人深思,缺乏实力,要么成为能量释放的断裂带,要

么成为地缘战争的马前卒。另一方面,实力虽然是主导战争的基础前提、重要砝码,但武力和威慑并非决定战争走向的唯一途径。有人说,核武器尽管危险,但又是维护世界和平的重要保证。确实,核武器的同归于尽功能("确保相互毁灭")使大国之间不能轻易使用核武器。但同时,又是大国之间通过协调,对核武器达成共识,才遏制了战争。1962年古巴导弹危机后,美苏通过双边和多边协商,制止了核武器的盲动,构造了核武等战略武器的国际秩序,这才是冷战没有升级为核大战的原因。

其二,和解是纵坐标。近代"国家"这一政治单元产生以后,冲突与战争屡见不鲜,留下了战争记忆、殖民伤痕与屈辱历史等遗产。随着战争代价的增加和相互依存趋势的加深,二战结束后,国际社会进入了一个更加基于规则的世界,和解成为国家间关系中更具吸引力的选择。对于经历长期冲突的国家来说,冲突的惯性是巨大的,而和解的本质恰恰在于摆脱历史问题的制约。2023年,沙特伊朗握手言和,恢复外交关系。与其说两国的和解是在中国强大的经济和军事实力下促成的,倒不如说中东更多是在"苦战争久矣"后,选择放下对历史问题的执念。沙特和伊朗分别代表着伊斯兰教的逊尼派和什叶派,两派之间存在着深刻的历史、教义、文化等方面的差异。在过去几十年里,两派之间经常发生冲突和暴力,导致了伊斯兰世界的分裂和衰落。沙特和伊朗的和解有利于弥合两派之间的裂痕,促进伊斯兰教内部的团结与和谐,也有利于推动伊斯兰文明与其他文明之间的交流与互鉴。事实上,和解也是这些国家面向未来的最佳选择。沙特和伊朗都已意识到,长期的对抗和冲突不符合双方的根本利益,也不利于中东地区的稳定与发展。故而在国际形势发生深刻变化的背景下,选择通过对话协商,化解分歧,寻求合作。

显而易见,当今世界地缘战争的演化将由实力与和解的横纵坐标共同收敛。然而,现实中,情况往往更加复杂,原因在于:

第一,和解与和平相互关联,相较于和平,和解的内涵则更加丰富。首先,和平是一种状态,即没有战争,而和解不仅指代官方冲突与战争的结束,还要求民间社会层面的亲近与和谐。其次,和平的对象是所有没有处于交战或冲突状态的国家,而和解的对象往往是发生过严重冲突的"宿敌"或"世仇"国家。另外,和平的实现途径可以仅仅靠经济合作带来的物质利益,而和解的实现却不能简单靠物质利益,还需要国际理解和共情。

第二,和平与战争并不是完全对立的,尽管和平发展是时代的主旋律,但并不意味着摒弃战争。和平自古流淌在中国人的血液中，是中华民族几千年来的核心诉求之一。《孙子兵法》第一句开宗明义："兵者，国之大事，死生之地，存亡之道，不可不察也"，其要义是慎战、不战。但是，战争又是人决定的，受人的利益驱使，有时出于维护人民的自由和正义，有时出于维护集团或个人的自我利益，即他们的权力、宗教和经济影响。因此，一定意义上说，战争又是实现和平、维护和平的必由之路。

第三，战争、和平与实力、和解处于一个动态更替的周期之中，只是每个国家所处的历史阶段不同。在 19 世纪末和 20 世纪初，一战、二战的爆发带来了世界格局的重塑，从大英帝国的崛起到美国霸权的确立，世界第一把交椅的易主。如同历史的轮回，美国独立运动后百废待兴，在世界战争的大变局中通过自身努力崛起，坐上世界老大的位子，与之相随的是老牌帝国英国的日落西山。由此可见，实力、和解与战争、和平并非绝对，不同的国家只是处在这一动态周期的不同阶段。

（五）自贸圈子与小院高墙：以经济化解地缘政治？

回顾历史，自民族国家体系形成以来，随着全球化进程、各国之间交往的扩大和人类社会相互依存程度的加深，国家之间的羁绊也随之深化。在此过程中，主要大国就经常以缔结、变更和扩展联盟的方式，改变国际体系中的实力对比，从而在国际秩序的塑造过程中占据有利地位。回顾历史，联盟间的对抗成为地缘战争爆发、演化的重要影响因素。20 世纪以来重要的国际战争，包括第一次世界大战和第二次世界大战这两场全球性战争，以及朝鲜战争、越南战争等地区性战争，都是某一联盟对抗另一联盟的战争。大规模战争之后获胜联盟的成员，能够在战后秩序安排中获得更多的领土、财富和势力范围。也就是说，联盟的实力、规模和凝聚力的变化，对于秩序的建立和维持发挥着重要作用。

在此过程中，以国家竞争为主的政治联盟与以经济全球化为主的自贸圈子这两条路线的"斗争"始终贯穿其中。在 WTO 诞生之前的 20 世纪初至 20 世纪中期，资本主义政治经济发展不平衡陡然使国家竞争升温，欧洲后起之秀德国的实力追上了老牌帝国英国、法国，但是世界殖民地和势力范围已经基本划分完毕，德国认为得到的与其实力不相称，要求重新划分殖民地和势力范围，这引起了既得利益国家英国、法国、俄国的强烈不满，新旧帝国之间的利益争夺趋于白热化，而在政治结盟制度的助推下，地区纠纷迅即发展成两个集团的冲突，亦即国际危机，最后演变成大战。而此时的国家贸易急剧萎缩。1929 到 1933 年大危机时，美国于 1930 年大幅提高关税,筑起贸易壁垒。

就此来看,与以推动经贸关系为主的自贸圈子不同,类似于"小院高墙"的政治联盟往往以地缘政治为出发点,往往选取对手周边国家或处于地缘枢纽处的国家进行结盟,妄图在地缘上以联盟的形式对对手形成围堵、压制之势,进而遏制对方发展。

时至今日,一方面,国家竞争前所未有地加强。大国力量对比出现此消彼长的新变化,原有均衡被打破的拐点期竞争往往最为激烈。美国基于冷战结束后的高速增长期,成为世界上综合实力最强的国家,但硬实力逐渐衰退,却紧抱全球霸主的战略不放;新兴国家搭上全球化的快车实力快速增强,要求国际事务的参与权和话语权。有的国家向上走,有的国家向下走,狭路相逢竞争加剧。另一方面,大国竞争因地缘领域拓展而升级。陆地、海洋、空间、网络、太空等诸多传统或新兴地缘政治空间博弈态势出现重大变动,网络、太空技术加持下的陆权与海权对抗构成新的拓展形态的地缘政治大博弈,这也使当今世界动荡变革加剧以及大国博弈迈向新空间和新形态。

然而,以"小院高墙"战略建立一个新的世界经济秩序并不容易。首先在美国国内,美国的政治极化导致美国政府无法制定稳定有效的战略,且可能随着美国总统的更迭而发生不可预见的变化。其次,在国际上,被美国拉来建墙的盟友也绝非铁板一块。近年来,美国磨刀霍霍向盟友的案例数不胜数。长此以往,当自身生存发展都成了问题,难保"小弟们"不会用脚投票。更为重要的是,一个自我封锁的"小院",注定要走上内部耗散之路。一是当今世界高技术发展日新月异,各种资源、技术相互重叠、相互交叉、相互制约,在卡别人脖子的同时,自己也可能被别人卡脖子。二是总幻想用封锁来取巧,事实上也是一种"闭关锁国",最终只能是偷鸡不成蚀把米,很大程度上激发起对手在高技术领域的进取心。

与以地缘博弈为底色的"小院高墙"相对,自由贸易圈子正在双边或区域贸易自由协定中生根发芽,不但对地缘对抗产生一定的消解作用,而且也预示了人心向背和历史潮流。

首先,自贸圈的发展将衍生并强化"聚合效应",形成"板块式"的价值网络,重构WTO。区域经济规模越大、产业链越多,"聚合效应"就越强,最终促使区域内的产业链、供应链、价值链交织成网。"区域价值网"的组成将是抗衡原有WTO体系的重要布局,在整合完毕、技术有所突破的情况下,将有能力进行"再全球化"的重构。

其次,自贸圈还可以将自身发展能量向外辐射,从而让更多国家搭上"小圈子"

的发展顺风车。例如,《区域全面经济伙伴关系协定》(RCEP)落地生效之后,将增强该地区经贸投资的稳定性,增进区域内贸易和产业内贸易,促进区域经济一体化,扩大东亚经济圈的影响力,与北美、欧洲经济圈形成三足鼎立之势。与此同时,RCEP还有助于凝聚共识,支持多边贸易体制,提振企业跨境贸易和投资的信心,为世界经济复苏注入新引擎。

最后,随着"再全球化"的继续演进,自贸圈之间还将呈现出叠加、融合的趋势,形成一种新的"全球化面貌"。例如RCEP的15个成员国里,其中7个成员国同时也是《全面与进步跨太平洋伙伴关系协定》(CPTPP)的成员,即处于"叠加区域",而在CPTPP中,除了RCEP中的7个成员国外,还包括加拿大、智利、墨西哥和秘鲁。倘若中国正式加入CPTPP,则将进一步强化CPTPP和RCEP的重叠,甚至有望推动两个体系的彼此融合,形成一个更为强大的区域组织。世界银行曾估计,到2030年亚太自贸区将带动区域经济增长4.6%,是CPTPP带动效应的4倍以上,将带动世界经济增长2%。

图片来源:《中国税务报》2020年12月7日。

图8-4　2020年11月15日,中国、日本、韩国、澳大利亚、新西兰和东盟十国,共15个成员国正式签署《区域全面经济伙伴关系协定》(RCEP)

总之,自贸圈的此起彼伏与"小院高墙"之风的盛行成为世界秩序演化潮流中的两股巨浪,两者虽然都是"小圈子",然而在实质上全然不同:一个是帝国斜阳下的封闭与耗散,试图通过组建一系列"小圈子",完成对"小圈子"内部其他国家的控制,并怂恿其与中、俄等新兴经济体全面脱钩。另一个谋求的,则是建立起在经济、安全、文化、生态、治理等领域拥有共同利益的利益共同体。就当下这一阶段来说,完全以经济化解地缘政治冲突显然是不现实的。如果全球化的"最优解"不可得,那么就要追寻区域贸易一体化的"次优解",而自贸圈子的自由贸易内核也将进一步向外辐射,起到夯实全球化底部的作用。